图像识别及嵌入式技术在智能交通系统中的应用研究

耿庆田 著

中国水利水电出版社
www.waterpub.com.cn
·北京·

内容提要

本书利用图像识别与嵌入式技术在智能交通系统中涉及的部分领域作了以下几方面的工作：①在智能泊车方面提出了基于摄像机标定模型的智能泊车系统算法，使泊车预测轨迹计算的精度及实时性得到了显著改善；②在车牌识别方面提出了一种改进的自适应多级中值滤波器算法，对图像进行去噪处理、基于 Sobel 算子的车牌精确定位改进算法，基于 Radon 变换的字符校正改进算法、基于改进隐马尔科夫特征的车牌字符识别算法，使车牌的识别率和识别速度得到了提高，能够满足实际应用的需要；③在车辆识别方面对车标和车型进行了识别研究，然后将二者识别结果综合起来作为车辆识别的依据，提出了基于改进 SIFT 特征的车标识别算法和基于改进 HOG 特征与 SVM 分类器相结合的车型识别算法。实验结果表明，改进后的识别算法具有较高识别率，并且对光线、部分遮挡、噪声有较强的鲁棒性。

本书适合计算机及相关专业的本科生和研究生阅读，也适合作为相关程序员、工程技术人员及科研人员的参考书。

图书在版编目（C I P）数据

图像识别及嵌入式技术在智能交通系统中的应用研究/
耿庆田著. -- 北京 ： 中国水利水电出版社，2018.8（2022.9重印）
ISBN 978-7-5170-6674-3

Ⅰ．①图… Ⅱ．①耿… Ⅲ．①图象识别－应用－交通
运输管理－智能系统－研究 Ⅳ．①U495

中国版本图书馆CIP数据核字(2018)第171292号

策划编辑：石永峰　责任编辑：张玉玲　加工编辑：孙 丹　封面设计：李 佳

书　　名	图像识别及嵌入式技术在智能交通系统中的应用研究 TUXIANG SHIBIE JI QIANRUSHI JISHU ZAI ZHINENG JIAOTONG XITONG ZHONG DE YINGYONG YANJIU	
作　　者	耿庆田　著	
出版发行	中国水利水电出版社 （北京市海淀区玉渊潭南路 1 号 D 座　100038） 网址：www.waterpub.com.cn E-mail: mchannel@263.net（万水） 　　　　sales@mwr.gov.cn 电话：(010) 68545888（营销中心）、82562819（万水）	
经　　售	全国各地新华书店和相关出版物销售网点	
排　　版	北京万水电子信息有限公司	
印　　刷	天津光之彩印刷有限公司	
规　　格	170mm×240mm　16 开本　13.75 印张　219 千字	
版　　次	2018年8月第1版　2022年9月第2次印刷	
印　　数	2001-3001册	
定　　价	54.00 元	

前　　言

近年来，在基于图像识别技术的交通管理中，嵌入式、无线数据通信、计算机视觉等先进技术越来越多地被应用到路面交通管理上，由此也使得智能交通系统（intelligent transportation system，ITS）的实时性越来越强、准确率越来越高、识别速度越来越快。

图像识别技术是人工智能的一个研究方向，经过多年的研究，图像识别技术在社会生活中的应用也越来越广泛。特别是在智能交通领域，图像识别技术主要应用于基于图像识别的智能汽车电子信息系统、基于图像识别的交通监控和基于图像识别的交通管理三个领域。基于图像识别的智能汽车电子信息系统主要实现车辆外部环境和内部信息交互的功能，包括车辆自适应导航、障碍物检测、道路识别及故障分析等。基于图像识别的交通监控主要是利用计算机智能化技术，通过摄像机或电子眼对违章车辆的车牌进行智能识别，由交通监管部门对道路上行驶车辆进行信息的采集、分析、跟踪以及交通流量参数检测等。基于图像识别的交通管理主要实现智能收费功能，包括汽车车牌识别和汽车外型识别等。

在基于图像识别的智能汽车电子信息系统中，智能汽车电子信息系统综合运用计算机智能化、GPS、数据通信、机械控制、传感等技术来实现汽车监测、定位、防盗、车内外信息交互、故障及障碍检测等功能，为汽车驾驶者提供自适应巡航、交通事故预报、轻松安全方便智能化驾驶的服务。智能汽车电子信息系统在改善交通条件、提高汽车操控性能、实现交通智能化等方面起着重要作用。智能泊车辅助系统又称泊车电脑警示系统，是汽车电子信息系统的关键技术之一，也是智能无人驾驶汽车系统的一个组成部分，它主要为驾车者提供车后盲区显示、实时智能轨迹预测、警戒线警戒区提示等辅助。通常，可视泊车系统的硬件由数字摄像头、泊车系统中央控制器、电子显示屏三个模块组成。当系统开始工作时，摄像头首先将车辆周围的环境实时摄录下来并显示。当汽车转向机的转向角度发生变化时，中央控制器通过 CAN 总线获得相应数据参数，然后通过一定的算法计算出该车的实时倒车轨迹并显示在屏幕上。接着，中央控制器利用传感器发射超声波信号测算出障碍物的位置后，显示距离并发出提示信号。这样可帮助驾车者消除视野死角和因视线不清而可能发生的误操作，提高驾驶操作的安全性。

在基于图像识别的交通监控中，基于图像识别的交通监控技术主要利用安装在交通路面上方的数字摄像机，把路面上的交通信息以图像的方式采集存储于计算机中，应用图像处理及图像识别技术对图像中的车辆进行检测跟踪，来获得相关的交通流量信息及违反交通法规现象的车辆信息，作为交通管理控制调流及法律裁决的依据，从而减少交通拥堵、改善交通环境、杜绝驾驶者不良驾驶习惯、提高道路使用效率，实现安全交通智能化。为了实现上述目标，获取车辆身份信息是关键。基于图像识别的目标检测技术可以把信息量较多的视觉图像中的一些标志性关键信息从复杂背景中实时、快速、精确地提取出来，通过智能计算机系统进行分析处理后应用到ITS，可以实现对道路交通状况、车辆行驶状态的监控，以及对交通事故路段的检测预报。显然，汽车牌照是实现交通监控的标志性信息之一，车牌识别技术就成为交通监控系统的关键技术，它可以完成对目标车辆进行识别查找并对交通流量进行分析，以使交通要素合理优化配置，提高交通要素使用效率。

在智能交通系统中，基于图像处理及图像识别技术的电子不停车收费系统（electronic toll collection，ETC）就是其中一个有实际价值的应用。ETC实现的核心技术在于车辆识别，其中，车型识别与车标识别是该技术中的两项关键技术。车型识别是指把摄像机定向采集的汽车图像经智能计算机终端运用相关方法进行处理，对不同类型的汽车进行分类，达到对实时输入的汽车图像进行车型识别。采用这种技术进行车型识别的优点是数据占用存储空间小、客户端与后台数据库连接速度快。车型的自动识别是ITS中的关键技术之一，该技术不仅可以用在ETC中，还可以应用到交通监控等领域中。

在上述背景下，本书利用图像识别技术在智能泊车轨迹精准计算、车牌识别、车辆识别等方面做一些有益的改进工作。

本书是吉林省省级产业创新专项资金项目"基于大数据的车载智能通信系统中人类行为动力学研究（2016C078）"、吉林省产业技术研究和开发专项项目"基于物联网技术的智能仓储平台开发与应用（2017C031-2）"、吉林省教育厅"十三五"科学技术研究项目"基于人工智能的汽车自适应巡航控制技术研究（2018269）"的研究成果。

鉴于作者水平有限，书中难免存在错误之处，敬请读者批评指正。

耿庆田

2018 年 3 月

目　　录

第 1 章　绪论

1.1　研究背景及意义

在国内整体经济迅猛发展的今天，汽车交通已经走入了家庭生活，百姓对汽车的需求越来越大。2014 年，中国社会科学院城市发展与环境研究所和社科文献出版社在京发布了《城市蓝皮书：中国城市发展报告 No.7》。其中写道：目前我国汽车保有量为 1.3 亿辆。其中私人轿车近 8000 万辆，增长率为 22.8%。按照家庭小康生活标准：每家拥有 1 辆汽车，我国的汽车数量至少要增加两倍，达到 4 亿辆。面对这一数据，结合我国城镇化建设速度，不难预见，在不久的将来，伴随城乡汽车需求量的持续增加，路车矛盾也会持续加剧。针对这一矛盾，仅靠传统方案中多修路以增加交通路网数量并不是行之有效的办法，只有通过高效交通管理系统才能真正解决路车矛盾所引发的交通安全、车辆监管、交通堵塞、流量监测、尾气排放等诸多问题。高效交通管理系统搭建的核心在于智能化，所以，如何建构并完善智能化交通系统就成为了我们亟待思考的问题。

智能交通系统（intelligent traffic system，ITS）[1]是在交通系统中综合运用现代高新技术而建立起的一种具有系统性、实时性、准确性、交互性、广泛性的交通管理系统，是全球道路交通的发展趋势。ITS 的核心思想是采用信息技术智能化管理方案来管理交通运输，使各交通元素密切配合、交通信息资源共享，从而达到提高交通管理能力、优化道路使用效率、加强交通安全、完善服务质量、缓解交通堵塞、减少能源损耗、减轻环境污染的目的[2]。

ITS 是一个复杂且综合性较强的系统，需要智能技术与交通技术融合产生。该系统中对图像的智能识别要求很高，在一定程度上，图像的智能识别决定了智能交通系统的运转能力[3]。智能识别技术是多学科融合的技术，不仅要运用计算机通信技术，还要将人工智能、管理学、运筹学等方面的内容融入其中。只有充分利用智能识别技术才能综合获得全面的路面交通信息，从而实现高效合理地利用路面交通资源，便于交通参与者对交通情况实时掌握并合理使用，促进交通管理现代化。图像识别技术作为人类的一项基本智能，在人们的日常生活中无处不在。飞速发展的计算机技术与电子技术使得计算机硬件性能已能满足图像处理的实时性需要，加之高可塑性的图像处理算法，保障了图像识别技术在智能交通系统中占据重要的位置。当然，图像识别技术也就成为智能交通系统研究中既重要又有很高应用价值的研究对象。

从功能角度看，ITS 由涉及收费、管理、车辆控制、紧急事件管理与救援等方面的六个子系统构成[4]。这六个系统的交叉点或者说处理对象就是车辆，车辆是整个 ITS 中的主要调节目标，ITS 各项功能的完成均需围绕车辆展开。车辆的相关图像信息的处理将成为解决具体问题的关键。因此，本书以图像识别技术为出发点，结合 ITS 中所存在的待解决的一些实际问题的关键技术进行研究，以期为实际应用提供高效可行的解决方案。

1.2　基于图像识别理论的智能交通系统

图像是图形和影像的集合，是人类所接触的、包含丰富内容的信息载体。人类在对图像进行识别时，一般是通过对其所具备的特征进行判断后再加以识别。对于计算机而言，它对于图像的识别过程与人类相似的，也需要对特征进行寻找、加工、提取后进行判断识别。

图像识别技术是人工智能的一个研究方向[5]，图像特征是图像识别技术得以使用的前提。经过多年的研究，人类对图像识别技术业已有较深入的探索，并收获了颇多具有实际使用意义的成果，图像识别技术的应用也越来越广泛。在 ITS 中，主要是为交通参与者提供交通方面的咨询信息服务与共享数据资源，因此 ITS 提供的相关服务的稳定性、可靠性、安全性、灵活性必须得到保证。其中涉及到的关键技术就是图像识别技术，也可以说图像识别技术是 ITS 成功使用的要因。

ITS 中的图像识别技术主要应用在基于图像识别的智能汽车电子信息系统、基于图像识别的交通监控和基于图像识别的交通管理三个领域[6]。基于图像识别的智能汽车电子信息系统主要实现车辆外部环境和内部信息交互的功能，包括车辆自适应导航、障碍物检测、道路识别及故障分析等[7]。基于图像识别的交通监控主要是利用计算机智能化技术，通过摄像机或电子眼对违章车辆的车牌进行智能识别，由交通监管部门对道路上行驶的车辆进行信息的采集、分析、跟踪以及交通流量参数检测等功能。基于图像识别的交通管理主要实现智能收费功能，包括汽车车牌识别和汽车外型识别等领域。

基于图像识别的智能汽车电子信息系统是综合运用计算机智能化、GPS、数据通信、机械控制、传感等技术来实现汽车监测、定位、防盗、车内外信息交互、故障及障碍检测等功能，为汽车驾驶者提供自适应巡航、交通事故预报、轻松安全方便智能化驾驶的服务[8]。智能汽车电子信息系统对改善交通条件、提高汽车操控性能、实现交通智能化等方面起着重要作用。泊车辅助系统又称泊车电脑警示系统，是汽车电子信息系统的关键技术之一[9]。其主要功能是帮助驾驶者完成泊车特别是向后倒车的驾驶任务[10]。可视泊车系统是汽车辅助系统的一个组成部分，它主要为驾车者提供车后盲区显示、实时智能轨迹预测、警戒线警戒区提示等辅助[11,12]。通常，可视泊车系统的硬件由数字摄像头、泊车系统中央控制器、电子显示屏三个模块组成。当系统开始工作时，摄像头首先将车辆周围的环境实时摄录下来并显示。当汽车转向机的转向角度发生变化时，中央控制器通过CAN总线获得相应数据参数，然后通过一定的算法计算出该车的实时倒车轨迹并显示在屏幕上。接着，中央控制器利用传感器发射超声波信号测算出障碍物的位置后，显示距离并发出提示信号。这样可帮助驾车者消除视野死角、避免因视线不清而可能发生的误操作，提高驾驶操作的安全性[13]。

基于图像识别的交通监控技术主要利用安装在交通路面上方的数字摄像机，把路面上的交通信息以图像的方式采集存储于计算机中，应用图像处理及图像识别技术，对图像中的车辆进行检测跟踪来获得相关的交通流量信息及违反交通法规现象的车辆信息，作为交通管理控制调流及法律裁决的依据，从而减少交通拥堵、改善交通环境、杜绝驾驶者不良驾驶习惯、提高道路使用效率、实现安全交通智能化[14,15]。为了实现上述目标，获取车辆身份信息是关键。基于图像识别的目标检测技术可以把信息量较多的视觉图像中一些标志性的关键信息从复杂背景中实时、快速、精确地提取出来，通过智能计算机系统进行分析处理后应用到ITS中，可以实现对道路交通状况、车辆行驶状态的监控，以及对交通事故路段的检测预报。显然，汽车牌照是实现交通监控的标志性信息之一，车牌识别技术就成为交通监控系统的关键技术之一，它可以完成对目标车辆进行识别查找并对交通流量进行分析，达到交通要素合理优化配置，提高交通要素使用效率。

近年来，在基于图像识别的交通管理中，电子传感、无线数据通信、计算机视觉等领域的先进技术越来越多地被应用到路面交通管理上，由此也使得 ITS 的实时性越来越强、准确率越来越高、识别速度越来越快。基于图像处理及图像识别技术的电子不停车收费系统（electronic toll collection，ETC）[16]就是其中一个有实际价值的应用。ETC 实现的核心技术在于车辆识别，其中，车型识别与车标识别是该技术中的两项关键技术[17,18]。车型识别是指把摄像机定向采集的汽车图像经智能计算机终端运用相关方法进行处理，对不同类型的汽车进行分类，达到对实时输入的汽车图像进行车型识别[19-21]。采用这种技术进行车型识别的优点是数据占用存储空间小，客户端与后台数据库连接速度快。车型的自动识别是 ITS 中的关键技术之一，该技术不仅可以用在 ETC 中，还可以应用到交通监控等领域中。

1.3 智能交通系统中的图像识别相关技术研究现状

1.3.1 基于图像识别理论的智能泊车技术研究现状

智能泊车技术中，主要涉及停车位检测技术与路径规划技术。停车位检测技术是整个智能泊车技术的基础，只有准确地识别停车位，才能成功地采用路径规划技术和路径跟踪技术。为了准确识别停车位，国内外学者和研究人员做了大量的研究。识别停车位的相关技术可分为两类，通过识别邻车构建停车位的 3D 模型方法和识别停车位标志线方法。识别邻车构建停车位的 3D 模型方法中，Jung 等[22]通过聚类特征点的方式识别周围的障碍物并检测空的停车位。Kaempchen 等[23]利用超声波传感器构建 3D 模型停车位，并结合车辆里程计信息检测空的停车位。这种通过识别邻车构建局部 3D 信息的方式只适用于空停车位周边有障碍物的情况，同时超声传感器自身精确度低、有效探测距离短，因此限制其适用性。随后基于激光雷达的方法被推荐用于确定周围障碍物信息，但是其成本极高且寿命短，在智能泊车技术中并不被采用。在识别停车位标志线方法中，Corral 和 Xu 等[24,25]利用视觉图像处理技术检测停车位标志线的方法检测停车位，Jung 等[26]通过图像处理技术与识别障碍物相结合的方式检测停车位。采用快速准确且成本低的方式检测停车位是整个智能泊车技术中最基础的环节。

路径规划[27]是智能泊车技术中另一个重要的关键技术，准确获取停车位置后，基于圆弧理论设计车辆低速行驶的运动轨迹，规划一条当前位置与停车位之间的泊车轨迹，并为了避免行驶途中的碰撞，规划过程中引入约束条件的模型[28]（"禁区""安全边界宽度"）。路径跟踪技术主要是自主控制汽车的转弯与行驶，需要建立车辆运动学与动力学模型及环境参数。由于实际场景中，车辆的很多参数是无法确定的，比如轮胎大小和干扰势力等，因此实现准确路径跟踪具有很大的挑战，很多学者和研究人员因此提出了很多算法，如 PID 控制、时变鲁棒控制律、时变状态反馈控制律等，准确可靠的路径跟踪是智能泊车技术中智能性的重要体现。

对于路径规划问题，国内外相关学者已做了大量研究工作，并相继提出一些解决实际问题的算法。Sungon Lee 等[29]提出了非完整约束状态泊车算法，该方法主要通过分析调整车辆的泊车方向及车身距车位的横竖距离，采用多个正弦曲线相连接的方法规划泊车路径。Laumont 等[30-32]采用多项式拟合方法，该方法根据车辆的各种约束条件，通过跟踪拟合出泊车轨迹曲线。Paromtchik、Murray 等[33-35]提出反复正弦曲线泊车轨迹算法，该算法考虑避碰的条件，通过反复多次运动方式实现泊车操作。Kang-Zhi Liu 等[36]采用建立泊车数学模型并将车速和方向盘转角作为模型中的控制变量，实现平行及垂直泊车算法。Reeds[37]提出最短泊车路径规划算法，该方法通过计算最小转弯半径来判断泊车路径的起点和终点。Kanayama[38,39]提出螺旋曲线法，通过螺旋曲线建立曲率连续的泊车轨迹曲线。Jacobs 等[40-47]提出圆弧—直线路径规划法来设计泊车路径。Scheuer 等[48-59]提出渐开线法，通过计算渐开线曲率实现连续变化泊车路径曲率得到轨迹曲线。Derrick Nguyen[60]用神经网络算法来计算泊车轨迹，后来 Daxwanger[61]利用遗传算法对神经网络进行改进并应用到泊车轨迹的计算，取得不错的效果。Bianco 等[62-66]提出采用多项函数来计算泊车路径。文献[67]采用反正切函数来计算泊车路径曲线。Wu、Sakai 等[68,69]使用 Feruson 函数和三次样条差值函数来计算泊车路径曲线，并采用遗传算法对路径进行优化。Young[70]使用模糊控制方法来实现对自动泊车轨迹的控制研究。文献[71-73]采用圆弧曲线－直线方法来计算泊车路径。Bruyninckx[74]采用 Pythagorean Hodograph 速端曲线对泊车路径进行规划设计。Van Den Berg[75]采用线性高斯函数来计算泊车路径曲线。Zhang、Wang、Hung 等[76,77]分别采用进化算法（evolutionary algorithms，EAs）、分层遗传法以及多目标优化算法对智能移动机器人路径进行设计。Bhaduri、Bhatacharjea、Kale 等[78-80]分别采用基因免疫算法、蜂群优化算法、协同进化遗传算法对移动机器人进行路径规划。Araujo 等[81]采用模糊神经网络自适应共振理论（fuzzy adaptive resonance theory，FART）对小范围移动智能机器人进行室内路径规划。Qu 等[82]采用脉冲耦合神经网络（Pulse Coupled Neural Network，PCNN）算法对变化环境中的智能移动机器人进行避障路径规划。文献[83-85]采用模糊控制的策略，提出了来回多段移动式的泊车路径规划方法。文献[86-88]提出了基于 B 样条曲线、五次多项式曲线、贝塞尔曲线等曲率连续的泊车路径规划方法。文献[89]提出了采用缓和曲线线型进行路径规划。BASU[90]提出禁忌搜索算法。Wand Yong 等[91]提出模拟退火算法、Fan Ming 等[92]提出遗传算法、IMEN C 等[93]提出蚁群算法、王波等[94]提出粒子群算法进行泊车路径规划。

1.3.2　基于图像识别理论的车牌识别技术研究现状

车牌自动识别系统技术是智能交通中的重要研究课题，在停车场和高速公路收费管理系统中有着广泛的应用[95]。车牌识别技术大致分为三个部分：车牌定位、字符分割和字符识别[96]。车牌定位是在获取的图像中确定车牌所在图像的位置[97]；字符分割则是在确定车牌所在图像位置中对其字符进行处理，并将每个字符都单分开[98]；字符识别则是根据字符分割过程中所得到的单个字符进行识别，并转换为字符信息[99]。大部分车牌识别系统都是以通用的方法作为基础，比如人工神经网络[100,101]，光学字符识别[102]，支持向量机（SVM）[103]、尺度不变特征变换（SIFT）等。Wang 等[104]采用 Soble 滤波器提取车辆边缘信息进行进一步识别。Zhai 等[105]利用 OCR 将印刷文本扫描图像转换为计算机编码文本，将两个非重叠的真实字符图像数据作为反馈神经网络 OCR 算法的训练样本。这种图像数据模拟真实场景，同时反馈神经网络 OCR 算法可以判断输入信息是否属于指定的类别。Amit 等[106]

和 Ercal 等[107]利用特征提取和二进制像素值作为神经网络的输入。Chang 等[108]针对车牌字符外观相似字符补充额外的训练，对这些区别不大的字符进行更好的识别。Pan 等[109]采用双阶段混合 OCR 系统优化识别效率，通过多个分类器首先单独识别输入字符，再利用贝叶斯方法融合这些独立的识别结果，最后根据第一步识别结果是否符合约束，从而进一步深入识别。

R.Mullot 等[110]利用图像文字纹理共性提出了基于图像纹理的车牌图像分割定位算法。Yuntao Cui 等[111]提出基于马尔科夫场的车牌特征提取和二值化算法。EunRyung 等[112]提出基于颜色分量的车牌识别算法，该算法以 Hough 变换、灰度值变换及 HLS 模式为基础进行车牌识别。Anagnostopoulos 等[113]提出基于概率神经网络（PNN）可训练的光学字符识别算法来对车牌字符进行识别。C Gou 等[114]提出基于特定字符极值区域（ERs）和受限玻尔兹曼机（HDRBMs）的车牌识别算法，该方法首先利用数学形态学，通过垂直边缘检测对车牌进行粗略定位（LPD）；然后对候选字符区域进行特定字符（ERS）提取；最后通过离线训练模式分类器进行字符识别。Z Yao 等[115]提出基于多级信息融合的车牌检测识别算法。R Wang 等[116]提出基于梯度信息和级联检测器的车牌检测识别方法，该方法首先通过图像预处理得到的统一板式梯度图像；然后采用级联 AdaBoost 分类器进行粗略检测；最后用启发式的判断策略和基于投票的方法来识别验证候选车牌。D.Menotti 等[117]提出基于随机卷积网络的车牌字符识别算法。MK.Hossen 等[118]提出基于 HSI 颜色模型和 SUSAN 角检测的车牌倾斜校正及字符识别算法。V.Sharma 等[119]提出基于光学字符识别和模板匹配的车牌自动识别算法。J Gao 等[120]充分利用了板基和字符的固定颜色纹理特点，提出一种新的带有颜色分量纹理检测和模板匹配（CCTD-TM）的自动车牌识别算法。HV.Dastjerdi 等[121]提出基于点加权和模板匹配的车牌自动检测识别系统算法。N.Yazdian 等[122]提出使用局部正规化和智能特征分类的自动牌识别算法。P.Paul 等[123]提出使用自适应特征集的自动车牌识别方法。AM.Burry 等[124]提出基于自适应学习 Human-in-the-Loop 方法自动车牌识别系统。R.Azad[125]提出基于提高实时性和有效性的边缘车牌识别系统。L Zheng 等[126,127]提出一种改进的斑点检测算法应用于增强车牌字符识别，该方法通过提取全局边缘特征和局部类 Haar 特征来构建级联分类器检测车牌。D Zang 等[128]提出基于视觉注意模型和深度学习的车牌识别算法。V.Tadic 等[129,130]提出基于模糊的 Gabor 滤波器车牌检测识别算法，该方法是利用模糊二维 Gabor 滤波器从复杂的图像中提取车牌的一种新算法。H.Samma 等[131]提出基于模因论的模糊支持向量机模型（fuzzy support vector machine，FSVM）的车牌识别算法。MR Asif 等[132]提出基于密集交通条件实时多车牌检测识别算法。YN Chen 等[133]提出基于二级级联分类器和单一卷积特征映射车牌检测识别算法。M.Catak[134]提出基于 EKE 泊松变换的车牌识别算法。R Cheng 等[135]提出具有一种新的自创建磁盘分裂算法的径向小波神经网络车牌字符识别算法。G Wang 等[136]提出基于复杂场景的定向快速和旋转特征车牌定位算法。S Yu 等[137]提出基于小波变换和经验模式分解（empirical mode decomposition，EMD）分析新的车牌定位方法。G.Abo Samra 等[138]提出利用动态图像处理技术和遗传算法的车牌号码定位方法。Q Gu 等[139]提出基于可移动标签的最大稳定极值区域（maximally stable extremal region，MSER）快速多尺度车牌检测与定位算法。NR.Soora 等[140]提出基于英文字母和数字两种新型几何特征提取技术的车牌字符识别方法。M.Wafy 等[141]提出基于形态特征的车牌识别方法。Y P Liu 等[142]提出一种基于 OpenCV 的高效车牌识别算法。Dun J 等[143]提出基于共同的颜色复杂背景下的多车道中国车牌的定位方法。H.Rajput 等[144]提出利用 Radon 变换来识别倾斜车辆牌照图像的方法。

1.3.3 基于图像识别理论的车辆识别技术研究现状

本书讲解的车辆识别技术采用的是将车标和车型识别相结合的方法。车标识别是指通过计算机视觉、图像处理与模式识别等方法从车辆图像中提取车标信息，从而获得机动车辆品牌信息的一种实用技术[145]。车标识别技术是智能交通系统中的一个重要研究领域，具有较高的实用价值。

车标识别技术主要识别具体的车标类别，为后期多种应用做铺垫，比如报警、跟踪、计费等。车标识别技术常用的方法大致分为五种，分别是基于边缘直方图的方法、结合 2DPCA-ICA 和 SVM 的方法、基于 Hu 不变矩的方法、基于 SIFT 描述子的方法和基于模板匹配的方法。基于边缘直方图的方法中，罗彬等[146]首先对车标图像进行灰度化处理，然后统计边缘直方图并表示该图像，相似车标被认为具有相似的灰度直方图。但是车标图像极易受光照影响，使不同车标图像具有相似的灰度直方图，降低识别准确度。结合 2DPCA-ICA 和 SVM 的方法中，李文举等首先对图像进行 2DPCA 降维[147]，然后采用 ICA 方法[148]对降维后的数据独立成分进行分析，将图像信号单独分离，获取车标特征。最后通过 SVM 方法识别车标所属的车标类别。基于 Hu 不变矩的方法中，王枚等[149,150]通过小波变换低频部分提取车标图像的总体形状特征，其低频部分构造车标图像，并以 7 个 Hu 不变矩作为车标图像的特征，采用最小分类器对其识别。Hu 不变矩虽然对图像的旋转、平移、伸缩具有一定的不变性，但是计算量较大，会影响识别效率。基于 SIFT 描述子的方法中，Gao 等[151]和 Psyllos 等[152]首先提取车标图像的 SIFT 特征，然后根据 SIFT 特征点的位置信息筛选部分特征，再根据这些筛选后的特征描述子表征车标图像，最后根据神经网络对车标图像进行分类。SIFT 虽然可以很好地表征车标图像，但是计算量过大，不适于实时的车标检索方案。基于模板匹配的方法中，李贵俊等[153]通过构造车标图像的模板库，在模板库中比对车标图像库和识别车标图像得到最终识别结果，但是需要更新模板库时，计算量较大，运行效率低。

近年来，国内外专家对车标识别技术做了更深入的研究，提出了一些新的算法。AP Psyllos 等[154]提出基于 SIFT 的增强匹配方案的车标识别算法。Bogusław Cyganek 等[155]提出基于模式张量表示和分解的分类器集成改进的车标识别算法。J Xiao 等[156]提出基于锐度直方图特征的加权多类支持向量机车标识别算法。Y Huang 等[157]提出基于卷积神经网络训练策略与车标识别算法。H Peng 等[158]提出基于统计随机稀疏分布的低分辨率车辆图像标志识别算法。刘海明等[159]提出基于补丁斑块强度和权重矩阵的车辆标志检测方法。HK Sulehria 等[160]提出基于数学形态学的车标识别算法。DF Llorca 等[165]提出利用 HOG 特征和 SVM 的交通图像车标识别方法。W Liu[161]提出基于内核 L2 范数正则化最小二乘算法（regularized least square，RLS）的车标识别方法。Q Sun 等[162]使用 AdaBoost 算法和局部二元模式减少车标的搜索区域，然后通过改进的梯度定位算法来进一步锁定标识车标，最后利用方向梯度和支持向量机来识别车标。Y Ou 等[163]提出基于加权空间金字塔框架的车标识别算法。R Chen 等[164]提出利用空间筛选和逻辑回归相结合的车标识别算法。

车型识别也是智能交通系统的重要研究内容。传统的车型识别方法有地感线圈检测、超声波检测、激光红外线识别。最近兴起的基于图像处理的车型识别方法有：A Psyllos 等[166]提出从正面视图图像度量的车型识别算法。Wang Y 等[167]提出基于车辆面部多特征组合的车型识别算法。DT Munroe 等[168]提出的基于多类和单类分类方法的车型图像识别算法。DF Llorca 等[169]提出利用几何和后视图像的汽车车型识别方法。HuihuaYang 等[170]提出一种有效的基于自适应 Harris 角点检测车型识别方法。APsyllos 等[171]提出基于 SIFT 度量的车型识别方法。EAJ Abadi 等[172]提出基于图像处理和小波分析的车型识别算法。M Song 等[173]提出基于 SURF（speeded-up robust features）特征的车型识别算法。XD Zhang 等[174]提出基于稀疏贝叶斯分类器的汽车车型识别系统。Y Zhang 等[175]提出基于小波变换的车型识别算法。YQ Wang 等[176]提出基于模糊模式识别的车型识别方法。Z Zhang 等[177]提出基于三维变形模型的道路车辆定位与识别方法。JW Hsieh 等[178]将对称 SURF 特征应用到车辆检测和车型识别方法。MJ Leotta 等[179]提出一个通用、自适应的三维车型车辆监控方法，采用一种通用的 3D 车型变形模式匹配各种客运车辆。MJ.Leotta 等[180]提出具有通用性、自适应性、三维车型的高分辨率图像边缘的预测算法。J.Prokaj 等[181]提出基于三维模型的车型识别法。M Zheng 等[182]提出一种基于时间序列的车型图像识别层次化算法。JH Tang[183]提出基于朴素贝叶斯分类模型的车辆视频图像识别技术。G Mazarakis 等[184]提出利用改进时间编码信号处理的传感器网络车型识别算法。Z Dong 等[185]提出使用无监督卷积神经网络的车型分类方法。Z Chen 等[186]提出基于高斯混合模型和支持向量机的车型和颜色分类方法。

1.4 本书的主要工作与研究成果

本书的研究内容包括智能泊车、车牌识别、车标识别和车型识别四个方面。主要研究成果如下：

（1）将摄像机标定技术与泊车运动学模型相结合，利用小孔成像原理将计算机视觉理论中的摄像机标定技术应用到实际泊车系统中，建立了包含径向畸变与偏心畸变的精确标定方法，解决智能泊车转向算法和智能泊车轨迹算法，提出了基于改进畸变模型自适应摄像机标定的智能泊车系统算法。

（2）在车牌图像预处理过程中，本书对传统中值滤波算法进行改进，提出一种改进的自适应多级中值滤波器算法对图像进行去噪处理，经过该方法滤波后的图像变得平滑细腻，可保留更多的细节特征。

（3）在车牌图像二值化过程中，通过动态规划与残差分析的思想提出了改进的差分盒子分形维数算法，并将其应用在车牌图像的二值化及车牌图像分割的应用中。

（4）在车牌图像定位过程中，对传统的 Sobel 算子进行改进优化，然后利用改进的 Sobel 算子来检测车牌图像的竖直边缘，对经过二值化处理的车牌图像进行腐蚀运算，以获取车牌精确区域。

（5）在车牌图像字符分割过程中，为了保证字符分割的质量，首先要对车牌图像进行校正，本书对 Radon 变换方法进行了改进并应用到字符校正算法中，起到了良好的效果。然后在研究垂直投影算法的基础上，加入适当的参数进行优化，优化后的算法计算速度快、鲁棒性强，能够比较准确地分割出车牌中的每一个字符。最后提出一种改进的二值图像字符边框的归一化方法，能够保持字符的原有拓扑结构，减少字符的失真问题。

（6）在车牌字符识别过程中，提出了基于改进隐马尔科夫特征的车牌字符识别算法。该算法使用离散余弦变换实现光强数据到频率数据转换，并从条件属性集和个体子集两个角度计算差异矩阵，进而对阈值优化，得到特征值作为字符特征提取依据，结合多重分类器，最终完成车牌字符识别。

（7）在车标识别过程中，本书首先对 SIFT 算子算法进行深入研究，由于 SIFT 具有 128 维高维度，所以其计算的复杂性增加而实时性减弱。针对上述缺点，本书对 SIFT 算法进行改进，在保持其优良特性的基础上降低维度，提出了基于改进 SIFT 算法的车标特征提取算法，用来提取车标特征值作为分类器分类的数据，最后融合 BP 神经网络算法，对提取的车标 SIFT 特征描述子进行识别。

（8）在车型识别过程中，为了提高车型识别的实时性与准确度，本书对 HOG 特征算法进行改进，提出分层 HOG 对称特征算法，利用多层低维 HOG 特征代替高维 HOG 特征，并对低维的 HOG 特征做对称化操作，获得分层的 HOG 对称特征。然后将其用于 SVM 分类器的训练。最后用 SVM 分类器对车辆轮廓进行识别验证，获得较高的识别结果。

1.5　本书的整体结构安排

全文共分六章，具体内容安排如下：

第 1 章，绪论。以智能化交通的具体应用作为课题研究的切入点，对智能交通系统所涉及的关键技术在国内外研究的现状予以调研，研究分析了图像识别技术在智能交通系统中的应用。

第 2 章，图像识别基本方法及关键技术。介绍了图像识别的定义，对图像识别过程作了基本分析研究，具体分解了图像预处理的各个阶段所完成的操作及方法，分别对形状、纹理、颜色等底层图像特征及其提取进行了研究，还分析了图像辨识分类的两种方法的使用范畴，最后对视觉层次表示、计算机视觉系统结构及计算机视觉理论框架进行了简要概括及研究。

第 3 章，基于摄像机标定模型的智能泊车系统算法研究。介绍了智能泊车系统的功能要求，从摄像机标定分类、坐标系及针孔摄像机模型三个方面对摄像机标定的原理作了较为详细的研究，并提出了智能泊车轨迹算法。为检验该系统的可靠性、稳定性等，从采集帧率、轨迹精度两个方面进行了系统测试，测试结果显示虽然存在一定误差，但运行稳定，能满足实际应用的需要。

第 4 章，基于嵌入式技术的避障泊车系统的设计研究。首先通过摄像头获取模拟的图像识别信号，然后通过解码芯片进行解码后送到数字信号处理器；数字信号处理器利用超声波传感器测量出车尾与障碍物之间的距离，并利用语音电路对测量的距离进行播报；处理器通过转向信号提取电路来获得泊车的转向信息；处理器综合转向信息和图像信息进行图像的数字处理后，将图像信息送到图像识别编码器进行编码，最后编码器将图像信息输出到电子显示器进行显示。

第 5 章，车牌识别关键算法研究。分析研究了车牌图像预处理的过程，提出了本书所使用的各种预处理改进方法，尤其是在灰度图像二值化处理时，研究了传统的分形维数算法并在此基础之上进行优化，提出了基于改进分形维数的车牌灰度图像二值化的方法。另外，针对我国车牌的特点，提出了车牌定位及车牌字符分割的改进方法。车牌字符识别过程中，对传统的隐马尔科夫模型进行改进，提出了基于改进隐马尔科夫特征车牌字符的辨识方法。经过实际测试，说明本书所提出的算法在识别率方面具有一定优势,还利用 ROC 曲线为本书算法的稳定性和有效性提供更有力的证据。

第 6 章,车辆识别关键技术研究。对车标识别的相关技术作了细致研究,分析选择构造车标特征描述子,对传统 SIFT 算子算法进行改进并应用到车标特征提取,提出了基于 BP 神经网络与车标识别融合的算法,有效地实现了车标识别。根据车辆所关联的外形轮廓特征,对 HOG 算法进行研究改进后应用到特征提取,在此基础上利用支持向量机对特征值进行分类识别,高效地实现了车型识别。经过仿真实验测试,结果表明,本书算法无论是在 Windows 系统下还是在 Android 系统下,都能准确地进行车辆识别,是现实可用、低投入高效率的系统,是传统与现代的结合,是有意义的尝试。

第 7 章,总结与展望。从基础性工作、创新性工作及进一步研究工作三个方面对本论文进行全面总结。

第 2 章　图像识别基本方法及关键技术

人类对外界事物进行识别时，通常要寻找到该事物本身所固有的一些特征属性，这些特征属性从某种程度上来说就构成了"模式"。模式与人的思维能力息息相关，从宏观上讲，模式是一种抽象的存在，我们把环境与客体统称为"模式"[187]。模式识别（pattern recognition）的基础恰恰就在于"模式"，它是一种描述、辨识、划分的过程，在这个过程中以模式作为事物表征进行相关处理[188,189]。模式识别以计算机的自主工作替代了人的主动识别，它是一门具有较强综合性的学科，也被应用在众多的领域[190]。其中，图像识别就是它的一个重要分支[191]。

2.1　图像识别基础

图像识别是利用计算机技术对图像进行处理、分析和理解，以识别各种不同模式的目标和对象的技术。作为人工智能及模式识别的一个重要研究领域，图像识别的理论算法研究和应用研究都取得了很大的发展，已经广泛应用于智能交通、安全监控、军事侦察、医学应用、农业工程等方面。

图像识别是一个系统的工程，掌握图像识别的基础非常关键，图像识别的基础包括识别问题分类、基本框架及数据集。

2.1.1　图像识别的分类

根据具体问题具体分析的原则，由于图像识别的目标不同，所以相应识别所采用的研究方法和技术方案有所区别，甚至是迥然不同的。因此，需要将图像识别问题按照一定的标准进行分类。

1. 按照获取图像背景的复杂程度分类

按照图像背景的复杂程度，可以将图像识别分为简单背景图像下的目标识别和复杂背景图像下的目标识别。简单背景下的目标识别，如人脸识别，一般具有目标和背景的对比度非常大的特点，运用一般的图像处理和分割算法就能准确完整地提取目标。进行复杂背景图像下的目标识别时受到噪声的影响比较大，目标检测的效果往往比较差，一般需要在先验知识的指导下进行目标的检测和图像的分割。

2. 按照获取图像的传感器种类

按照获取图像的传感器的种类，可以把图像识别分为合成孔径雷达（synthetic aperture radar，SAR）图像目标识别、可见光图像目标识别和红外图像识别。这三种传感器的成像原理不同，对拍摄时间、天气情况、地理环境、光照的要求也不一样。合成孔径雷达图像易于判读线性地物、表面光滑的面状地物、森林、草地、水体等，具有很强的穿透力，但雷达视向对目标的表达色调和形状影响较大；可见光图像比较清晰、直观、费用低、有利于传输，但可见光图像只对目标场景的可见光反射敏感，容易受到各种因素的干扰；红外图像适合夜间使用，具有特殊的识别伪装的能力，但图像清晰度低，且大气红外辐射和吸收作用对图像质量的影响较大。目前，国外先进的无人侦查平台都采用多种传感器成像技术，并通过图像融合得到信息更加丰富的图像。

3. 按照图像中目标的类型分类

目标有两种类型，一种是刚性的，指的是不易变形的物体，如汽车、轮船、建筑物等人造物体，这种目标识别称为刚性目标识别。这些刚性目标的共同点就是结构比较规范，适合用几何模型来描述，一般采用基于形状特征的方法进行识别。另一种是非刚性的，是指外形能够变化的物体，如动物、人体、细胞等，这种目标识别称为非刚性目标识别。根据非刚性目标的特点，可以采用光谱特征、纹理特征等技术进行识别。

4. 按照图像中目标的数目

图像中可能有一个目标，也可能有多个目标。针对图像中一个目标的识别称为单目标识别，其他的称为多目标识别。单目标就是只有一个感兴趣的目标，其余属于背景，这就提供了一个重要的前提，在这个前提下，更多关注的是如何利用各种图像处理技术，完整准确地检测和提取出这一目标。多目标的识别要比单目标的识别复杂得多，因为多个目标同时出现在一幅图中，除了要考虑背景的干扰之外，还要考虑目标之间的相互遮挡、合并、分离等多种情况的处理。

5. 按照对图像语义的理解程度分类

按照对图像语义的理解程度，可以将图像识别分为图像分类、目标检测、目标识别。图像分类就是根据图像的底层特征（颜色特征或纹理特征）的相似度，将内容相似的图像归为一类，图像分类不需要对图像进行定位和分割，如基于内容的图像检索。而目标检测不仅仅需要判断当前图像是否存在感兴趣的目标，还要确定感兴趣目标的具体位置，如车牌识别。目标识别的层高更高，需要对信息进行更加深入的分析。

2.1.2 图像识别方法的基本框架

图像包括种类繁杂的图形和影像，是经常被人们使用的信息载体，人类对外界信息的获取有 75%来源于视觉[192,193]。图像依照记录方式可以划分为模拟图像与数字图像，前者通过光、电等物理量的变化反映图像信息；后者是以点为单位通过计算机来反映图像信息[194,195]。所考虑的图像识别以数字图像为对象，利用摄录机等输入设备生成位图图像，位图单位是像素点阵。

图像识别就是通过计算机这个媒介对经输入设备所采集的图像进行完整"解读"，以达到对目标辨识、分类的技术[196-198]。一般的图像识别过程如图 2.1 所示。

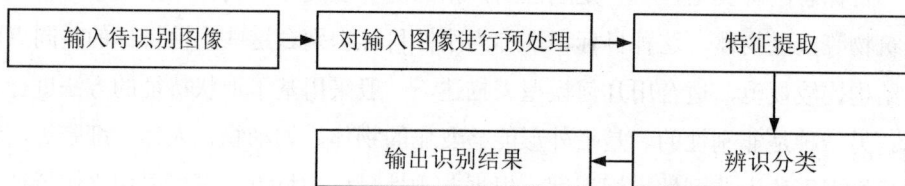

图 2.1　图像识别过程

一个典型的图像识别系统由图像增强与变换、分割、描述以及分类决策四个部分共同构成。这四个部分的关系非常密切，在将其看作一个有机整体的同时，也可以看作三个层次的图像处理——底层、中层和高层处理。

底层处理是对图像数据进行预处理，如对有噪声的图像要进行滤波去噪、对信息微弱的图像要进行对比增强、对失真的图像要进行几何校正等，以达到改善图像质量、突出感兴趣区域的目的。其输入和输出均为图像。

中层处理是对图像进行分割处理，将给定图像或已分割的图像区域用更为简单明确的数值、符号或图来表征（图像描述），目的是更合适用计算机进行处理。不同于底层处理，在中层处理中输出的是图像的特征。

高层处理一般是基于知识进行推理和证实的，涉及图像或图像区域的理解，以及执行与视觉相关的识别函数。其输入是向量、串或树等形式的特征描述，输出则是图像或物体的类别。

2.2　图像预处理技术

按照采集要求，将摄像机、扫描仪等输入设备获取的图像传送到计算机后，首先要进行的就是图像预处理。通过预处理，可以有效地减少图像中对识别无意义的信息，尽可能地剔除输入图像中的噪声，从而保障较高的识别率。预处理一般可以通过先对彩色图像灰度进行处理，再依次对灰度图像进行二值化、增强、去噪，进而在图像分割的过程中达到目的要求[199-201]。

2.2.1　彩色图像灰度化

彩色图像所包含的数据量要远远大于黑白图像。另外，没有经过特殊滤光处理的图像所拥有的内容会更有使用价值，所以进行图像处理时，首先要对彩色图像进行灰度化[202]。不同的色彩空间有不同的色彩模型，常用的色彩空间有 RGB、CMYK、Lab 等，其中使用最多的是 RGB[203]。

RGB 色彩空间中的每个颜色由 R、G、B 三个颜色分量构成，对该空间的彩色图像进行灰度化也就是对这三个颜色分量进行适合的加权平均，从而获得最终的灰度值，常用三种方法，即平均值法、最大值法、加权平均值法[204,205]。

1. 平均值法

平均值法就是通过对 R、G、B 三个颜色分量亮度求平均值，求得的平均值作为该像素点的灰度值，公式为：

$$R = G = B = \frac{R+G+B}{3} \tag{2.1}$$

式中：R 表示红色；G 表示绿色；B 表示蓝色。

这种处理方法容易拉大数字图像中每个像素点灰度值间的差距，形成对比度和亮度较高的图像。

2. 最大值法

最大值法就是将 R、G、B 三个颜色分量中亮度最大的值作为该像素点的灰度，公式为：

$$R = G = B = \max(R, G, B) \tag{2.2}$$

3. 加权平均值法

加权平均值法是从人体生理学角度出发，根据人眼对 R、G、B 三个颜色分量的敏感度不同而对其赋予不同权值，每个像素点的三原色值通过三种颜色值加权求平均值得到。其公式为：

$$R = G = B = W_R R + W_G G + W_B B \tag{2.3}$$

式中：W_R、W_G、W_B 分别表示红、绿、蓝三种颜色的权值。

由于人眼对绿色最敏感，红色其次，蓝色最不敏感，所以为红、绿、蓝三种颜色赋予的权值一般满足 $W_G > W_R > W_B$。

2.2.2 灰度图像二值化

灰度图像二值化的目的在于将图像中每个像素点所具有的各自不同的多种灰度值进行重新赋值，重新赋值的结果为 0 或 255。如果是 0，就划为背景；如果是 255，就划为目标[206,207]。这样，一幅图像就由目标和背景构成，所包含的数据量会大大减少，无论识别结果如何，都会减少后续图像识别所需的时间。

设 $g(x, y)$ 为待处理的灰度图像，$f(x, y)$ 为经二值化处理后的灰度图像，则：

$$f(x, y) = \begin{cases} 0, & g(x, y) < T \\ 1, & g(x, y) \geqslant T \end{cases} \tag{2.4}$$

式（2.4）中：(x, y) 为像素点的坐标；T 为阈值[208]。

可见，灰度图像二值化的完成主要依赖于阈值的确定，阈值决定了每个像素点的归属，所以二值化图像的重要步骤是 T 值大小的设定。当 T 偏小时，图像会放大目标，使得图像的虚假成分较大；而 T 偏大时，图像会放大背景，使得可用信息被掩盖。灰度图像二值化的方法很多，每种方法都有各自的数学描述，从阈值的作用范围来看，有全局阈值法和局部阈值法[209-211]。

1. 全局阈值法

全局阈值法的阈值固定，在处理整幅图像的各个像素点的灰度值时，均以预先设定好的阈值为标准，当该像素点的灰度值小于阈值时，标记为目标；否则为背景。全局阈值法的算法最简单，运算量较小。该方法在图像效果较好的情况下效果很好，噪声较大的时候二值化的效果会有一定影响。经常使用的全局阈值法包括 Otsu 方法、迭代阈值法、共生矩阵阈值法等[212,213]。

2. 局部阈值法

局部阈值法使用模板对当前像素的灰度值与邻域点的灰度值进行比较而得到阈值。局部阈值法更注重细节，效果一般优于全局阈值法，但算法复杂，运算量较大。由于阈值计算针对每个像素点或者像素块进行，该方法要考虑到局部邻域内的最值；如果被考察像素点的邻域内均是背景像素点，此时若有噪声出现则会对阈值的计算结果造成较大影响；构成背景的像素点的灰度值若有较大起伏，则会造成目标与背景的误判等。经常使用的局部阈值法包括 Niblack 方法、Bernsen 方法等[214-216]。

2.2.3　图像增强

图像增强是突出图像中的有意义信息，利用相关的方法获取对具体应用有价值的图像，或是对人的视觉响应、机器处理更容易接受的图像的处理技术[217,218]。图像增强不在于添加更多的图像信息数据，主要在于更加突显有意义的特征信息。

图像增强是改善图像质量的常见方法，根据具体的需求，通过强化图像中"感兴趣"或"有价值"的信息，弱化"没有意义"或"无价值"的信息，使图像中的某些信息得到突出显示，使增强后的图像更适于人类视觉或基于机器视觉的某种特性，为进一步的图像分析与图像识别打下良好的基础。因此，图像增强可将视频或红外及其他属性图像中相对模糊不清楚、不确定的隐藏信息特征变得明显，极大改善图像的清晰度。图像增强的优点如下：

（1）图像增强可使目标图像和背景图像的区分度更加显著，有利于目标区域图像的特征提取。

（2）图像增强可以更有效地抑制图像因受到因素的干扰而产生的某种噪声，提高图像的信噪比。

（3）图像增强能够提高图像画质的清晰程度，同时增加图像显示的动态范围，使图像的显示效果更加清晰。

根据对原始图像采用某种技术上的变换过程的不同，图像增强的方法分为空间域法和频率域法。

1. 空间域法

空间域法也称为直接法，以灰度映射变换为基础，直接对二维空间图像的像素进行操作，一般运算时间较少，可用于实时处理。空域增强可分为点处理和邻域处理，点处理主要有灰度变换、灰度级修正、直方图均衡等方法；邻域处理主要有平滑空间滤波和锐化空间滤波。处理过程如图 2.2 所示[219]。

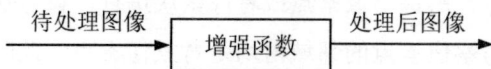

待处理图像 ——→ 增强函数 ——→ 处理后图像

图 2.2 空间域法的处理过程

空间域法以像素点或模板为操作对象，对图 2.2 进行公式描述如下：

$$g(x, y) = f(x, y) \cdot h(x, y) \tag{2.5}$$

式中：$f(x, y)$ 为输入图像；$h(x, y)$ 为完成图像增强作用的函数；$g(x, y)$ 为输出函数[220]。

因空间域法的操作对象不同，所以图像增强操作可分为点操作和邻域操作两种。前者可以使图像成像均匀，或扩大图像动态范围，提高对比度，包括灰度级校正、灰度变换和直方图修正等方法。后者分为图像平滑和图像锐化两种[221]。图像平滑主要用于去除噪声，但在去噪的同时也会导致边缘模糊，包括均值滤波、中值滤波等方法[222,223]；图像锐化主要用于图像识别时突出目标的边缘轮廓，包括梯度法、统计差值法等[224-226]。

2. 频率域法

频率域法也称为间接法，是基于傅立叶变换、小波变换或其他图像变换的方法，根据卷积定理对图像进行增强处理的，使图像的有意义的属性或特征更加突出，从而便于实现对目标图像的分析、识别。但要将二维图像矩阵进行变换，特别是对于较大的图像，运算量大，不适于实时处理。频率域法的处理过程如图 2.3 所示[227]。

频率域法先要经过变换 T 将数字图像进行处理空间转换，再根据该空间中特有的性质对数字图像进行处理，处理完成后再利用逆变换转换回原空间，最终输出图像。这个过程主要是进行滤波处理，使得满足要求的滤波通过，不满足要求的滤波被阻隔[228]。经常使用的滤波包括理想低通滤波器、高斯低通滤波器等频率域平滑滤波器，理想高通滤波器、高斯高通滤波器等频率域锐化滤波器[229]。

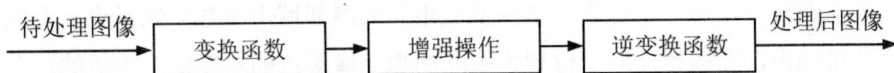

待处理图像 → 变换函数 → 增强操作 → 逆变换函数 → 处理后图像

图 2.3　频率域法的处理过程

2.2.4　图像去噪

噪声是影响人的感觉器官或是机器视觉对图像理解的主要因素，常见的噪声包括加性噪声、乘性噪声、量化噪声、椒盐噪声[230,231]。不同的噪声与图像本身的有用信号之间的关系也不尽相同，噪声与图像信号之间有的是相关的，有的是无关的，但不管是什么样的关系，噪声的存在不可避免[232,233]。因此，为了更好地完成图像识别，去噪是必要的一步操作过程，合理的去噪方法也必将对图像准确识别起到事半功倍的作用。

图像去噪处理就是滤波处理，滤波方法的选取要考虑实际的噪声类别，经去噪处理的图像要保持原图像自身的真实度[234,235]。一般将滤波分为空间域滤波和频率域滤波[236]。

1. 空间域滤波

空间域滤波以输入图像为处理对象，直接针对输入的原图像中的每个像素点进行数据操作[228]。空间域滤波以是否采用满足叠加原理的模板为依据，可将此作用域滤波划分为线性滤波与非线性滤波。常见的线性滤波包括均值滤波、空域维纳滤波等；常见的非线性滤波包括中值滤波、自适应中值滤波等[237]。

（1）均值滤波。

均值滤波中，任何一个像素点的灰度值都由其邻域内的所有像素点的平均灰度值确定，计算方法为：

$$g(x,y) = \frac{1}{M} \sum_{(i,j) \in S} f(i,j) \qquad (2.6)$$

式中： $f(i,j)$ 是输入图像； $g(x,y)$ 是中值滤波后的输出图像，以 $N \times N$ 阵列表示； S 是以 (x,y) 为中心的邻域； M 是 S 内的像素点个数的总和，其值由 S 的范围决定[238]。

均值滤波实现起来比较容易，但这种方法会造成图像的清晰度下降，即邻域越大，图像就会越不清晰。

（2）中值滤波。

中值滤波中，每一个像素点的灰度值由其周围邻域内奇数个像素点灰度值的排序结果确定，即取排序所处位置为中间的那个像素点的灰度值。中值滤波在去除椒盐噪声时有较好表现，更容易留存边缘数据。以二维中值滤波为例，其表示形式为：

$$g(x,y) = \text{med}\{f(x-k, y-l), \quad (k,l \in W)\} \qquad (2.7)$$

式中： $f(x,y)$ 和 $g(x,y)$ 分别为滤波前后的图像； W 是用于完成滤波所选定的区域[239-241]。

2. 频率域滤波

频率域滤波以经过变换的图像为处理对象，变换域中，图像信号与噪声信号会呈现不同的性质，利用这种差异性将二者区分开来，保留图像信号，去除噪声信号后，再经逆变换返回到输入图像所在空间，从而得到剔除噪声的图像[227,242]。频率域滤波的实现主要在于空间域到频率域之间的变换，可使用的变换有很多，如傅立叶变换、Harr 小波变换、余弦变换、K-L 变换、Walah 变换、小波变换等，这些变换的共性条件是完备、正交。

2.2.5 图像分割

图像分割是图像处理过程中非常重要的过程，其目的在于按设定区域大小对图像依据需要属性进行划分，从而获取图像识别的"有价值"内容[243]。

1. 图像分割的定义

所谓图像分割就是把一幅图像中对其识别有价值的区域和其他区域进行分离，其中，有价值的区域称为目标或者前景，其他区域则称为背景。图像的目标区域一般都具有均匀性或一致性的信息特征，均匀性或一致性是指处于同一区域内的像素点的灰度值缓慢变化或其灰度值的差异较小，并且这些区域之间均互不相交。这些信息特征可以是目标区域图像的像素灰度值、轮廓曲线或纹理特征等，也可以是直方图特征、颜色特征、局部统计特征或空间频谱特征等。

根据集合概念可对图像分割定义如下：设 R 为原始图像的区域集合，$P(\cdot)$ 代表相关均匀性。对原始图像 R 进行分割，获得多个子区域，定义为 N 个非空子集 $\{R_1,R_2,...,R_N\}$，每个子集表示一个相连通的区域并且满足以下 5 个条件：

（1）$\bigcup\limits_{i=1}^{N} R_i = R$。

（2）i 和 j 在任何情况下不相等，并且有 $R_i \cap R_j = \phi$。

（3）$P(R_i) = \text{Ture}$，当 $i \in [1,N]$。

（4）$P(R_i \cup R_j) = \text{False}$，当 $i \neq j$。

（5）区域 R_i 具有连通性，$i \in [1,N]$。

上述定义说明分割图像的子区域的并集构成原始图像的所有像素；图像中的某一像素只能属于一个分割区域，即分割区域不能重叠交互；每个分割区域具有独特性；同一分割区域内的像素点具有连通性。

2. 图像分割的分类

图像分割是目标识别、图像分析的关键问题，是目标区域描述的基础条件，对目标图像的特征提取和测量起着决定作用，进一步使目标图像的分析和识别成为现实；它既在图像工程中占据着重要位置，同时也是一个经典难题。因此图像分割是一种非常重要的图像处理技术，多年来一直得到相关领域的学者们的高度重视。据统计，至今不同类型的图像分割算法已经达到了上千种之多，正是这些研究推动了图像分割在实际中得到大量的应用。关于图像分割，根据不同的角度有不同的分类方法。

从研究方法的角度大致可以分为以下几类：

（1）阈值分割。

阈值分割法是基于区域的一种图像分割技术。阈值分割的思想是通过设定不同的特征阈值把图像像素点分成一个或几个不同的灰度等级，从而将其分为若干类，形成一些不同的有意义区域或物体边界。

阈值分割方法的基本原理：假设原始图像用 $F(x,y)$ 表示，分割后的图像用 $G(x,y)$ 表示，实数 Z 是原始图像中被选定为目标区域和背景区域图像灰度级的阈值，且 $Z_l \leq Z \leq Z_k$，则分割后的图像可表示为：

$$G(x,y)=\begin{cases}Z_E,F(x,y)\in Z\\Z_B,其他\end{cases} \tag{2.8}$$

相对于其他图像分割算法，阈值分割算法在图像分割算法中是一种简单高效的图像分割算法，因此也常常被用于一些对实时性要求比较高的系统中。使用该方法时，首先要确定一个阈值，然后对图像中的每一个点的像素值与阈值进行比较，根据比较的结果把当前像素点归到目标区域或背景区域，完成对图像中所有像素点的比较和归类之后即实现了图像的分割。阈值分割算法的一个关键问题就是如何确定合适的阈值，固定阈值法和动态阈值法是两种最常用的阈值类型。阈值分割算法的一个缺点就是对噪声比较敏感，因此对于一些对图像分割要求比较高的系统，单纯使用阈值分割算法的效果不太理想，一般需要结合其他方法进行图像分割。

（2）边缘检测。

边缘是图像中灰度不连续的点构成的集合，边缘特征是图像的最基本的底层特征。一般使用微分算子来检测图像中的边缘，Roberts 算子、Sobel 算子、Prewitt 算子、Laplace 算子、Mari 算子以及 Krisch 算子都是最常用的微分算子。在这些微分算子中，Roberts 算子、Sobel 算子以及 Prewitt 算子都是一阶的，Laplace 算子是二阶的，它们都对噪声比较敏感。

（3）区域提取。

此类方法是将图像按照相似性准则分成不同的区域，主要包括种子区域生长法、区域分裂合并法和分水岭法。种子区域生长法是根据预先定义的生长准则，将像素点或者子区域合并成为更大的区域的过程，具体实现时是从一组代表不同生长区域的种子像素开始，接下来将种子像素邻域里符合条件的像素合并到种子像素所代表的生长区域中，并将新添加的像素作为新的种子像素继续合并，直到找不到符合条件的新像素为止。该方法的关键是选择合适的初始种子像素以及合理的生长准则。与种子区域生长法不同，区域分裂合并法的基本思想是首先将图像任意分成若干互不相交的区域，然后按照相关准则对这些区域进行分裂或者合并从而完成分割任务，该方法既适用于灰度图像分割，也适用于纹理图像分割。分水岭法是一种基于拓扑理论的数学形态学的分割方法，其基本思想是把图像看作是测地学上的拓扑地貌，图像中每一点像素的灰度值表示该点的海拔高度，每一个局部极小值及其影响区域称为集水盆，而集水盆的边界则形成分水岭。该算法的实现可以模拟成洪水淹没的过程，图像的最低点首先被淹没，然后水逐渐淹没整个山谷。当水位到达一定高度的时候将会溢出，这时在水溢出的地方修建堤坝，重复这个过程直到整个图像上的点全部被淹没，这时所建立的一系列堤坝就成为分开各个盆地的分水岭。分水岭算法对微弱的边缘有着良好的响应，但图像中的噪声会使分水岭算法产生过分割的现象。

（4）能量泛函分割。

该方法主要指的是活动轮廓模型（active contour model）以及在其基础上发展出来的算法，其基本思想是使用连续曲线来表达目标边缘，并定义一个能量泛函，使得其自变量包括边缘曲线，因此分割过程就转变为求解能量泛函的最小值的过程，一般可通过求解函数对应的欧拉方程来实现，能量达到最小时的曲线位置就是目标的轮廓所在。按照模型中曲线表达形式的不同，活动轮廓模型可以分为两大类：参数活动轮廓模型（parametric active contour model）和几何活动轮廓模型（geometric active contour model）。其中，参数活动轮廓模型是基于 Lagrange 框架，直接以曲线的参数化形式来表达曲线，最具代表性的是由 Kasset 等提出的 Snake 模型。该模型在早期的生物图像分割领域得到了成功的应用，但其存在着分割结果受初始轮廓的设置影响较大以及难以处理曲线拓扑结构变化等缺点。此外，其能量泛函只依赖于曲线参数的选择，与物体的几何形状无关，这也限制了其进一步的应用。与参数活动轮廓模型不同，几何活动轮廓模型的曲线运动过程基于曲线的几何度量参数而非曲线的表达参数，因此可以较好地处理拓扑结构的变化，并可以解决参数活动轮廓模型难以解决的问题。而水平集（Level Set）方法的引入，则极大地推动了几何活动轮廓模型的发展，因此几何活动轮廓模型一般也可被称为水平集方法。

（5）图论分割。

基于图论的方法有 Graph Cut 图像分割算法和 GrabCut 图像分割算法。这一类图像分割算法是以图论为基础的，把图像分割问题转化成求图的最小割问题。

此外，除了以上五大类图像分割算法之外，针对一些结合特定理论而产生的图像分割算法的研究也越来越多，比如基于神经网络、模糊集以及形态学的分割算法。

从不同应用角度可以分为以下几类：

（1）以应用目的为出发点，图像分割被划为粗分割与细分割两种。粗分割不考虑图像细节；而细分割要更多地考虑图像细节，图像分割时要避免在同一区域内出现较多的变化细节。

（2）以分割对象的属性为出发点，图像分割被划分为灰度图像分割与彩色图像分割两种。

（3）以分割对象的状态为出发点，图像分割被划分为静态图像分割和动态图像分割两种。

（4）以分割对象的应用领域为出发点，图像分割被划分为交通图像分割、医学图像分割、气象图像分割、遥感图像分割、卫星图像分割等。

2.3　图像特征提取

2.3.1　图像特征提取的基本思想

在图像识别系统中，特征提取是指在原始数据输入与分类器之间，针对样本的数学特征，实现高维样本向低维的压缩，去除无用信息，以优化分类器的效果。即特征提取是给定的约束条件下的某种变换 T，实现由模式空间 ER 到特征空间 ED 的映射，即 T：ER→ED。

图像特征是由于景物的物理与几何特性使图像中局部区域的灰度产生明显变化而形成的。因而特征的存在意味着在该局部区域中有较大的信息量，而在图像中没有特征的区域应当只有较小的信息量。图像特征的提取，即从图像中提取有用的信息和视觉特征。

在图像中存在着一些特殊的信息，这些信息使该图像有别于其他图像。这些特殊信息就是图像的特征。

从广义上讲，图像的特征是图像场明显可分的、本原的特性或属性。这里的属性是指图像的名称、制作日期、作者等可用文字表示的信息。按区域划分，特征有点特征、局部特征、整体特征；而根据特征的表示可分为幅度特征、整方图特征、变换系数特征、点线特征、边缘特征等。特征信息可以用图像、文字或数字表示，要求特征信息的信息量丰富而所占存储单元尽可能少。

图像特征提取涉及的面很广。从一幅图像中提取出什么样的特征，需要根据用户所关心的问题来决定。

由于图像具有很强的领域性，不同的领域，图像的特征千差万别，与图像所反映的对象物体的各种物理的、形态的性能有很大的关系，因而有各种各样的特殊方法。

特征提取工作是相当复杂的。如何从一幅图像中抽取能完全唯一表征该图像的特征，往往需要与有关领域的专业人员共同努力，并由所建图像库的性质来决定。如对文字、符号等可只抽取几何形状特征，而对某些图像则还需要抽取颜色特征。

从一幅图像中可提取的特征不是唯一的。如何根据各种评价函数，选出最合适和最有代表性的特征组成图像的特征向量，就需要进行特征选择。

特征选择的目的是对特征规范化，降低特征向量的维数。特征选择有各种方法，但必须特别注意对任何变换都不变化的那些分量。常用的特征选择方法有 KL 展开和利用评价函数进行特征选择。

总之，图像特征提取需要经验的指导，需要具体问题具体分析，不同的情况采用不同的特征提取方法。

2.3.2 图像特征提取方法

特征是不同物体之间的明显区别体现，图像特征表征着图像中各部分体现的与其他部分的区别[244]。图像特征可以将不同的目标区分开来，所以就要求图像特征必须满足它所处范围应具有的区分能力，并保证能很好地应对噪声。从图像处理前后所在的不同空间对图像特征分类，可以将其分为低层次特征（即基本特征）和高层次特征（即语义特征）。特征分类内容如图 2.4 所示。

特征提取在于从待匹配图像中把属于自己独有的特征找出来，以完成与模板图像的匹配[245]。低层次特征提取的目的通常是为更高级分析提供信息。高层次特征提取涉及在计算机图像里找出形状和目标。特征提取可以选取不同的特征进行。

```
                          ┌ 形状特征
              ┌ 基本特征 ┤  纹理特征
              │           └ 颜色特征
      特征 ┤
              │           ┌ 空间关系语义
              │           │ 对象语义
              └ 语义特征 ┤ 行为语义
                          │ 情感语义
                          └ 场景语义
```

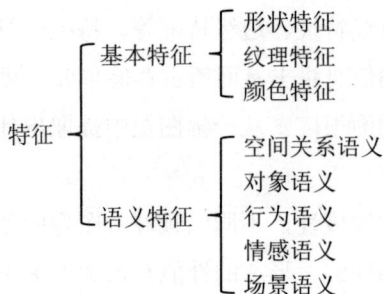

图 2.4　特征分类

1. 形状特征提取

　　形状特征作为对目标辨识的一个重要因素，一直被机器视觉等相关领域的研究者所关注。对形状特征的研究主要集中在轮廓特征和区域特征。由于边界的界定容易将目标从周围环境中区别开来，所以轮廓特征关心的是边界。在进行图像采集时会受到光线强弱、拍摄工具与目标之间的位置等诸多不可控因素的影响，但这些因素影响的是所采集图像的明暗程度、各部分之间的比例关系等，对目标的整体轮廓影响不大。因此，单纯地进行形状辨识时更愿意使用轮廓特征。区域特征是从整个区域的角度进行特征提取，把匹配图像从背景中区分出来。

　　针对类似轮廓特征提取的算法如下。

　　（1）霍夫变换：是在背景中寻找相关几何形状的一种方法[193]。对于一幅待匹配图像而言，其边界从宏观上看是线的组合，从微观上看是像素点的组合。霍夫变换就是把图像中属于某种图形的点集映射到一个点（这个点记录了点集中点的数目）上以便检测。将其理解成封闭区域处理，处理过程如图 2.5 所示。

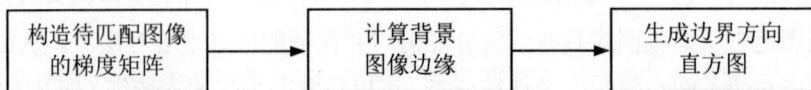

```
┌──────────────┐      ┌──────────────┐      ┌──────────────┐
│ 构造待匹配图像 │ ───▶ │   计算背景    │ ───▶ │ 生成边界方向  │
│  的梯度矩阵   │      │   图像边缘    │      │   直方图     │
└──────────────┘      └──────────────┘      └──────────────┘
```

图 2.5　霍夫变换的处理过程

　　（2）傅立叶描述子：是用轮廓坐标序列寻找目标图像的一种方法[246]。它预先假设所寻找的目标图像以封闭曲线为轮廓，则轮廓上的一个动点的变化函数是周期函数，将其进行傅立叶级数展开，展开式中每一项项前的系数就构成了傅立叶描述子，当展开式项数达到实际需求时，通过系数构成的一系列描述子就可以完成目标图像识别。

（3）基于图像性质的特征提取：针对基本几何图形及由基本几何图形构成的图形，它们都具有诸如面积、周长等这些几何性质。基于图像性质的特征提取实际上就是基于几何图形的几何性质特征提取[247]。任何一幅图像，如果对其进行分割，可以将其转换成若干几何图形的拼接，所以，用此种方法完成特征的提取前提的是合理进行图像分割，而且分割方法直接影响特征提取的效率。

虽然类似轮廓特征提取的方法很多，具体操作也各有不同，但不管是哪种方法，都需要注意以下几个关键步骤的设计：

（1）待匹配图像的边界点选取。

点作为一个宽泛的存在，没有准确的定义。若从狭义的角度给它一个特定的范围，它就具有实在的意义，具备相关的属性；若从广义的角度，它就是被抽象化的一个位置。从边界入手进行图像识别时，可以从所需要的方面考证相关要素，比如灰度值，作为边界点集合中的一个元素，其邻近元素的灰度值变化比较显著，用于确定这种具有显著灰度变化的像素点算子包括 Prewitt 算子、Log 算子等。此类算子对边界点的确定以事先设定阈值为检测标准。

（2）待匹配图像的像素点的相关梯度计算。

梯度作为向量微积分中的一个概念，代表了欧氏空间中以点为单位的线性近似。在目标识别中，经常要运用到某点的梯度值和梯度方向，以 Prewitt 算子作为计算依据，其对应的计算公式为[248]：

$$G = \frac{(|H| + |V|)}{2} \tag{2.9}$$

$$\theta = \arctan\left(\frac{V}{H}\right) + \frac{\pi}{2} \tag{2.10}$$

式中：$H = I(x, y) \otimes \begin{bmatrix} -1 & 0 & 1 \\ -1 & 0 & 1 \\ -1 & 0 & 1 \end{bmatrix}$；$V = I(x, y) \otimes \begin{bmatrix} 1 & 1 & 1 \\ 0 & 0 & 0 \\ -1 & -1 & -1 \end{bmatrix}$。

通过式（2.9）计算得到的梯度值作为边界点的判断依据，其值若为 0，则直接舍弃；若不为 0，则与预先设定阈值进行比较，比较结果如显示二者之差大于 0，就将其放入边界点集合。

（3）待匹配图像的极值点方向确定。

在水平方向的角度范围[0°,180°]区间内，以45°为基本单位划分，将方向分为0°方向、45°方向、90°方向、135°方向。在每个方向上，对于其上的所有可能极值点进行检测，满足极值点要求的放入极值点集合，否则剔除。完成整个检测过程后，可以保证能够用于描述边界的点全部保留，从而使得边界毛刺最少。

人类在识别物体时往往比较关注轮廓，而对轮廓内部区域信息的关注相对少一些，这源于人们主要通过物体外部轮廓及先验知识就可以判断所识别的物体，另外，轮廓所包含的信息要少于内部区域，对轮廓的识别可以减少判断时间。但是，轮廓特征是一种局部特征，容易受到噪声、形变的影响。

2. 纹理特征提取

纹理作为一种视觉现象而存在，与形状特征相比，它包含了更多的区域内信息，信息量远远大于形状特征。纹理的外在体现是图像的明暗度、色彩度等元素在有规则的、近周期性的演变中逐渐呈现出某种规律，是一种比较直观的特征[249]。由于纹理包含的信息量较大，在以它为特征进行提取时，一定要考虑到计算的复杂性。

纹理特征作为图像的一种特质，它与邻近点相关联，某点的纹理信息一般不能单纯考虑，需要考虑上下文，在一定的背景范围内进行相关操作。另外，纹理在不同尺度空间中会有差异性的表现，其实，物体在不断放大的过程中，纹理特征也会逐渐显露。也就是说，伴随着分辨率由低到高的改变，纹理特征对目标描述也将发生由概貌到细节的改变。因此，纹理特征与尺度空间密不可分。

对纹理特征的提取方法有很多，主要包括以下几种：

（1）统计方法。

统计方法包括矩阵方法和一般方法，使用的前提是处理对象有序可循、有规律可循。纹理是以亮度和颜色为因素的一种特征，只凭肉眼，很难给亮度和颜色一种符合统计学的表示方法。但事实上，在尺度变化过程中，纹理终归要有明确显示，也就有了规律性的呈现，这种规律性建立在每一个像元和区域的灰度基础上。在广泛使用的统计方法中，自相关函数比较基础，它以纹理的相似度为比照，以自相关的下降状态为前提，其自相关函数表示如下[250]：

$$P(x,y) = \frac{L_x L_y \int_{-\infty}^{+\infty} \int_{-\infty}^{+\infty} I(u,v) I(u+x, v+y) \mathrm{d}u \mathrm{d}v}{(L_x - |x|)(L_y - |y|) \int_{-\infty}^{+\infty} I^2(u,v) \mathrm{d}u \mathrm{d}v} \tag{2.11}$$

式中：x, y 表示位移；$I(u,v)$ 表示分辨率；L_x 和 L_y 表示维数。

（2）模型方法。

模型方法以建立符合问题要求模型为处理问题的出发点。模型方法使用时必须用到提取的特征，即纹理特征能够建立起满足条件的模型。建立模型后，对纹理特征提取就过渡到对参数的处理，设计者要完成的操作则过渡到估计参数。常用的方法包括随机场方法和分形方法两种。前者以概率模型为基础，后者更多地关心分形维数。

（3）结构方法。

结构方法源于纹理分解，包括句法纹理分析、数学形态学方法及其他方法。纹理作为一种图像特征，表面上看起来不明显繁杂，但在尺度调整过程中，纹理所包含的有意义信息将逐渐显现，而且这些原本貌似散乱的信息也变得有规律可循，这种规律就为分解复杂纹理所得到的基元找到排列方式，从而组成可以求解的结构。基本的方法包括句法纹理分析和数学形态学法。前者是运用语法表示及句法分析给出纹理类型，后者是运用基元重新整合成所需纹理。

（4）信号处理方法。

信号处理方法是纹理分析中比较重要的方法，包括一般图像变换方法和小波变换方法，是对能量分布的考查，以合适变换作为解决问题的方法。常用到的变换包括傅立叶变换、Gabor 滤波、Laws 模板等。这些变换所使用的函数虽然不尽相同，但它们一般都遵循着一定的基本流程，其流程图如图 2.6[251]所示。

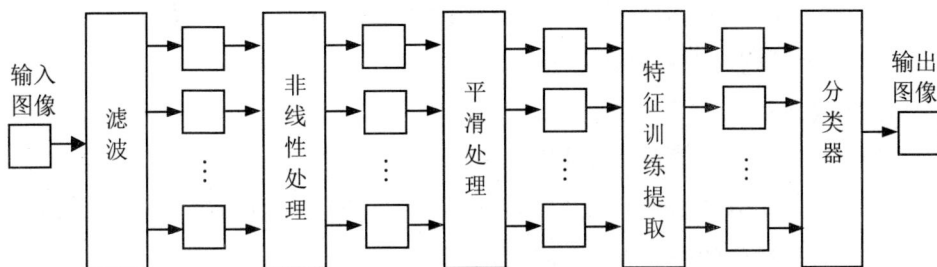

图 2.6　信号处理流程

3. 颜色特征提取

颜色特征是稳定性较好的特征，图像尺寸、方向变化对颜色都没有大的影响，它属于全局特征，是人类理解世界的主要视觉特征[252]。颜色特征提取包括颜色直方图、颜色聚合向量等方法。

（1）颜色直方图。

颜色直方图中能够体现每一种颜色在图像中出现的比例，不能体现每一种颜色出现在什么位置，直方图中的信息是颜色频数的反应，一幅图像必然与唯一一个直方图对应。

（2）颜色聚合向量。

颜色聚合向量方法也是一种直方图方法。颜色直方图方法中不考虑颜色出现的位置，颜色聚合向量方法可以确定每种颜色出现的位置。在实际操作中，将像素划分为聚合与非聚合两类，所属空间相同，像素的量化值也相同，并且任何两个像素都相同。在图像匹配时，对颜色进行相似度比较来确定结果。

2.4　图像分类算法

图像分类是把类标记划归于一组量度的处理过程。实质上，它是模式识别的核心[253]。图像辨识分类时要依据具体情况采用不同的分类器，一个合适的分类器才能保障图像分类的准确性。常用的分类方法包括统计方法和结构方法，前者较常用，又分为有监督分类方法和无监督分类方法。

2.4.1　有监督分类方法

有监督分类方法是根据预先已知类别名的训练样本，求出各类在特征空间的分布，然后利用它对未知数据进行分类的方法。

1. 分类过程

（1）样本训练，得到判别函数 $g_1 \sim g_c$。

（2）计算函数值 $g_1(X) \sim g_c(X)$，其中 $X = (x_1, x_2, ..., x_n)$ 为待分类特征矢量。

（3）依函数值的最大值确定模式分类。

有监督分类方法就是根据训练样本，把特征空间分割成对应于各个类别的区域，当未知模式输入后，经计算确定特征矢量所属区域[254]。一般地，类别 i 和类别 j 的区域边界可以表示为 $g_i(X) = g_j(X)$；在类别 i 的区域内有 $g_i(X) > g_j(X)$，在类别 j 的区域内有 $g_i(X) < g_j(X)$。

2. 判别函数

在分类过程中，首先要考虑判别函数，经常用到的判别函数包括距离函数、统计决策理论、线性判别函数。

（1）距离函数。

通过计算待确定模式与训练样本之间的距离进行分类是最简单的方法，只需考察最近距离，即可将其分配到相应类别中。经常用到的距离函数有欧几里得距离、L 距离、相似度，公式依次表示为[255]：

$$\left| \sum_{i=1}^{n} (x_i - y_i)^2 \right|^{\frac{1}{2}} \tag{2.12}$$

$$\sum_{i=1}^{n} |x_i - y_i| \tag{2.13}$$

$$\frac{XY}{\|X\|\|Y\|} \tag{2.14}$$

（2）统计决策理论。

统计决策的经典学习方法中，一般采用最大似然函数算法得出判别函数，具体函数表示为[256]：

$$g_i(X) = P(\omega_i|X) = P(X|\omega_i)P(\omega_i) \tag{2.15}$$

式中：$P(\omega_i|X)$ 为所确定的类别 ω_i 的似然度；$P(\omega_i)$ 为类别 ω_i 的先验概率；$P(X|\omega_i)$ 为条件概率密度函数。

最大似然法从理论上讲是准确率比较高的分类方法。

（3）线性判别函数。

线性判别函数的使用范围较广，可以通过线性组合的方式表示所有特征量进行，对应公式为[257]：

$$g(X) = aX + b \tag{2.16}$$

利用式（2.16）完成模式分类时，通常是将 M 类判别问题转化为（$M-1$）个二类判别问题预以判识。

2.4.2　无监督聚类方法

在有监督分类方法中，先设定一些用于比对、类别已知的样本，先学习后分类。然而，一般情况下不知道有哪些类别存在。也就是说，在辨识分类时并不拥有任何先验知识，只能通过辨识对象之间的相似程度进行类别划分，没有监督机制，边学习边分类，这种方式称为无监督的分类方法，也称作聚类分析[258]。一般包括动态聚类、模糊聚类、系统聚类、分裂法等。

2.5　计算机视觉图像相关理论

任何事物都有自己的特征，"特征"是某一事物区别于其他事物的标志。哲学名言"凡物莫不相异"说的是每个物体都有不同的本原特征；而古诗"横看成岭侧成峰，远近高低各不同"说的是从不同角度、不同距离看同一物体时得到的表象信息不同。与受条件和环境影响的表象信息不同，本原特征是指特征绝对性尽量地强，最大限度地不依赖于提取目标特征时的条件和环境，本原特征的一个重要性质是不变性。本原特征获取是人类视觉感知的特点之一，正是具有这种能力，人类才能读书看报、辨人识物，不受表象信息的影响，每天处理着由视觉系统获取外部世界的约80%的信息量。

计算机视觉是指利用计算机实现人的视觉功能。随着计算机和信息技术的发展，计算机视觉系统可用来辅助或代替人的视觉感知系统，减轻人的工作量或完成人类无法完成的任务，如图像数据检索、景象匹配制导等。当以计算机视觉系统实现人的视觉时，同样会面临辨别和认识所"看"到的物体，人类可以利用不变的信息识别物体，计算机也是通过选择和提取物体本原特征来进行模式的识别，进而识别目标，因此本原特征提取在计算机视觉领域具有非常重要的意义。

2.5.1　计算机视觉理论的发展

视觉是人类感知外界最重要的手段，是一个包括了获取信息、传输信息、处理信息、理解信息的过程。视觉感知到的外部信息量大约占人类感知外部信息总量的 80%，由此可见视觉对人类的重要性。近些年，由于计算机图像处理技术、电子技术、光电信息技术的快速发展，用计算机模拟视觉的过程已经不再是梦想，而且已经形成了一门新的学科——计算机视觉。计算机视觉就是运用计算机技术模拟人类视觉的全过程，包括采集图像信息、传输图像信息、处理图像信息，进而感知外部世界、理解外部世界。早在 20 世纪 50 年代便有人开始研究计算机视觉，当时因为有了识别字符、航拍照片的解释分析、显微镜图像理解等应用，为了解决这些应用，要求计算机能够对二维图像进行识别、匹配、识别理解等，计算机视觉便应运而生。Roberts 在 20 世纪 60 年代提出了"积木世界"理论，假定世界中的物体都可以用点、线、面的组合表示，那么计算机在处理图像信息的时候就可以将图像中的物体按照点、线、面提取并进行描述[32]。过了大约 10 年，便出现了一些计算机视觉系统[33-34]。1977 年，麻省理工学院人工智能实验室的 Marr 教授带领的研究小组提出[35]一个不同于"积木世界"理论的视觉框架。这个理论一经提出，便成为了 80 年代的理论主流。随后，计算机视觉发展得就更为迅速了，新理论不断出现。Marr 框架主要把视觉系统研究分为三个层级，其关系如图 2.7 所示。

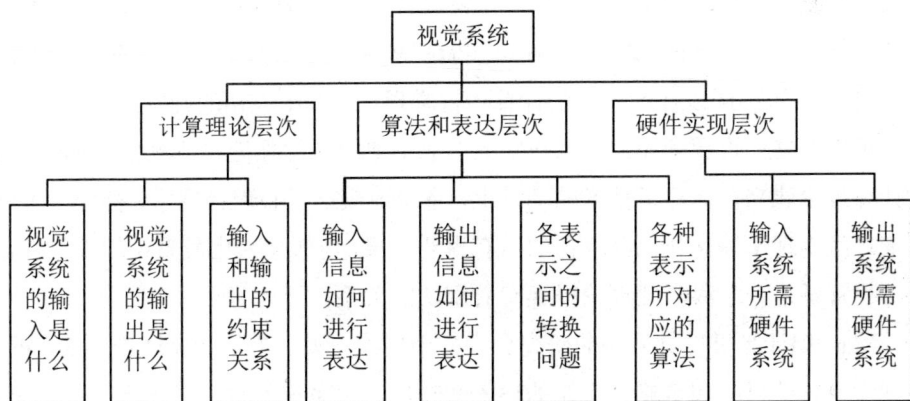

图 2.7　计算机视觉研究层次

近年来，人们试图用照摄像机、摄像机或其他仪器获取环境图像，并转换成数字信号，利用信号处理和计算机技术实现视觉信息处理的全过程，由此形成一门全新的学科——计算机视觉，也称机器视觉。

计算机视觉研究的目标是使计算机具有通过二维图像理解三维环境的能力，这种能力不仅使计算机能感知三维环境中物体的几何信息，还能感知它的形状、位置、姿态等，并且能对它们进行描述、存储、识别与理解。计算机视觉过程是成像过程的逆过程。

与计算机视觉相关的主要学科有数学、图像处理、计算机图形学、模式识别、人工智能、人工神经网络和神经生理学等。计算机视觉作为一门新的学科，发展十分迅速。这门学科起源于两个方面：一方面来自于摄影测量学，对摄影图像进行测量分析时引进计算机技术，通过对拍摄图像进行数字化处理，然后将相应的算法编制成程序，完成对场景结构的定量分析和计算；另一方面是统计模式识别，最初的工作是对二维图像进行分析和识别，如字符识别、工件表面质量检测、显微图片和医学图片的分析及解释等。

20 世纪 60 年代，Roberts 通过计算机程序从数字图像中提取出诸如立方体、锲形体、棱柱等多面体的三维结构，并且可以描述物体的形状及其空间关系。Roberts 的研究开创了以理解三维场景为目的的计算机视觉研究

20 世纪 70 年代中期，麻省理工学院人工智能实验室正式开设"计算机视觉"课程，人工智能实验室吸引了国际上许多知名学者参与计算机视觉的理论、算法、系统设计的研究。Marr 教授应邀在该实验室领导一个以博士生为主的研究小组，1977 年提出了不同以往的全新的计算机视觉理论。Marr 最初的开发工作是用计算机实现人的立体视觉功能，在此基础上形成了他的视觉理论整体框架。Marr 的视觉计算理论建立在计算机技术的基础上，系统地概括了心理物理学、神经生理学、临床神经病理学等学科已经取得的所有重要成果，是迄今为止最系统的视觉理论。计算机视觉这一学科与此理论框架有着密切的关系。

Marr 把计算机视觉系统的研究分为三个层次：第一个是计算理论层次，即研究视觉系统的目的和策略、系统的输入和输出，由系统的输入求出系统的输出；第二个是表示与算法层次，即进一步回答如何由一种表示变换成另一种表示；最后一个层次是硬件实现，即解决如何用硬件实现上述表示和算法的问题，比如计算机体系结构及具体的计算装置、机器细节等。

在计算理论这一层次，Marr 将整个视觉过程自下而上分为三个级别，即视觉信息从最初处理的原始数据（二维图像数据）到最终对三维环境的表达经历了三

个不同级别的视觉处理过程：

一是初级视觉。初级视觉是对输入的原始图像进行处理，抽取图像中诸如点、边缘、纹理、线条和边界等基本几何元素和特征，这些特征的集合称为基元图或要素图。

二是中级视觉。中级视觉是指在以观测者为中心的坐标系中，由输入图像和基元图像恢复场景可见部分的深度、法线方向、轮廓等，这些信息包含了部分深度信息，但不是真正物体的三维表示，称为二维半（2.5 维）图。

三是高级视觉。高级视觉是在以物体为中心的坐标系中，由输入图像、基元图和二维半图来恢复、表示和识别三维物体的过程。

这就是 Marr 的计算理论框架。Marr 理论比较系统地、一般地揭示了用二维图像恢复三维物体形态的可能性和基本方法，具有划时代的意义，为计算视觉成为一门学科奠定了重要的基础。然而，由于该理论不是十分完善，许多方面存在着争议。例如，该理论建立的视觉处理框架基本上是自下而上的，没有反馈，没有高层知识的参与即可形成要素图和 2.5 维图，这种纯粹数据驱动的视觉机理往往导致相应系统功能的失败；将视觉处理的早期看成是被动接受信号的过程，获取何种图像就处理何种图像，无主动性和目的性而言，这与人类视觉根本不同；该框架立足于建立通用的视觉模型，在视觉处理的早期，不针对具体问题，为保证通用性采用一些假设和基本的约束，而忽略其他重要的约束，这种过分简单不现实的模型导致计算机视觉发展缓慢等。因此，从 20 世纪 80 年代开始，在全球形成了计算机视觉研究的热潮。到了 80 年代中期，计算机视觉获得了蓬勃发展，在 Marr 视觉计算理论框架的基础上，新概念、新方法、新理论不断涌现，如基于感觉群的物体识别理论框架、主动视觉理论框架和视觉理论集成框架等。目前，计算机视觉仍然是一个非常活跃的研究领域。随着计算机、人工智能、信息处理以及其他相关领域学科的发展，计算机视觉理论的研究将得到更深入的发展。

2.5.2　计算机视觉基本理论

计算机视觉的基本结构如图 2.8 所示。

目前，计算机视觉理论体系中比较著名的学派有以美国麻省理工学院的 Marr 为首的重建学派，以美国马里兰大学计算机视觉研究室的 Aloimonosy 为首的目的

（Purposive）视觉学派；美国宾夕法尼亚大学计算机系 Bajcsy 的主动（Active）视觉学派；罗切斯特大学 Ballade 和 Brown 的活跃（Animate）视觉学派；美国犹太大学 Thompson 的定性（Qualitative）视觉学派。

图像获取 → 预处理 → 特征提取 → 检测分割 → 图像理解

图 2.8　计算机视觉的基本结构

（1）Marr 的计算机视觉理论框架。

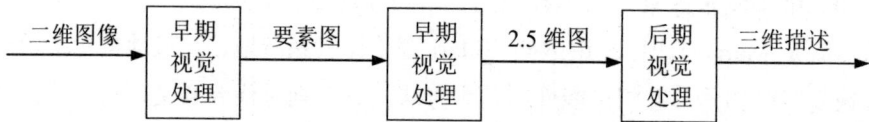

二维图像 → 早期视觉处理 → 要素图 → 早期视觉处理 → 2.5 维图 → 后期视觉处理 → 三维描述

图 2.9　Marr 的计算视觉理论框架

（2）基于知识的理论框架。

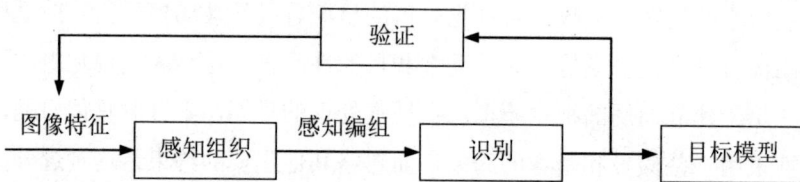

验证

图像特征 → 感知组织 → 感知编组 → 识别 → 目标模型

图 2.10　基于知识的视觉理论模型

（3）主动视觉（目的视觉）的理论框架。

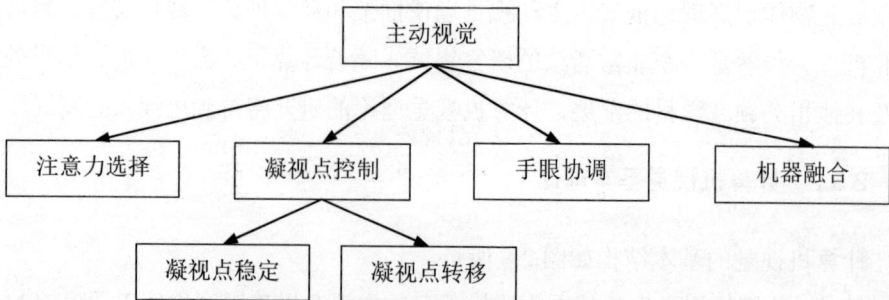

主动视觉
├ 注意力选择
├ 凝视点控制
│　├ 凝视点稳定
│　└ 凝视点转移
├ 手眼协调
└ 机器融合

图 2.11　主动视觉的理论框架

（4）国内学者提出的理论框架。

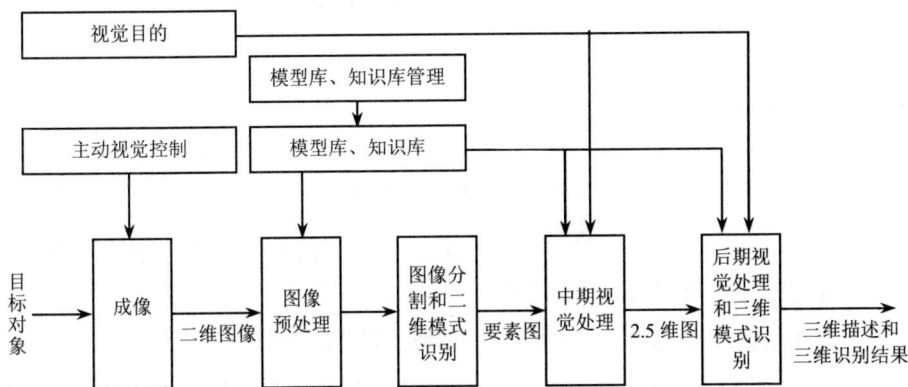

图 2.12　国内学者提出的计算机视觉框架

计算机视觉的最终目的是利用计算机实现与人类视觉相似的感知过程。一个完整的立体视觉系统可以分为图像获取、摄像机标定、图像预处理与特征提取体匹配、三维重建等几个组成部分。

2.5.3　计算机视觉的应用

计算机视觉正在被广泛地应用于许多方面，可以说需要人类视觉的场合几乎都有计算机视觉的应用，特别是在许多人类视觉无法感知的场合，如在精确定量感知、危险场景感知和不可见物体感知等场合，计算机视觉更能显示其无可比拟的优越性。计算机视觉应用涉及到工业自动化生产、航空航天、医学图像分析、机器人视觉和自动导航装置、交通监察和安全鉴别、国防系统等多个领域。

随着计算机视觉技术的发展和各种硬件设备的成本降低，计算机视觉在智能交通上的应用也越来越多。智能交通中，计算机视觉的主要应用是图像处理系统和结果分析系统由光学成像系统得到的二维图像，包含了各种各样的随机噪声和畸变，因此，需要对原始图像进行预处理，突出有用信息、抑制无用信息，从而恢复图像的质量，常用的预处理包括彩色图像灰度化、去噪、畸变校正等。然后进行边缘检测和特征提取，亚像素技术是精密测量中提高精度的常用方法。

2.6　嵌入式系统技术

2.6.1　嵌入式 Linux 开发平台

嵌入式系统是专门运行在嵌入式设备上的操作系统，具有内核小、专用性强、系统精简、高实时性、支持多任务等特点。相比于计算机系统，它执行的任务比较单一，因此可对硬件进行大量简化。

操作系统的发展起源于 20 世纪 70 年代。英特尔公司在 1971 年发布了其第一款微处理器 4004，能够搭载早期的操作系统。在随后的 80 年代，伴随着微电子工艺的发展，各种总线层出不穷，嵌入式微处理器实现了快速的发展，这期间涌现出许多面向 I/O 的微控制器，即单片机。到了 90 年代，在工业控制、人工智能、物联网的需求下，嵌入式系统经历了一系列升级改造。嵌入式系统正向着高速、高精度、低功耗的方向高速发展。目前主流的嵌入式系统主要有 Wind River 公司的 Vx Works、微软公司的 Windows CE 系统、μC/OS-II 系统、Linux 系统等。嵌入式系统的发展进程大致分为以下四个阶段：

最开始阶段即无操作系统阶段，该阶段的嵌入式系统使用简单方便、价格低廉，在工业控制领域中得到了广泛的应用，但随着对执行效率和存储容量的要求越来越高，其逐渐不能满足相关领域的要求而退出历史舞台。

简单操作系统阶段，该阶段的嵌入式具有相对比较简单的操作系统，但在兼容性和扩展性方面有很大发展，这时各种简单的嵌入式操作系统开始出现并得到迅速发展。

实时操作系统阶段，该阶段的操作系统具备了管理文件、目录以及设备的功能，而且在多任务协同、网络化、图形用户界面（GUI）等功能上逐步完善，最可观的是系统提供了大量的应用程序接口（API），使得开发相应的应用软件变得简单灵活。

面向互联网阶段，随着互联网的快速发展和广泛应用，互联网技术与工业控制技术等智能控制领域的结合越来越紧密，可以大胆断定，嵌入式系统与互联网的结合肯定是嵌入式技术发展的未来。

1983 年，美国风和公司设计开发了一款嵌入式实时操作系统——Vx Works，该操作系统在嵌入式系统领域具有里程碑式的意义，优点具体可以归纳为以下六个方面：

（1）可靠性好。该嵌入式操作系统被应用在"勇气"号火星车与"机遇"号火星探测器上来完成其总体控制任务，均获得成功。

（2）微处理器设计可裁剪。Vx Works 操作系统的内核体积很小，可根据具体应用情况对系统进行裁剪，达到系统对资源的最小需求和最高利用率。

（3）实时性。Vx Works 操作系统本身对资源的占用很少，系统公用机制非常精简，像进程调度和进程间通信的机制精简到最优，中断响应与中断处理非常迅速，自身造成的延迟几乎可以忽略。

（4）可移植。系统代码绝大部分是用 C 语言开发的，可移植性好。

（5）具有完整的 TCP/IP 网络协议栈。

（6）支持程序的动态链接和下载。

不过其缺点也是存在的，包括厂家生产的可支持该系统的硬件不够丰富，而且该系统的源代码不是开源的，所以需要专门的技术人员对系统进行开发和维护，灵活性和使用范围得到约束，使用费也比较昂贵。

Windows CE 操作系统是微软公司针对嵌入式系统开发的 32 位操作系统，支持 x86、ARM、MIPS 等多种架构的处理器。该操作系统对 Vx Works 操作系统是个有力的补偿，硬件支持丰富，网络功能强大，内核模块裁剪灵活，源码逐步开放分享。但不足之处是系统相对庞大，运行起来要占用的内存空间很大，使用费也比较昂贵。

μC/OS-II 操作系统是微欧姆公司开发的，可裁剪与定制，硬件支持丰富，可同时运行多达 64 个任务。最受研究人员称赞的是它的源代码开放，有效提供了实时系统所需的基本功能。

前面讲述的几种嵌入式操作系统有优势也有其局限性，本书所选用的嵌入式 Linux 操作系统相较上面几种操作系统具有明显的优势。Linux 系统是在 20 世纪 90 年代初由芬兰人 Linus Torvalds 开发的，随后得到了世界许多优秀程序设计师的支持和完善。与其他操作系统相比，Linux 系统有许多独特之处。

（1）它是一个开源操作系统。Linux 是一款开源的操作系统，源代码对所有程序设计人员免费开放。因此，Linux 系统融合了全球许多优秀程序员的汗水和努力。

（2）完全兼容 POSIX 1.0 标准。对于习惯用 Windows 系统的用户来说，最为担心的就是 Windows 系统下运行的软件在 Linux 系统的兼容问题。Linux 系统通过兼容 POSIX 1.0，使用户可以通过模拟器运行 Windows 系统中的所有程序。

（3）支持多用户、多任务。Linux 支持多个用户的使用与维护，各个用户根据身份的不同对系统资源的获取与修改的权限不同。在 Linux 系统下，可同时使用多个应用。

（4）拥有良好的界面。Linux 支持字符界面操作与图形界面操作，用户可根据自己的需要选择合适的操作界面。

（5）具备丰富的网络功能。Linux 是基于 UNIX 系统实际开发的，也继承了 UNIX 良好的网络支持能力。能够支持多种服务器的运行，支持网络传输。

（6）良好的安全、稳定性能。Linux 虽然是开源系统，但用户可以根据自己的需求配置高效的网络安全服务，Linux 给予用户对系统文件的控制权限，具有可靠的安全性能。

由于 Linux 系统具有以上诸多优点，所以本视频监控系统采用 Linux 系统设计开发，使系统具备一个良好的应用环境。

2.6.2　嵌入式系统软件

由于嵌入式 Linux 操作系统是开源设计的，在该系统上开发应用程序就有许多已有的相关开源程序可以参考，大大降低了开发的难度，提高了开发的进度。软件系统主要包括 Boot Loader 设计、Linux 内核移植、根文件系统制作等。

1. Boot Loader

Boot Loader 类似于计算机系统中的 BIOS，是一段在系统启动之前运行的程序，程序的作用是完成对硬件设备的初始化、建立内存空间映像表等工作，为将操作系统内核复制到内存中运行做准备，使系统处于一个合适的启动环境。操作 Boot Loader 是设计人员通过主机串口向目标平台发送各种命令进行操作的，当然，可以通过串口显示终端观看软件执行过程中输出的信息。对终端用户来讲，Boot Loader 软件仅仅是用来对操作系统进行加载和启动操作的，在使用产品时大多不会连接串口来控制 Boot Loader。

Boot Loader 启动大致上可以分为两个阶段。第一阶段主要依赖于 CPU 的体系结构来完成硬件初始化的代码，一半都用汇编语言来完成。这个阶段的主要任务有初始化硬件设备、为第二部分分配运行空间、将堆栈指针指向 C 程序入口地址。第二阶段是为更加复杂的程序做准备，通常使用 C 程序语言编写。这个阶段的任务是有初始化剩余硬件设备、检测系统内存映射是否完成、映射地址空间和根文件系统、为内核设置启动参数以及调用内核。

Boot Loader 的实现离不开具体硬件的支持，但嵌入式系统令人惊喜之处在于一种功能可以使用不同的硬件配置方案，因此，不可能有一个通用的 Boot Loader 支持所有的电路板，这就需要针对不同的嵌入式系统进行相应的移植。Boot Loader 的版本有很多，分别对应和支持不同体系结构的处理器，而且各自的功能复杂程度也不相同。

U-Boot 即 Universal Boot Loader，支持绝大部分的处理器和操作系统，比如支持 ARM、MIPS 等处理器，支持 Vx Works、Linux、Lynx OS 等操作系统。U-Boot 的源代码可以在官方网站下载，U-Boot 的源码目录中带有 SMDK64xx 的资源包，SMDK6400 板与 S3C6410SOC 板的大部分资源相差无几，均采用是 S3C6400SOC，因此设计开发人员对引导程序的修改与移植可直接在 SMDK6400 的基础上进行。

2. Linux 内核

Linux 内核功能：Linux 是一个基于 Linux 内核（Monolithic kernel）的完整的操作系统。内核 kernel 是 Linux 系统的关键部分，是能够实现进程管理、文件系统控制、磁盘文件加载的多任务工具。一个 Linux 内核不能称为 Linux 系统，但它为 Linux 系统提供了主要功能实现。驱动程序可以完全访问硬件，而且可以模块化地进行设置。Linux 内核主要包含以下几个操作功能：模块管理、文件系统、虚拟文件系统接口、进程管理、定时器、中断管理、内存管理、进程间通信、设备驱动程序、网络管理、系统启动等。其中主要由进程调度、内存管理、文件系统（虚拟文件系统）、进程间通信和网络管理这五个模块组成。各个模块之间的关系如图 2.13 所示。

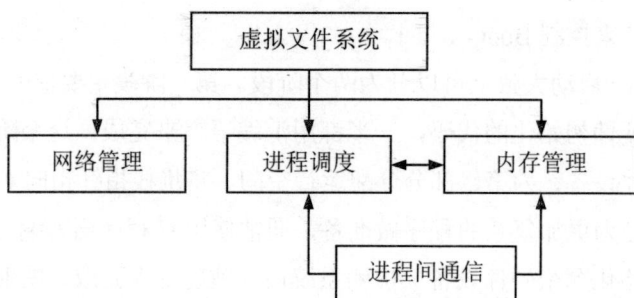

图 2.13　各模块之间的关系图

3. 根文件系统

（1）根文件系统的概念。

文件系统是一种机制，通过组织存储设备上的数据和元数据，达到用户和操作系统间进行交互的便捷性。Linux 的根文件系统主要存放于一个硬盘分区中，包括内核映像文件、初始化脚本、Shell 程序以及应用程序所依赖的库等。

（2）根文件系统的功能。

根文件系统是在内核启动时加载的一个系统文件，保存了主要的系统配置文件、驱动程序设备文件及系统的操作命令，支持系统进入用户界面。驱动程序与应用程序的运行都需要系统文件的支持，常见的文件系统有 JFFS2、ROMFS 和 NFS 文件系统等。

（1）JFFS2 文件系统。

闪存日志型文件系统（joumalling flash file system，JFFS）是一种日志型文件系统，能够管理主要设备文件，性能可靠、稳定。主要应用是 JFSS2 文件系统，该文件系统的缺点是在挂载（mount）时会扫描整个文件系统，并将文件目录保存在内存中，存储量会呈线性倍数增长，消耗大量时间。

（2）ROMFS 文件系统。

ROMFS 是一个只读的文件系统，支持格式化，系统采用构建内核的方式运行，运行时间大大缩短。

（3）NFS 文件系统。

NFS 是一个基于网络的文件系统，用户可在客户端直接挂载主机文件系统。这种设计方式为设计人员提供了极大的方便，但需要主机 NFS 服务器的支持。

2.7　本章小结

本章介绍了图像识别的定义，对图像识别过程作了分析研究，具体研究了图像预处理的各个阶段所完成的操作及方法，分别对形状、纹理、颜色等底层图像特征及其提取进行了分析，还探讨了图像辨识分类的两种方法的使用范畴，最后对视觉层次表示、计算机视觉系统结构及计算机视觉理论框架及嵌入式技术进行了研究概括。本章通过详细研究图像识别技术的基本方法，为后续章节展示智能交通"智能化"提供理论基础。

第3章　基于摄像机标定模型的智能泊车系统算法研究

在智能交通系统中，基于图像识别的智能汽车电子信息系统是综合运用计算机智能化、GPS、数据通信、机械控制、传感等技术，来实现汽车监测、定位、防盗、车内外信息交互、故障及障碍检测等功能，为汽车驾驶者提供自适应巡航、交通事故预报、轻松安全方便智能化驾驶的服务。其中，智能泊车系统是现代汽车电子技术发展的应用之一，也是汽车辅助系统的重要组成部分。

根据《2014—2019年中国自动泊车行业市场发展现状及投资前景预测报告》的数据，当前国内市场的自助泊车系统品牌有铁将军、丰诺、二郎神、一代宗师、奇真、杰神、俊邦、豪迪等几十种，价格也是几百、上千元不等，还有一些大的汽车生产厂家根据车型的不同，设计出专用的泊车系统安装在高端车上。自动泊车系统虽然繁多，但也各有不足之处需要解决。如系统对车后方的悬崖、水沟、凸出较细的钢筋、木棍、竹竿等无法感应测距，摄像头摄录的后视图像直观真实，但无法获得精确的距离；系统产品存在复杂限制，要求系统始终处于激活状态、车位长度要超过车身长1.5m、倒车时不能碰触方向盘、倒车需在规定的时间内完成（一般是 3min）、马路的路岩不能被冰雪或树叶等废物覆盖等；系统可能不识别院子大门或空位上的小交通警示牌。因此，目前自动泊车系统还需进一步完善功能，如果能消除系统的以上缺点，使可视泊车预警系统发出正确的提示及操作，将实现更理想的自助泊车系统。

目前研究的智能泊车系统的热点是泊车路径算法和控制器设计，本书重点研究对象是泊车路径算法。为提高泊车路径预测轨迹计算的精度，本书分别对泊车轨迹构成曲线的规划及摄像机标定模型进行深入研究。首先分析轨迹约束算法中涉及的变量及空间碰撞点，建立智能泊车约束方程组，提出多阶段弧线进退泊车轨迹算法；然后对张正友二维平面标定方法进行充分研究，在原有畸变模型中引入切向畸变系数，并给出初值优化算法，简化求解过程，使标定精度及鲁棒性得到提高。在此基础之上将二者结合，提出了基于改进摄像机标定模型的智能泊车系统算法。通过使用定制实验车，在采集帧率和轨迹精度两个方面进行了大量实验，实验数据表明本算法获得的轨迹精准度较高、系统运行稳定、画面播放流畅、实时性好。最后通过对该算法进行实验数据分析并与传统算法的实验数据进行比较，发现该算法提高了泊车轨迹的精度，能够满足实际应用的需要。

3.1　智能泊车系统的基本框架

智能泊车系统不依赖于驾驶者，可自动进行远距离识别，具有距离测试、视频图像采集、数据通信、预警显示等功能，功能模块如图 3.1 所示。

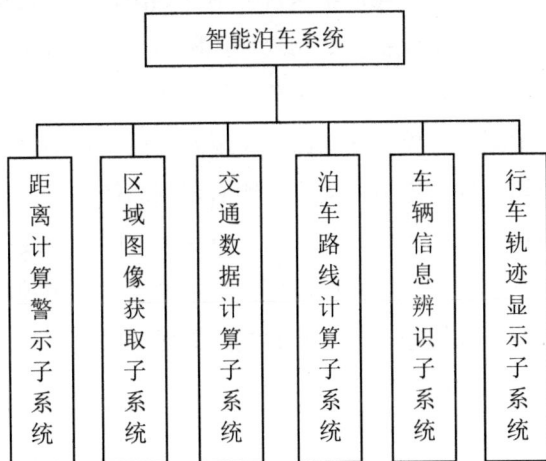

图 3.1　智能泊车系统的功能模块

（1）障碍物测距预警模块实际上是超声波测距技术应用之一。主要利用超声波发射和接收回波时间来计算泊车车辆尾部和障碍物之间的距离，然后通过语音播报器实时播放，让驾驶者了解车后障碍物的距离。其测量精度可达到 10cm，感应时间小于 0.15s。

（2）视频图像采集模块由视频图像采集摄像头和解码芯片构成。安装在车辆尾部的高清摄像头来实现对车后部的环境背景图像进行摄取，解码芯片负责将采集到的信息编码后输出。

（3）数据通信处理模块使用方向盘转角传感器将旋转方向盘的角度信息传送给倒车轨迹计算模块，生成倒车路线预测轨迹。角度信息是通过构建一个控制器局域网总线（controller area network，CAN）[264]模块与汽车上的车载自动诊断系统（on board diagnostics，OBD）[265,266]进行通信得到的。

（4）倒车轨迹计算模块根据获得的相关信息计算生成倒车预测警示轨迹后，传送给图像识别融合模块。

（5）图像识别融合模块负责把采集到的图像信息进行识别，然后与倒车预测警示轨迹融合在一起，传送给图像显示播放模块。

（6）图像显示播放模块负责把最终生成的图像信息实时输出到多区域垂直排列（multi-domain vertical alignment，MVA）[267]面板的广角液晶显示屏上。

由上述功能分析可知，智能泊车系统应由视频图像采集设备、障碍物距离测试设备、方向角度信号采集设备、数据处理控制器、图像输出显示设备几部分构成。系统工作始于车辆倒车时，当行驶车辆处于倒挡操控，智能泊车系统开始工作。系统通过障碍测距预警模块可以探测到距离车辆 2m 的障碍物并发出距离报警提示音。通过视频图像采集模块采集车辆后视频图像信息，然后利用图像处理融合模块将采集的图像信息和数据通信处理模块中方向盘角度传感器产生的实时数据进行融合，由倒车轨迹计算模块计算实时生成倒车轨迹预测图线。最后利用图像识别播放模块把生成的静态泊车警戒线、警戒区以及倒车预测轨迹图线用不同的颜色播放显示在 MVA 高清广角夜景显示屏上。

通过对智能泊车系统工作过程的描述，可以得出以下结论：转向系统模型及泊车轨迹模型的确立将决定泊车位置的准确性与安全性，所以，本书主要探讨这两个模型算法的确立及实现。

3.2 传统的智能泊车轨迹算法研究

泊车轨迹算法研究最早开始于机器人运动控制领域。传统的泊车轨迹算法根据阿克曼转向几何特性，采用基于圆弧－直线的泊车路径算法，该算法利用多段圆弧和多条直线来测绘出车辆的起点和终点，从而引导车辆沿着计算出的圆弧和直线进入目标车位。该算法的优点是结构简单、易于实现，但由于曲线曲率间断、不连续，车辆泊车时需在曲率间断点处停车转向，否则会在方向盘转角和车速变化时，车辆将偏离目标路径。基于渐开线、三角函数曲线、多项式曲线、Ferguson曲线、Bezier 曲线、螺旋线等曲线设计的行驶路径，因曲线变化欠灵活性，限制了这些方法在狭小空间泊车路径规划的应用。泊车空间的有限性以及车辆行驶的灵活性同样限制了仿生算法、人工智能算法及人工势场等方法在狭小空间泊车路径轨迹计算的应用。

3.2.1 阿克曼转向几何特性理论

车辆在转弯行驶时，为了保证车辆转弯顺畅，车轮的偏转角度应符合阿克曼转向几何原理，即内侧轮的转向角比外侧轮的转向角大 2°～4°，且四个车轮的圆心交汇于后轴延长线上的瞬时转向中心。也就是说，整个转向过程中全部车轮必须围绕同一瞬间中心相对于地面做圆周运动[268]，如图 3.2 所示。

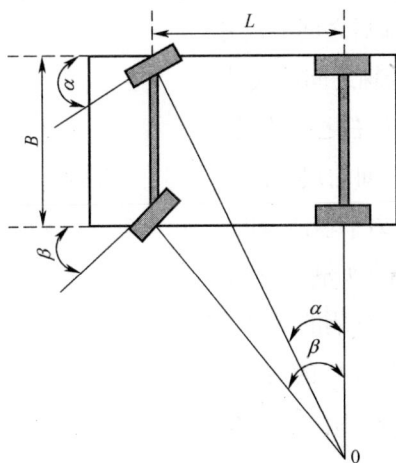

图 3.2　阿克曼转向几何特性

图 3.2 中的内轮与外轮的转角关系如下式：

$$\frac{B}{L} = \cot\alpha - \cot\beta \qquad (3.1)$$

一般情况下，泊车分为侧方位泊车和垂直倒车两种。下面分别就这两种情况分析泊车轨迹。

3.2.2 侧方位泊车轨迹算法分析

为方便分析计算，将泊车车辆的尺寸大小抽象为图 3.3。

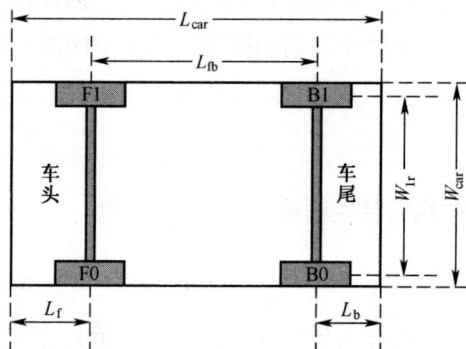

图 3.3　泊车车辆尺寸示意图

图 3.3 中的字母含义如下：

- L_{car}：代表车辆前后之间的尺寸；
- L_{fb}：代表前后轮轴之间的尺寸；
- W_{car}：代表车辆左右之间的尺寸；
- W_{lr}：代表轮胎之间的尺寸；
- L_f：代表前轴距离车辆前身的尺寸；
- L_b：代表后轴距离车辆后身的尺寸；
- F1,F0：分别代表车辆的两个前轮；
- B1,B0：分别代表车辆的两个后轮。

侧位泊车的过程可分解为以下三个阶段：

第一阶段，车辆初始化，车体平行于车辆停放在车位前方的合适位置（车辆距离车位的横向和纵向距离通过计算获得）。

第二阶段，将车辆的方向盘旋转到最大角度，使车辆从起始位置沿弧线移动到车辆的内侧车尾角垂直线与车位外边缘线 1/2 交汇处，车辆在此移动过程中，车前轮的偏转角度为 γ，车体的转角位 δ。

第三阶段，将车辆的方向盘按相反方向旋转，角度大小同样为 γ，使车辆行驶到与车位平行的状态，即将车辆移动到目标车位内，在此过程中，车体移动的转角同样是 δ。

把以上三个阶段合起来，车辆的移动轨迹如图 3.4 所示。

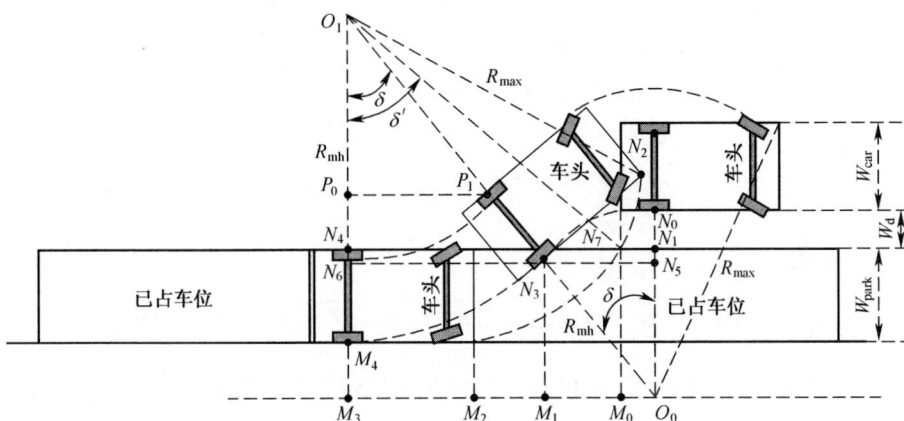

图 3.4 侧方位泊车运动轨迹分析

在图 3.4 中，各字母代表的含义如下：

- W_{car}：车体的宽度尺寸；
- W_{park}：车位的宽度尺寸；
- W_d：车体与车位的平行距离；
- R_{min}：前轮最大偏角时的内侧车轮转弯半径。

在理想情况下，假设车体的宽度和车位的宽度大小一致，则 $W_{car}=W_{park}$。根据车辆运动轨迹几何分析，可得到以下方程组：

$$\left.\begin{array}{l} W_d + W_{park} = N_0N_5 + N_6N_4 \\ N_0N_5 = N_0O_0 - O_0N_5 \\ O_0N_5 = R_{min}\cos\delta \\ N_0O_0 = R_{min} \\ N_6M_4 = O_0M_4 - O_1N_6 \\ O_1M_4 = R_{min} + W_{car} \\ O_1N_6 = (R_{min} + W_{car})\cos\delta \end{array}\right\} \quad (3.2)$$

可解出：

$$\delta = \arccos[1 - (W_{car} + W_d)/(2R_{min} + W_{car})] \tag{3.3}$$

在第一阶段中，由图 3.4 可推导出车体和目标车位的纵向距离 N_1N_4 及横向距离 W_d 的计算公式：

$$N_1N_4 = (2R_{min} + W_{car})\sin\delta \tag{3.4}$$

$$\left. \begin{array}{l} O_0M_0 = N_1N_4 - N_4N_7 = L_b \\ N_4N_7^2 = O_1N_7^2 - O_1N_4^2 \\ O_1N_7^2 = O_1N_2^2 = O_1N_3^2 + N_3N_2^2 \\ O_1N_3 = R_{min} + W_{car} \\ N_3N_2 = L_{fb} + L_b \end{array} \right\} \tag{3.5}$$

由式（3.3）可推导出：

$$O_0M_0 = (2*R_{min} + W_{car})*\sin\delta - \sqrt{(R_{min} + W_{car})^2 + (L_{fb} + L_f)^2 - R_{min}^2} \tag{3.6}$$

由式（3.2）到式（3.6），可推导出泊车初始位置车身距离目标车位 r 横向距离 W_d 的计算公式：

$$W_d = (2R_{min} + W_{car})\left(1 - \cos\left(\arcsin\left(\frac{\sqrt{(R_{min} + W_{car})^2 + (L_{fb} + L_f)^2 - R_{min}^2} + L_b}{2*R_{min} + W_{car}}\right)\right)\right) - W_{car} \tag{3.7}$$

在第二阶段中，由于车辆的运动轨迹是圆弧线段，因此需要计算出该线段的长度，在图 3.4 中即 N_0N_3 弧线的长度，其公式如下：

$$N_0N_3 = R_{min}\delta \tag{3.8}$$

在第三阶段中，车辆运动的轨迹仍然是圆弧线段，同理，在图 3.4 中即 N_3M_4 弧线的长度，其公式如下：

$$N_3M_4 = (R_{min} + W_{car})\delta \tag{3.9}$$

3.2.3　垂直倒车轨迹算法分析

垂直倒车又称为垂直泊车，其泊车轨迹仍然由几段圆弧线段构成，整个泊车过程可分解为四个阶段。将这四个阶段综合起来，其完整的轨迹图如图 3.5 所示。图中各字母代表的含义与图 3.4 中相同。

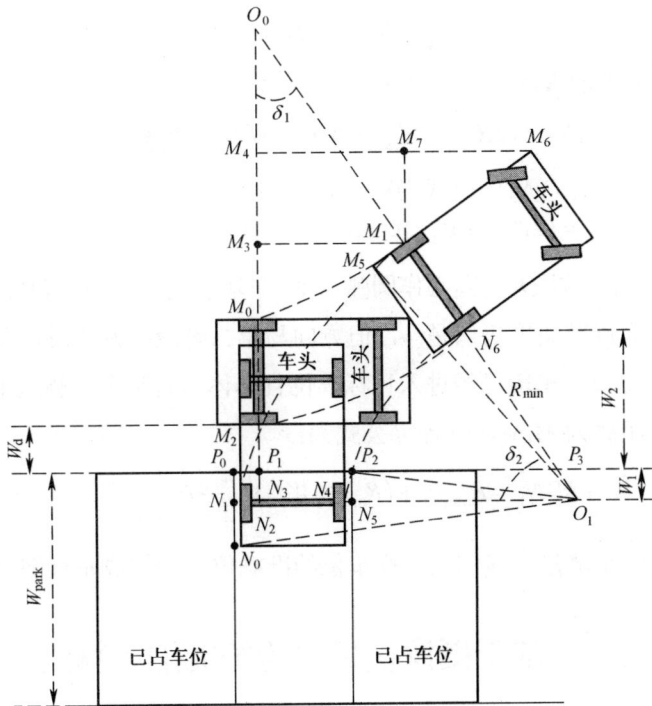

图 3.5　垂直倒车轨迹分析

由图 3.5 可得：

$$\delta_1 = \arccos\left(\frac{\left\{\sqrt{(R_{\min}-W_{\mathrm{car}})^2 R^2_{\min} - \left[(L_{\mathrm{car}}-L_{\mathrm{b}})^2 + R^2_{\min}\right]} + (R_{\min}-W_{\mathrm{car}})R_{\min}\right\}}{\left[(L_{\mathrm{car}}-L_{\mathrm{b}})^2 + R^2_{\min}\right]}\right)$$

$$\sqrt{\left[(R_{\min}-W_{\mathrm{car}})^2 - (L_{\mathrm{car}}-L_{\mathrm{b}})^2\right]}$$

（3.10）

第一阶段，将车辆位置初始化，车体与垂直目标车位的横向和纵向的距离可由推导公式计算获得。车体与目标车位的横向距离 W_{d} 的公式为：

$$W_{\mathrm{d}} = \frac{W_{\mathrm{car}}}{2}$$

（3.11）

第二阶段，车辆以 O_0 为圆心作圆弧运动，车辆后轮从 M_0 位置移动到 M_1 位置。车辆前轮的最大旋转角度是 γ，车体的旋转角度是 δ_1。在此阶段车辆经过的距离为 S_2，其推导公式为：

$$S_2 = N_3 N_5 + L_b \tag{3.12}$$

式（3.12）中的 $N_3 N_5$ 的公式为：

$$N_3 N_5 = (2R_{\min} + W_{car})\sin\delta_1 - \sqrt{R_{\min}^2 - P_2 N_5^2} \tag{3.13}$$

式（3.13）中的 $P_2 N_5$ 的公式为：

$$P_2 N_5 = (2R_{\min} + W_{car})\cos\delta_1 - (W_{car} + W_{park} + R_{\min}) \tag{3.14}$$

第三阶段，车辆以 O_1 为圆心作圆弧运动，车辆后轮从 M_1 位置移动到 N_1 位置。车辆前轮的最大旋转角度仍然是 γ，但方向与第二阶段正好相反，车体的旋转角度为 δ_2。在此阶段，车辆已经进入目标车位且车体与目标车位侧边平行。在此阶段车辆经过的距离为 $M_1 N_1$，其计算公式为：

$$M_1 N_1 = R_{\min}\delta_1 + (R_{\min} + W_{car})\left(\frac{\pi}{2} - \delta_1\right) \tag{3.15}$$

第四阶段，车辆沿直线倒入目标车位的准确位置，完成垂直倒车。

3.3 基于摄像机标定的智能泊车算法

3.3.1 传统摄像机标定算法

计算机视觉的应用中，经常要处理的操作就是将输入设备送来的原始图像与模板图像进行匹配，相当于原始图像到实物的还原。在这个过程中，就需要准确获取输入图像的几何模型参数，再根据几何模型参数进行识别操作。通常利用实际的实验操作或是精确的数学计算获取几何模型参数，这个过程被定义为摄像机标定[269,270]。它们之间以一种线性关系存在，即：

$$[像] = M[物] \tag{3.16}$$

式中：M 是一个矩阵，矩阵中的每个元素与相应的模型参数对应，摄像机标定过程中要完成对矩阵 M 中每个元素的求解，求解结果可以得到每个点在世界坐标系中的位置，所以，M 中数值的精度与计算机视觉的精度有关联。

摄像机标定不仅能够很好地确定几何模型的参数，还能够很好地确定图像上每个像素点在坐标系中的具体位置[263]。通过高精度自适应摄像机标定算法，可以迅速获得被测物体的三维几何准确信息。

3.3.1.1 摄像机成像模型

1. 模型中的坐标系

计算机视觉应用中，坐标系的确定常以右手准则为标准，保证其不发生形变，所包含的坐标系有世界坐标系、摄像机坐标系和图像坐标系三个层次[273]，其关系如图 3.6 所示。

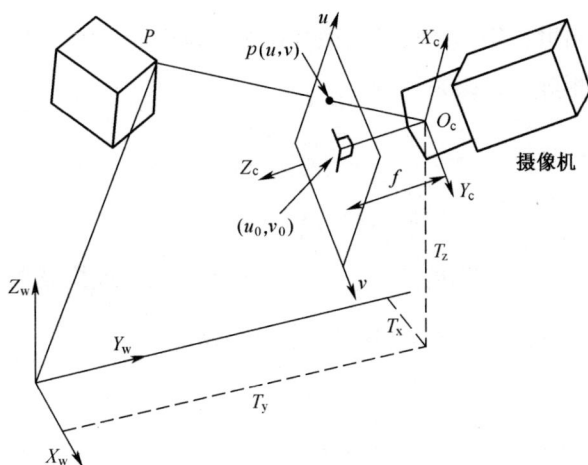

图 3.6　计算机视觉坐标系

（1）世界坐标系是某一物体的最基本组成要素在客观存在中的真实位置描述，是绝对坐标，记为（X_w, Y_w, Z_w）。

（2）摄像机坐标系的坐标原点定位在聚集点处，X_c 和 Y_c 坐标轴以平行的位置关系与图像平面存在，Z_c 坐标轴以垂直的位置关系与图像平面存在，主点位于 Z_c 坐标轴与图像平面相交处，坐标记为（X_c, Y_c, Z_c），该点通常处于图像平面的中心，若制作过程中发生偏离，使其不在图像平面中心，则需要增加标定参数为两个。

（3）图像坐标系可以再细分为图像物理坐标系与图像像素坐标系两类。

1）图像物理坐标系是平面直角坐标系，两个坐标轴分别与摄像机坐标系的 X 轴、Y 轴呈平行关系，坐标轴交点（即原点）是透镜光轴与图像平面的交点。

2）图像像素坐标系与图像物理坐标系的性质相同，该坐标系中的每个点与图像上的像素点对应，两个坐标轴与图像物理坐标系的两个坐标轴以平行位置关系存在，左上角被标记为原点。

（4）摄像机坐标系与世界坐标系的转换方法。

$$\begin{bmatrix} X_c \\ Y_c \\ Z_c \\ 1 \end{bmatrix} = \begin{bmatrix} \boldsymbol{R} & \boldsymbol{T} \\ 0^T & 1 \end{bmatrix} \begin{bmatrix} X_w \\ Y_w \\ Z_w \\ 1 \end{bmatrix} = \begin{bmatrix} r_{11} & r_{12} & r_{13} & t_x \\ r_{21} & r_{22} & r_{23} & t_y \\ r_{31} & r_{32} & r_{33} & t_z \\ 0 & 0 & 0 & 1 \end{bmatrix} \begin{bmatrix} X_w \\ Y_w \\ Z_w \\ 1 \end{bmatrix} \tag{3.17}$$

式中：T 是原点由世界坐标系转换到摄像机坐标系中的坐标；$\boldsymbol{R}$ 是满足一定约束条件的正交旋转矩阵，约束条件为：

$$\left.\begin{aligned} r_{11}^2 + r_{12}^2 + r_{13}^2 = 1 \\ r_{21}^2 + r_{22}^2 + r_{23}^2 = 1 \\ r_{31}^2 + r_{32}^2 + r_{33}^2 = 1 \end{aligned}\right\} \tag{3.18}$$

$\boldsymbol{R}$ 中包含三个独立变量 R_x, R_y, R_z，与 t_x, t_y, t_z 合在一起构成摄像机的外参数。

（5）摄像机坐标系与图像坐标系的转换方法。

设图像物理坐标系中某一像点的坐标为：

$$\left.\begin{aligned} X = \frac{f_x}{z} \\ Y = \frac{f_y}{z} \end{aligned}\right\} \tag{3.19}$$

将式（3.19）记作齐次坐标表示为：

$$z\begin{bmatrix} X \\ Y \\ 1 \end{bmatrix} = \begin{bmatrix} f & 0 & 0 & 0 \\ 0 & f & 0 & 0 \\ 0 & 0 & 1 & 0 \end{bmatrix} \begin{bmatrix} x \\ y \\ z \\ 1 \end{bmatrix} \tag{3.20}$$

将式（3.20）的图像物理坐标表示为图像坐标：

$$\left.\begin{aligned} u - u_0 = X/d_x = s_x X \\ v - v_0 = Y/d_y = s_y Y \end{aligned}\right\} \tag{3.21}$$

将式（3.21）记作齐次坐标表示为：

$$\begin{bmatrix} u \\ v \\ 1 \end{bmatrix} = \begin{bmatrix} s_x & 0 & u_0 \\ 0 & s_y & v_0 \\ 0 & 0 & 1 \end{bmatrix} \begin{bmatrix} X \\ Y \\ 1 \end{bmatrix} \tag{3.22}$$

式中：u_0 和 v_0 是光轴与图像平面的交点坐标；s_x 和 s_y 与 d_x 和 d_y 互为倒数，含义为水平方向与垂直方向单位长度的像素点数。据此可以得到物点到像点的转换公式：

$$\left.\begin{array}{l} u - u_0 = fs_x x/z = f_x x/z \\ v - v_0 = fs_y y/z = f_y y/z \end{array}\right\} \tag{3.23}$$

可以看出，f_x, f_y, u_0, v_0 的值只受摄像机内部结构影响，刚好构成摄像机的内参数。

（6）世界坐标系与图像坐标系的转换方法。

以针孔模型为例给出变换公式：

$$\left.\begin{array}{l} \dfrac{X}{f} = \dfrac{u - u_0}{f_x} = \dfrac{r_{11}X_w + r_{12}Y_w + r_{13}Z_w + t_x}{r_{31}X_w + r_{32}Y_w + r_{33}Z_w + t_z} \\[3mm] \dfrac{Y}{f} = \dfrac{v - v_0}{f_y} = \dfrac{r_{21}X_w + r_{22}Y_w + r_{23}Z_w + t_y}{r_{31}X_w + r_{32}Y_w + r_{33}Z_w + t_z} \end{array}\right\} \tag{3.24}$$

将式（3.24）记作齐次坐标表示为：

$$z\begin{bmatrix} u \\ v \\ 1 \end{bmatrix} = \begin{bmatrix} f_x & 0 & u_0 & 0 \\ 0 & f_y & v_0 & 0 \\ 0 & 0 & 1 & 0 \end{bmatrix} \begin{bmatrix} \boldsymbol{R} & T \\ 0^T & 1 \end{bmatrix} \begin{bmatrix} X_w \\ Y_w \\ Z_w \\ 1 \end{bmatrix} = M_1 M_2 X = MX \tag{3.25}$$

式中：M_1 表示内参数；M_2 表示运动参数。

2. 针孔摄像机模型

计算机视觉应用中，需要利用摄像机模型在三维空间点与二维图像点之间搭建关联平台，其中，小孔摄像机模型、正交投影模型和透视投影模型是经常使用的模型。本书主要了解针孔摄像机模型[274]，如图 3.7 所示。

（1）理想针孔摄像机模型。

该模型是线性模型，通过透视投影与刚体变换结合得到，是摄像机接近真实的一种模拟，忽略镜头畸变所带来的干扰，是一种比较基础的摄像机模型，也是成像的理想状态模型。由于物像之间的线性关系，使得该模型实现起来比较容易，又与事实接近。通过图 3.7 可知，物点、像点与光心三点在一条直线上，那么物点的三维坐标与像点的三维坐标成正比例关系，即

$$\frac{x}{X_c} = \frac{y}{Y_c} = \frac{z}{Z_c} = \lambda \qquad (3.26)$$

可得：

$$x = f\frac{X_c}{Z_c}, \quad y = f\frac{Y_c}{Z_c} \qquad (3.27)$$

从式（3.26）和式（3.27）出发继续推导，可得到世界坐标与图像坐标之间的变换，变换结果如式（3.24）和式（3.25）所示。

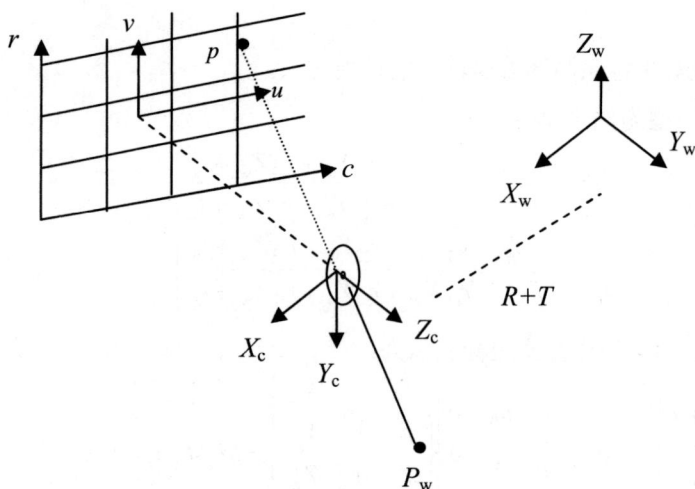

图 3.7　针孔摄像机模型

（2）有畸变针孔摄像机模型。

摄像机进行图像采集时离不开镜头选择，通常采用的是普通镜头或是远心镜头，本书系统运行时使用的是普通镜头。在世界坐标到图像坐标的变换过程中，普通镜头进行的是透视投影，远心镜头进行的是平行投影。透视投影与一般的针孔投影模型相符，也就是图 3.7 中的针孔摄像机模型。图 3.7 中，若镜头没有发生畸变，坐标间的变换就是理想针孔摄像机模型下的变换方式，但是，完全不发生畸变只是理论上存在，实际操作中或多或少会有畸变发生。倘若畸变发生，物点、像点、光心就不一定在一条直线上。

对于世界坐标系中的物点，要想在图像坐标系中得到准确的坐标表示，首先要将其转换到摄像机坐标系，然后才能转换到图像坐标系。已知坐标 $(x_w, y_w, z_w)^T$ 为某一物点在世界坐标系中的坐标表示，$(x_c, y_c, z_c)^T$ 为其在摄像机坐标系中的坐标表示，预先设定：

1）x 轴//c 轴。

2）y 轴//r 轴。

3）z 轴⊥成像平面。

4）$z>0$。

那么，P_w 经过刚性变换后可得到 P_c，刚性变换为：

$$P_c = RP_w + T \tag{3.28}$$

式中：T 为平移变换；R 为旋转变换。

$$R = R(\alpha,\beta,\gamma) = \begin{pmatrix} 1 & 0 & 0 \\ 0 & \cos\alpha & -\sin\alpha \\ 0 & \sin\alpha & \cos\alpha \end{pmatrix} \begin{pmatrix} \cos\beta & 0 & \sin\beta \\ 0 & 1 & 0 \\ -\sin\beta & 0 & \cos\beta \end{pmatrix} \begin{pmatrix} \cos\gamma & -\sin\gamma & 0 \\ \sin\gamma & \cos\gamma & 0 \\ 0 & 0 & 1 \end{pmatrix}$$

$$T = (t_x, t_y, t_z)^T \tag{3.29}$$

式中涉及 6 个变量，这六个变量就是要确定的摄像机外参数和位置参数。接下来，利用相关变换公式进行摄像机坐标系到图像坐标系的变换，变换公式为：

$$\begin{pmatrix} u \\ v \end{pmatrix} = \frac{f}{z_c}\begin{pmatrix} x_c \\ y_c \end{pmatrix} \tag{3.30}$$

式（3.30）是透视投影，f 是摄像机主距。镜头产生畸变的情况不尽相同，但离心畸变和薄棱镜畸变只会对广角镜头的标定有意义，所以一般只考虑径向畸变，具体处理公式为：

$$\begin{pmatrix} \tilde{u} \\ \tilde{v} \end{pmatrix} = \frac{2}{1+\sqrt{1-4k(u^2+v^2)}}\begin{pmatrix} u \\ v \end{pmatrix} \tag{3.31}$$

式中，$k>0$，为枕形畸变；$k<0$，为桶形畸变。最后，将坐标 $(u,v)^T$ 变换到图像坐标系中，变换公式为：

$$\begin{pmatrix} r \\ c \end{pmatrix} = \begin{pmatrix} \dfrac{\tilde{v}}{s_y} + v_0 \\ \dfrac{\tilde{u}}{s_x} + u_0 \end{pmatrix} \tag{3.32}$$

式中：s_x 和 s_y 分别表示水平方向和垂直方向上两个邻近点间的距离；而坐标点 $(u_0, v_0)^T$ 正好是图像的主点，也是径向畸变的中心点。

3.3.1.2 传统的摄像机标定方法分类

摄像机标定方法从不同角度划分的话，可以有不同的分类方法，分类方法如图 3.8 所示。但是无论采用哪种分类方法，目的均在于参数求解，由于实际问题中对精度的要求各异，就要依具体情况选择合适的摄像机标定方法。

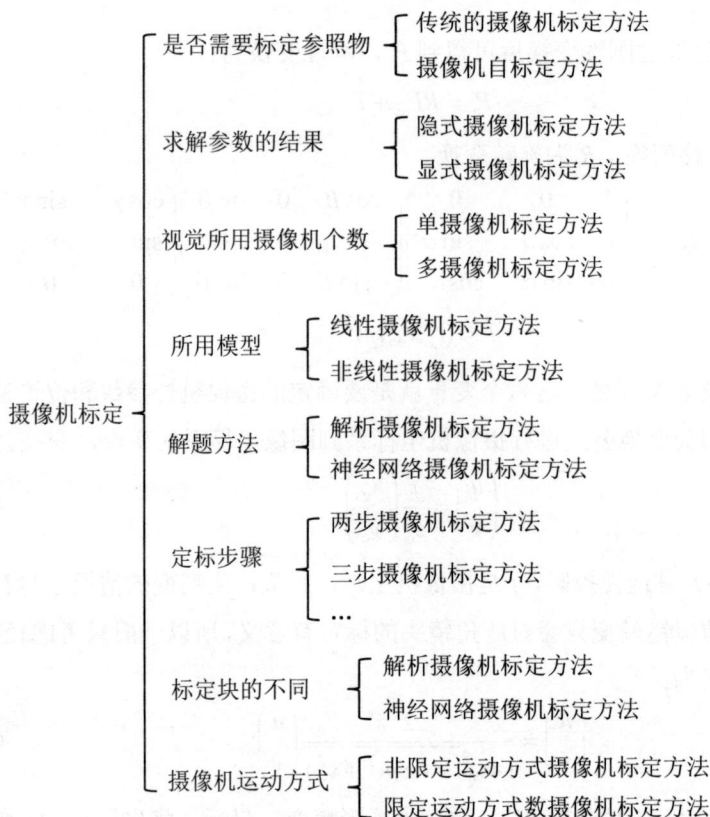

摄像机标定	是否需要标定参照物	传统的摄像机标定方法
		摄像机自标定方法
	求解参数的结果	隐式摄像机标定方法
		显式摄像机标定方法
	视觉所用摄像机个数	单摄像机标定方法
		多摄像机标定方法
	所用模型	线性摄像机标定方法
		非线性摄像机标定方法
	解题方法	解析摄像机标定方法
		神经网络摄像机标定方法
	定标步骤	两步摄像机标定方法
		三步摄像机标定方法
		…
	标定块的不同	解析摄像机标定方法
		神经网络摄像机标定方法
	摄像机运动方式	非限定运动方式摄像机标定方法
		限定运动方式数摄像机标定方法

图 3.8　摄像机标定的分类

在摄像机模型及标定物被选定后，标定所要解决的问题就是摄像机内外参数的获取。传统的摄像机标定方法依据标定物维度的不同，一般分为基于一维、基于二维、基于三维三种方法[271]。

1. 基于一维标定物的摄像机标定方法

该方法选取的标定物构成是长度可知的共线点，通过围绕定点的旋转完成标定过程，经常利用交比不变性作为约束条件建立参数方程，最终得到摄像机参数。

2. 基于二维标定物的摄像机标定方法

该方法选取的标定物所处维度空间由一维空间改变到二维平面空间，在二维平面空间中由一定形状的图形组合所构成的模板作为标定物。通过对同一个二维模板以不少于两幅图像进行多方向拍摄而得到多幅图像，利用二维模板在空间点与图像点间的对应关系所得到的参数方程完成摄像机标定。此方法不关注二维模板的移动状态数据，鲁棒性较好，容易操作。

3. 基于三维标定物的摄像机标定方法

该方法选取的标定物所处维度空间由二维平面空间改变到三维立体空间，是几何特征已知的三维标定物体。但三维标定参照物的加工精度及制作成本较高，维护困难且不易保存，因此近年来基于二维标定参照物的摄像机标定算法越来越得到广泛的重视和应用。

3.3.1.3　张正友二维标定方法

在众多的二维摄像机标定技术中，本书认为在张正友标定方法中，摄像机或标定参照物可自由移动，标定精度高且简单易行，具有较强的适用性，因此，该方法是目前较常用的一种标定方法。下面就对张正友的标定思想及方法进行详细研究。

张正友的标定方法是基于二维传统的两步标定法，其过程是先获得二维平面模板与实际图像的单应性矩阵，再根据图像与二维平面坐标的映射关系获得标定的内外参数。

1. 单应性矩阵计算方法

单应性表示空间坐标系 P'' 到 p'' 二维映射变换。根据摄像机坐标系与世界坐标系的转换方法，由式（3.28）得到：

$$s\begin{bmatrix} u \\ v \\ 1 \end{bmatrix} = K\begin{bmatrix} R & T \end{bmatrix}\begin{bmatrix} X \\ Y \\ Z \\ 1 \end{bmatrix} \tag{3.33}$$

由于模板是二维平面，所以世界坐标系中 $Z=0$，在上式中，用 r_i 表示旋转矩阵的第 i 列，则有：

$$s\begin{bmatrix} u \\ v \\ 1 \end{bmatrix} = K\begin{bmatrix} r_1 & r_2 & r_3 & T \end{bmatrix}\begin{bmatrix} X \\ Y \\ 0 \\ 1 \end{bmatrix} = K\begin{bmatrix} r_1 & r_2 & T \end{bmatrix}\begin{bmatrix} X \\ Y \\ 1 \end{bmatrix} \qquad (3.34)$$

用 $M = [X,Y]^T$ 表示二维平面上的点，$\tilde{M} = [X,Y,1]^T$ 表示二维模板上的齐次坐标，则图像上的点 m 和模板上的点 M 的映射关系可用式（3.35）来表示：

$$s\tilde{m} = H\tilde{M} \qquad (3.35)$$

式中，H 是一个 3×3 单应性矩阵，可用式（3.36）表示。

$$\boldsymbol{H} = K\begin{bmatrix} r_1 & r_2 & T \end{bmatrix} \qquad (3.36)$$

式中：T 是空间坐标系到摄像机坐标系原点的矢量；r_1 和 r_2 是二维平面坐标轴在空间坐标系的矢量。因为 T 与 r_1 和 r_2 不在同一平面，所以 $\mathrm{Det}([r_1 \quad r_2 \quad T]) \neq 0$，又 $\mathrm{Det}K \neq 0$，因此 $\mathrm{Det}H \neq 0$。

由于图像上的点和模板上的映射点存在误差，因此，$\boldsymbol{H}$ 的极大似然估计应满足式（3.37）最小平方和问题：

$$\min \sum_i \|m_i - \hat{m}_i\|^2 \qquad (3.37)$$

$$\hat{m} = \frac{1}{\hat{h}_3 \hat{M}_i}\begin{bmatrix} \hat{h}_1 & \hat{M} \\ \hat{h} & \hat{M}_i \end{bmatrix} \qquad (3.38)$$

式（3.37）和式（3.38）中，$\hat{m}$ 表示图像坐标的期望值；$\hat{h}$ 表示矩阵 $\boldsymbol{H}$ 的第 i 个行向量。由式（3.36）与式（3.38）可得：

$$h\hat{m}\begin{bmatrix} u \\ v \end{bmatrix} - \begin{bmatrix} h_1 \hat{M}_i \\ h_2 \hat{M}_i \end{bmatrix} = 0 \; 与 \; \begin{cases} \hat{M}^T h_1^T - u\hat{M}^T h_3^T = 0 \\ \hat{M}^T h_2^T - v\hat{M}^T h_3^T = 0 \end{cases} \qquad (3.39)$$

由此得到：

$$\begin{bmatrix} \hat{M}^T & 0^T & -u\hat{M}^T \\ 0^T & \hat{M}^T & -v\hat{M}^T \end{bmatrix} = 0 \qquad (3.40)$$

令 $x = \begin{bmatrix} h_1^T & h_1^T & h_1^T \end{bmatrix}$ 为一个 9×1 的列向量，则有：

$$\begin{bmatrix} \hat{M}^T & 0^T & -u\hat{M}^T \\ 0^T & \hat{M}^T & -v\hat{M}^T \end{bmatrix} x = 0 \qquad (3.41)$$

综上所述，选取图像中的 n 对点，则可得到 n 个式（3.41）中的方程组，n

个方程组可堆积成 $Lx = 0$ 的矩阵方程。若 $\|x\| = 1$，$n \leqslant 4$，则需要相应对点数即可求解出 x。若 $n > 4$，则是一个超级方程组，可利用 MATLAB 中已有的奇异值函数分解（singular value decomposition，SVD）方法来求得最优解。

奇异值分解是一种正交矩阵分解方法，在信号处理、统计学分析等领域有重要应用。

针对张正友二维平面标定方法，当利用 SVD 的分解方法来求解实系数超级方程组 $Lx = 0$ 的过程如下：

（1）当 $n = 4$，L 是 8×9 矩阵，左奇异向量是 8 个，右奇异向量是 9 个，可求得方程组精确解。

（2）当 $n > 4$，则对矩阵 $L^T L$ 做 SVD 分解得到式（3.42）：

$$[U, \quad S, \quad V] = \text{SVD}(L^T L) \tag{3.42}$$

式中的 S 是标准对角矩阵：

$$S = \begin{bmatrix} \alpha_1 & 0 & \cdots & 0 \\ 0 & \alpha_2 & \cdots & 0 \\ \vdots & \vdots & \ddots & \vdots \\ 0 & 0 & \cdots & \alpha_n \end{bmatrix} \tag{3.43}$$

且 $\alpha_i (i = 1, \ldots, n)$ 是矩阵 L 的特征值。由式（3.43）可以看出 α_1/α_n 结果很大，所以，式（3.41）中的方程是病态方程，其获得的方程解误差可能非常大。为解决此问题，本书提出对坐标原点平移和坐标归一化处理方法来对 L 进行改进，过程如下：

（1）首先，计算出 u、v 坐标轴上各坐标的均值。

$$\left.\begin{array}{l} m_u = \text{mean} u_1 \\ m_v = \text{mean} v_1 \end{array}\right\} \tag{3.44}$$

计算出坐标系中各点对于均值点的相对量值：

$$\left.\begin{array}{l} \bar{u}_i = u_i - m_u \\ \bar{v}_i = v_i - m_v \end{array}\right\} \tag{3.45}$$

（2）其次，计算出 u、v 坐标轴上缩放因子。

$$\left\{\begin{array}{l} s_u = 1/\text{mean}(abs\bar{u}_i) \\ s_v = 1/\text{mean}(abs\bar{v}_i) \end{array}\right. \tag{3.46}$$

（3）再次，得出变换关系。

$$\begin{cases} u' = \dfrac{\overline{u}_i}{\text{mean}(abs\overline{u}_i)} \\[3mm] v' = \dfrac{\overline{v}_i}{\text{mean}(abs\overline{v}_i)} \end{cases} \tag{3.47}$$

用矩阵表示为：

$$\begin{bmatrix} u' \\ v' \\ 1 \end{bmatrix} = \begin{bmatrix} s_u & s_u m_u & 0 \\ 0 & s_v & s_v m_v \\ 0 & 0 & 1 \end{bmatrix} \tag{3.48}$$

（4）最后，利用式（3.41）得出坐标处理后的二维图像平面与空间平面的单应性矩阵 H_{norm}，从而获得变换后坐标，再用变换后图像的坐标乘以一个反变换矩阵即可得到实际图像坐标：

$$\widehat{m}_i = H_{\text{inv}}\widehat{m}'_i \tag{3.49}$$

式中 $\boldsymbol{H}_{\text{inv}}$ 是反变换矩阵，其表达式为：

$$\boldsymbol{H}_{\text{inv}} = \begin{bmatrix} 1/s_u & 0 & m_u \\ 0 & 1/s_v & m_v \\ 0 & 0 & 1 \end{bmatrix} \tag{3.50}$$

所以实际二维平面与空间平面的单应性矩阵是：

$$\boldsymbol{H} = \boldsymbol{H}_{\text{norm}}\boldsymbol{H}_{\text{inv}} \tag{3.51}$$

2. 标定参数的计算方法

由式（3.35）单应关系可得出：

$$\begin{bmatrix} h_1 & h_2 & h_3 \end{bmatrix} = \lambda \boldsymbol{K} \begin{bmatrix} r_1 & r_2 & T \end{bmatrix} \tag{3.52}$$

式中：$h_i(i=1,2,3)$ 单应性矩阵 $\boldsymbol{H}$ 的列向量，即 $h_i = \begin{bmatrix} h_{1i} & h_{2i} & h_3i \end{bmatrix}^{\text{T}}$；$\lambda$ 是比例常数；r_1 和 r_2 是旋转矩阵 $\boldsymbol{R}$ 的两个列向量，$\boldsymbol{K}$ 是摄像机标定内参数矩阵。则有（3.53）式成立：

$$\left.\begin{matrix} r_1 = \lambda^{-1}\boldsymbol{K}^{-1}h_1 \\ r_2 = \lambda^{-1}\boldsymbol{K}^{-1}h_2 \end{matrix}\right\} \tag{3.53}$$

又因为矩阵 $\boldsymbol{R}$ 是正交矩阵，则 $r_1^{\text{T}}r_2 = 0$ 和 $\|r_1\| = \|r_2\|$，所以有：

$$\left.\begin{array}{l} h_1^{\mathrm{T}} \boldsymbol{K}^{-\mathrm{T}} \boldsymbol{K}^{-1} h_2 = 0 \\ h_1^{\mathrm{T}} \boldsymbol{K}^{-\mathrm{T}} \boldsymbol{K}^{-1} h_1 = h_2^{\mathrm{T}} \boldsymbol{K}^{-\mathrm{T}} \boldsymbol{K}^{-1} h_2 \end{array}\right\} \tag{3.54}$$

令

$$\boldsymbol{K} = \begin{bmatrix} f_{\mathrm{u}} & \alpha f_{\mathrm{u}} & u_0 \\ 0 & s_{\mathrm{v}} & v_0 \\ 0 & 0 & 1 \end{bmatrix} = \begin{bmatrix} f_{\mathrm{u}} & s & u_0 \\ 0 & f_{\mathrm{v}} & v_0 \\ 0 & 0 & 1 \end{bmatrix} \tag{3.55}$$

则对称矩阵 $\boldsymbol{B}$ 是空间二次曲线在二维平面上的映射：

$$\boldsymbol{B} = \boldsymbol{K}^{-T} \boldsymbol{K}^{-1} = \begin{bmatrix} B_{11} & B_{12} & B_{13} \\ B_{12} & B_{22} & B_{23} \\ B_{13} & B_{23} & B_{33} \end{bmatrix}$$

$$= \begin{bmatrix} \dfrac{1}{f_{\mathrm{u}}^2} & -\dfrac{s}{f_{\mathrm{u}}^2 f_{\mathrm{v}}} & \dfrac{v_0 s - u_0 f_{\mathrm{v}}}{f_{\mathrm{u}}^2 f_{\mathrm{v}}} \\ -\dfrac{s}{f_{\mathrm{u}}^2 f_{\mathrm{v}}} & \dfrac{s^2}{f_{\mathrm{u}}^2 f_{\mathrm{v}}} + \dfrac{1}{f_{\mathrm{v}}^2} & -\dfrac{v_0 s - u_0 f_{\mathrm{v}}}{f_{\mathrm{u}}^2 f_{\mathrm{v}}} - \dfrac{v_0}{f_{\mathrm{v}}^2} \\ \dfrac{v_0 s - u_0 f_{\mathrm{v}}}{f_{\mathrm{u}}^2 f_{\mathrm{v}}} & -\dfrac{v_0 s - u_0 f_{\mathrm{v}}}{f_{\mathrm{u}}^2 f_{\mathrm{v}}} - \dfrac{v_0}{f_{\mathrm{v}}^2} & \dfrac{(v_0 s - u_0 f_{\mathrm{v}})^2}{f_{\mathrm{u}}^2 f_{\mathrm{v}}^2} - \dfrac{v_0^2}{f_{\mathrm{v}}^2} + 1 \end{bmatrix} \tag{3.56}$$

定义向量 b 与 v_{ij} 如下：

$$b = \begin{bmatrix} B_{11} & B_{12} & B_{22} & B_{13} & B_{23} & B_{33} \end{bmatrix}^{\mathrm{T}} \tag{3.57}$$

$$v_{ij} = \begin{bmatrix} h_{1i}h_{1j} & h_{1i}h_{2j}+h_{2i}h_{1j} & h_{2i}h_{2j} & h_{3i}h_{1j}+h_{1i}h_{3j} & h_{3i}h_{2j}+h_{2i}h_{3j} & h_{3i}h_{3j} \end{bmatrix}^{\mathrm{T}} \tag{3.58}$$

则式（3.54）可写为：

$$\begin{bmatrix} v_{12}^{\mathrm{T}} \\ v_{11}^{\mathrm{T}} - v_{22}^{\mathrm{T}} \end{bmatrix} b = 0 \tag{3.59}$$

若将 n 幅图像放到一起，则得到堆积方程组：

$$Vb = 0 \tag{3.60}$$

式中：V 是 $2n \times 6$ 矩阵。

令内参数：$s = \alpha f_n = 0$（表明摄像机坐标系中像素无倾斜），将其代入式（3.56）与式（3.57），得到附加约束 $[0,\ 1,\ 0,\ 0,\ 0,\ 0]b = 0$。

$\boldsymbol{B}$ 矩阵确定后，当 $\boldsymbol{B} = \lambda \boldsymbol{K}^{-\mathrm{T}} \boldsymbol{K}^{-1}$，根据绝对二次曲线性质，则可解出摄像机

标定的内参数：

$$\begin{cases} v_0 = (B_{12}B_{13} - B_{11}B_{23})/(B_{11}B_{22} - B_{12}^2) \\ \lambda = B_{33} - [B_{13}^2 + v_0(B_{12}B_{13} - B_{11}B_{23})]/B_{11} \\ f_u = \sqrt{\lambda/B_{11}} \\ f_v = \sqrt{\lambda/B_{11}\big/(B_{11}B_{22} - B_{12}^2)} \\ S = -B_{12}f_u^2 f_v/\lambda \\ u_0 = sv_0/f_u - B_{13}f_u^2/\lambda \end{cases} \quad (3.61)$$

同理，由式（3.35）可得出标定外参数：

$$\left.\begin{array}{l} r_1 = \lambda \boldsymbol{K}^{-1}h_1 \\ r_1 = \lambda \boldsymbol{K}^{-1}h_2 \\ r_3 = r_1 \times r_2 \\ T = \lambda \boldsymbol{K}^{-1}h_3 \end{array}\right\} \quad (3.62)$$

式中：λ 是尺度因子，$\lambda = 1/\|\boldsymbol{K}^{-1}h_1\| = 1/\|\boldsymbol{K}^{-1}h_2\|$。

综上，得到摄像机标定的内外参数粗糙解矩阵。此粗糙解可通过对式（3.63）中函数求极值得到最大似然估计，利用最大似然估计对式（3.61）与（3.62）中的参数进行非线性优化。

$$\sum_{i=1}^{n}\sum_{j=1}^{m}\left\|m_{ij} - \hat{m}(K, k_1, k_2, R_i, T_i, M_j)\right\|^2 \quad (3.63)$$

式中：k_1 和 k_2 分别代表径向畸变系数的前两项。

3.3.2 基于改进畸变模型及初值优化的摄像机标定算法

通过对上述张正友标定方法的研究，发现其标定方法精度高、简单易用，但其算法对摄像机镜头的畸变考虑较少，且不考虑各种畸变，直接将像素点带入公式求解。这样对于远离中心的像素点，会增加求解初始值的误差，特别是切向畸变较大的环境，比如对于鱼眼镜头则不太适用。

本书在研究张正友二维平面标定方法的基础之上，结合 Heikkila 几何像差模型，对其算法进行改进，引进切向畸变系数，提出了改进畸变模型中标定参数初值优化的摄像机标定算法。实验表明，该算法简化了求解过程，使标定精度及鲁棒性得到提高。

3.3.2.1 引进畸变系数

由于 Heikkila 模型中畸变参数的数量是 5 个，可定义径向畸变系数与切向畸变系数为一个五维向量 $k_c = \begin{bmatrix} k_1 & k_2 & p_1 & p_2 \end{bmatrix}^T$，因为式中 k_3 对应的向量阶次高，在实际操作中不需要标定，即 $k_3 = 0$，则畸变系数就变为 $k_c = \begin{bmatrix} k_1 & k_2 & p_1 & p_2 \end{bmatrix}^T$。则畸变模型可表示为：

$$\left.\begin{aligned} x_n &= x + x\left\{k_1(x^2+y^2) + k_2(x^2+y^2)^2 + 2p_1 xy + p_2[(x^2+y^2)^2] + 2x^2\right\} \\ y_n &= y + y\left\{k_1(x^2+y^2) + k_2(x^2+y^2)^2 + 2p_2 xy + p_1[(x^2+y^2)^2] + 2y^2\right\} \end{aligned}\right\} \tag{3.64}$$

$$\begin{cases} u_n = u_o + f_u x_n \\ v_n = v_o + f_v y_n \end{cases} \tag{3.65}$$

由式（3.65），可得：

$$\left.\begin{aligned} u_n &= u + (u-u_0)\{k_1(x^2+y^2) + k_2(x^2+y^2)^2 + 2p_1 xy + p_2[(x^2+y^2)^2 + 2x^2]\} \\ v_n &= v + (v-v_0)\{k_1(x^2+y^2) + k_2(x^2+y^2)^2 + 2p_2 xy + p_1[(x^2+y^2)^2 + 2y^2]\} \end{aligned}\right\} \tag{3.66}$$

式（3.64）～式（3.66）中：(x,y) 表示理想图像坐标；(x_n, y_n) 表示实际归一化图像坐标；(u,v) 表示表示理想图像像素坐标；(u_n, v_n) 表示图像坐标检测值。通过引入各种畸变，理想的针孔成像模型就成为现实中的实际非线性模型。由式（3.64）～式（3.66）可得实际图像中控制点的约束方程组：

$$\begin{bmatrix} (u-u_o)(x^2+y^2) & (u-u_o)(x^2+y^2)^2 & 2(u-u_o)xy & (u-u_o)(x^2+y^2)^2+2x^2 \\ (v-v_o)(x^2+y^2) & (v-v_o)(x^2+y^2)^2 & (v-v_o)(x^2+y^2)^2+2y^2 & 2(v-v_o)xy \end{bmatrix} \begin{bmatrix} k_1 \\ k_2 \\ p_1 \\ p_2 \end{bmatrix}$$

$$= \begin{bmatrix} u_n - u \\ v_n - v \end{bmatrix} \tag{3.67}$$

当在 n 幅图像中提取 m 个控制点，则有 $2mn$ 个方程，即矩阵：

$$Dk = d$$

式中：$\boldsymbol{k} = [k_1, k_2, p_1, p_2]^T$。则线性最小二乘解：

$$\boldsymbol{k} = [\boldsymbol{D}^T \boldsymbol{D}]^{-1} \boldsymbol{D}^T \boldsymbol{d} \tag{3.68}$$

从而解得 k_1、k_2、p_1、p_2 的初值。此时，目标函数为：

$$\sum_{i=1}^{n}\sum_{j=1}^{m}\left\|m_{ij}-\widehat{m}\left[A,\ k_1,\ k_2,\ p_1,\ p_2,\ R_i,\ T_i,\ M_j\right]\right\|^2 \tag{3.69}$$

3.3.2.2 优化标定初值

本书除了引入畸变系数，简化求解过程，还对张正友算法中的标定初值进行优化，提高标定精度。具体做法：由于图像中心区域点的畸变小，带入上述畸变系数求初值所获得的结果逼近准确值。

1. 求解单应矩阵

先求出二维模板与空间图像的单应矩阵，取图像中心区域点，设 D_x,D_y 的初值为图像中心，当畸变很小时，则由摄像机模型得到：

$$s\begin{bmatrix}U_n-D_x\\V_n-D_y\\1\end{bmatrix}=\begin{bmatrix}f_xr_{11}&f_xr_{12}&f_xT_x\\f_xr_{21}&f_xr_{22}&f_yT_y\\r_{31}&r_{32}&T_z\end{bmatrix}\begin{bmatrix}x_w\\y_w\\1\end{bmatrix} \tag{3.70}$$

令单应矩阵

$$A=T_z\begin{bmatrix}\alpha_1&\alpha_2&\alpha_3\\\alpha_4&\alpha_5&\alpha_6\\\alpha_7&\alpha_8&1\end{bmatrix}=\begin{bmatrix}f_xr_{11}&f_xr_{12}&f_xT_x\\f_xr_{21}&f_xr_{22}&f_yT_y\\r_{31}&r_{32}&T_z\end{bmatrix} \tag{3.71}$$

则式（3.70）可写为：

$$s\begin{bmatrix}U_n-D_x\\V_n-D_y\\1\end{bmatrix}=T_z\begin{bmatrix}\alpha_1&\alpha_2&\alpha_3\\\alpha_4&\alpha_5&\alpha_6\\\alpha_7&\alpha_8&1\end{bmatrix}\begin{bmatrix}x_w\\y_w\\1\end{bmatrix} \tag{3.72}$$

通过以上推导，就把求解参数的过程分解成先求单应矩阵 A，再从 A 矩阵分离出待求参数。变换式（3.72），把式中的 s 和 $r_{3,4}$ 消除，分离待求参数得到：

$$\begin{bmatrix}-x_w&-y_w&-1&0&0&0&x_w(U_n-D_x)&y_w(U_n-D_x)\\0&0&0&-x_w&-y_w&-1&x_w(V_n-D_y)&y_w(V_n-D_y)\end{bmatrix}\begin{bmatrix}\alpha_1\\\alpha_2\\\cdots\\\alpha_8\end{bmatrix} \tag{3.73}$$

$$=\begin{bmatrix}-U_n+D_x\\-V_n+D_y\end{bmatrix}$$

每个点对应一个式（3.52）的方程组，若二维模板上有 n 个点，则有 $2n$ 个方程。可先将数据规格化后，再用最小二乘法可求得精确解。

2. 求解外参矩阵的初值

由旋转矩阵的正交性可知：

$$\left.\begin{array}{l} r_{1,1}^2 + r_{2,1}^2 + r_{3,1}^2 = 1 \\ r_{1,2}^2 + r_{2,2}^2 + r_{3,2}^2 = 1 \\ r_{1,1}r_{1,2} + r_{2,1}r_{2,2} + r_{3,1}r_{3,2} = 0 \end{array}\right\} \tag{3.74}$$

对式（3.71）做变换可得：

$$\begin{bmatrix} \alpha_1^2 - \alpha_2^2 & \alpha_4^2 - \alpha_5^2 \\ \alpha_1\alpha_2 & \alpha_4\alpha_5 \end{bmatrix} \begin{bmatrix} 1/f_x^2 \\ 1/f_y^2 \end{bmatrix} = \begin{bmatrix} \alpha_8^2 - \alpha_7^2 \\ -\alpha_7\alpha_8 \end{bmatrix} \tag{3.75}$$

由式（3.75）可解出含有噪声干扰的 f_x、f_y，然后用线性最小二乘法可求出具有抗噪声干扰的 f_x、f_y。求解其他参数的公式：

$$T_z = \sqrt{\cfrac{1}{\cfrac{\alpha_2^2}{f_x^2} + \cfrac{\alpha_5^2}{f_y^2} + \alpha_8^2}} = \sqrt{\cfrac{1}{\cfrac{\alpha_1^2}{f_x^2} + \cfrac{\alpha_4^2}{f_y^2} + \alpha_7^2}} \tag{3.76}$$

由式（3.76）和式（3.71）可得外参求解公式：

$$\begin{bmatrix} r_{1,1} & r_{1,2} & T_x \\ r_{2,1} & r_{2,2} & T_y \\ r_{3,1} & r_{3,2} & T_z \end{bmatrix} = \begin{bmatrix} f_x & 0 & 0 \\ 0 & f_y & 0 \\ 0 & 0 & 1 \end{bmatrix}^{-1} A \tag{3.77}$$

3. 优化计算求解初值

一般情况下，上述旋转矩阵的正交性不能成立，因此要对求解的初值进行优化计算。当选取的图像像素点位于图像中心区域时，可建立下列优化模型进行优化：

$$\min = \sum\sum \left\| \hat{m}_{i,j} - m[F, R_i, T_i, M_{i,j}] \right\| \tag{3.78}$$

3.3.2.3　标定实验结果比较

将本书提出的标定方法与张正友标定方法进行实验比较，实验测试结果如图 3.9 所示。从实验结果上看，本书提出的算法的校正结果较好。

（a）原始测试图像　　（b）张正友算法的校正结果　　（c）本书算法的校正结果

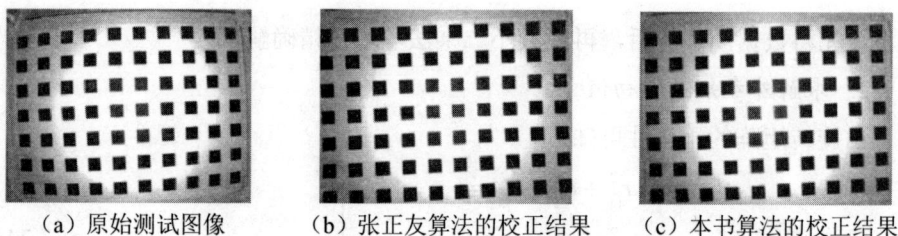

图 3.9　测试结果比较

实验中所用摄像机镜头焦距 f_x、f_y 不一致，光心 (u_o, v_o) 与图像中心有偏差。摄像机得到的标定参数如表 3.1 所列。

表 3.1　摄像机标定参数

参数	数值
f_x, f_y	1342.57216，1436.54256
u_o, v_o	348.15342，258.04643
s	0.00125
k_1，k_2，p_1，p_2	−0.13346，1.76133，−0.00025，−0.00164

本书对 15 幅图像作测试，来获得摄像机内外参数及畸变系数，同时对其中 5 幅图像作标定精度测试，测试数据见表 3.2。

表 3.2　标定精度比较

标定方法	训练误差	测试误差
张正友标定方法	1.378	3.582
本书提出标定方法	1.395	1.682

测试结果表明，本书提出的标定方法的训练误差与测试误差始终较小，标定结果能够更精确地拟合新数据，这对下一节介绍的智能泊车算法轨迹的生成具有重要意义。

3.3.3　基于改进摄像机标定模型的智能泊车轨迹算法

3.3.3.1　智能泊车运动学建模

智能泊车系统主要是为了辅助车辆驾驶人员快速、安全、准确地完成泊车停靠，显然，泊车轨迹预测准确度是系统稳定使用的主要因素。本章在改进摄像机标定算法的基础上，通过提高摄像机标定精度，把改进后的标定算法与泊车轨迹算法结合起来，提出了智能泊车轨迹算法来实现智能泊车系统，接下来要解决的就是泊车轨迹规划问题。

一般情况下汽车在行驶过程中会因路况不同而适时地调整车速，但在车辆停靠时，车速不会很快，通常控制在 $(0km/h, 5km/h]$ 这个区间内，处于低速平稳状态。当车辆行驶速度很低时，后轮行驶方向基本与车身平行，不会发生侧滑，因此可假设汽车在泊车过程中做滚动运动，也就是说车辆后轮轨迹的垂直方向速度值为 0。据此，可以得到车辆停靠时的局部坐标系。下面本书详细研究建模过程，先推导出前后轴运动轨迹，从而建立泊车运动学模型，如图 3.10 所示。

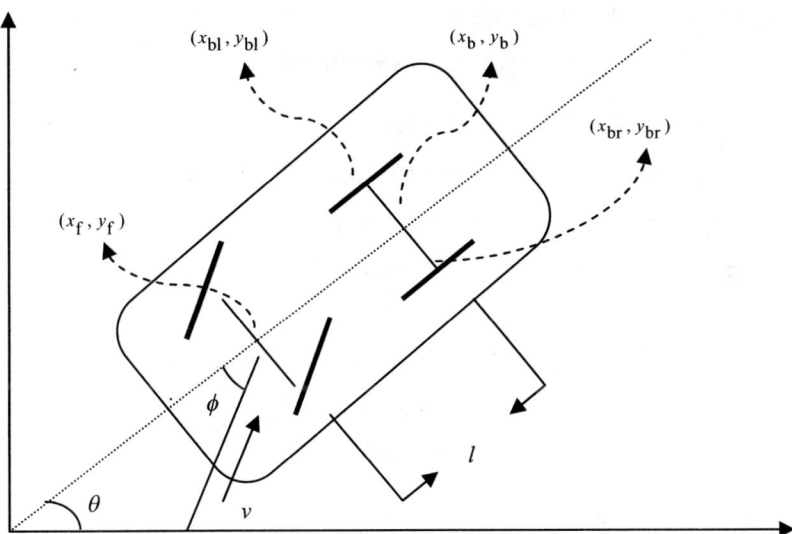

图 3.10　车辆运动学建模

针对图 3.10 中的泊车模型，设定：

（1）前、后轴的中心点坐标分别为 (x_f, y_f) 和 (x_b, y_b)。

（2）前轴中心点速度和转向角分别为 v 和 ϕ。

（3）轴距为 l。

（4）后轮距为 w。

（5）中心轴与水平方向夹角为 θ。

则:

$$v_{yb} = v_{xb} \tan\theta \qquad (3.79)$$

$$\left. \begin{array}{l} x_f = x_b - l\cos\theta \\ y_f = y_b - l\sin\theta \end{array} \right\} \qquad (3.80)$$

$$\left. \begin{array}{l} v_{xf} = v\cos(\theta + \phi) \\ v_{yf} = v\sin(\theta + \phi) \end{array} \right\} \qquad (3.81)$$

对式（3.80）求一阶导数，得到前后轮的速度关系式:

$$\left. \begin{array}{l} v_{xf} = v_{xb} + \overline{\theta}l\sin\theta \\ v_{yf} = v_{yb} - \overline{\theta}l\cos\theta \end{array} \right\} \qquad (3.82)$$

将式（3.79）与式（3.82）联立可得:

$$v_{xf}\sin\theta - v_{yf}\cos\theta - \overline{\theta}l = 0 \qquad (3.83)$$

将式（3.81）与式（3.83）联立可得:

$$v\cos(\theta + \phi)\sin\theta - v\sin(\theta + \phi)\cos\theta - \overline{\theta}l = 0 \qquad (3.84)$$

将和差角公式代入到式（3.84）中并整理可得:

$$\overline{\theta} = -v\frac{\sin\phi}{l} \qquad (3.85)$$

将式（3.81）和式（3.87）代入到式（3.82）并整理可得:

$$\left. \begin{array}{l} v_{xb} = v\cos\theta\cos\phi \\ v_{yb} = v\sin\theta\cos\phi \end{array} \right\} \qquad (3.86)$$

对于式（3.85），以时间为积分变量对其积分可得:

$$\theta = v\frac{\sin\phi}{l}t + C \qquad (3.87)$$

式（3.87）中，令 C=0，并将式（3.87）代入到式（3.86）可得:

$$\left. \begin{array}{l} v_{xb} = v\cos\left(v\dfrac{\sin\phi}{l}t\right)\cos\phi \\ \\ v_{yb} = v\sin\left(v\dfrac{\sin\phi}{l}t\right)\cos\phi \end{array} \right\} \qquad (3.88)$$

对于式（3.86），仍以时间为积分变量对其积分可得:

$$
\left.\begin{array}{l}
x_{\mathrm{b}}(t) = l\cot\phi\sin\left(v\dfrac{\sin\phi}{l}t\right) \\[3mm]
y_{\mathrm{b}}(t) = -l\cot\phi\cos\left(v\dfrac{\sin\phi}{l}t\right) + l\cot\phi
\end{array}\right\}
\tag{3.89}
$$

式（3.89）就是后轮中心点的轨迹方程，对 $x_{\mathrm{b}}(t)$ 和 $y_{\mathrm{b}}(t)$ 的表达式进行整理得到：

$$
x_{\mathrm{b}}^2 + (y_{\mathrm{b}} - l\cot\phi)^2 = (l\cot\phi)^2
\tag{3.90}
$$

则左后轮泊车时的轨迹方程为：

$$
\left.\begin{array}{l}
x_{\mathrm{bl}} = \left(l\cot\phi - \dfrac{w}{2}\right)\sin\left(v\dfrac{\sin\phi}{l}t\right) \\[3mm]
y_{\mathrm{bl}} = -\left(l\cot\phi - \dfrac{w}{2}\right)\cos\left(v\dfrac{\sin\phi}{l}t\right) + l\cot\phi
\end{array}\right\}
\tag{3.91}
$$

通过对式（3.91）进行整理，可得到如下关系式：

$$
x_{\mathrm{bl}}^2 + (y_{\mathrm{bl}} - l\cot\phi)^2 = \left(l\cot\phi - \dfrac{w}{2}\right)^2
\tag{3.92}
$$

则右后轮泊车时的轨迹方程为：

$$
x_{\mathrm{br}}^2 + (y_{\mathrm{br}} - l\cot\phi)^2 = \left(l\cot\phi - \dfrac{w}{2}\right)^2
\tag{3.93}
$$

观察泊车时车辆的左、右两个后轮的行驶路线方程，可以知道，后轮的移动轨迹仅和 l、w、ϕ 这三个变量有关，而对于一个固定型号的车辆来说，它的轴距 l 与后轮距 w 均是定值，这就说明，车辆在泊车入位时的轨迹是由前轴中心转向角 ϕ 的值来决定的。至于泊车时的车速只是改变了单位时间内车辆的行驶距离，并没有改变车后轮所经过的路线。

3.3.3.2 智能泊车系统算法

在智能泊车轨迹模型及转向模型确立后，就可以确定智能泊车轨迹的算法，具体流程如图 3.11 所示。在这个算法描述过程中：

（1）摄像机标定过程可以得到摄像机内、外参数及畸变系数。

（2）构建世界坐标系时，x 轴与车尾以平行关系存在，y 轴和 z 轴分别与车尾和地面以垂直关系存在。

（3）所获取的实时角度值的值为负表示左转，值为正表示右转，值为零表示方向盘未转。

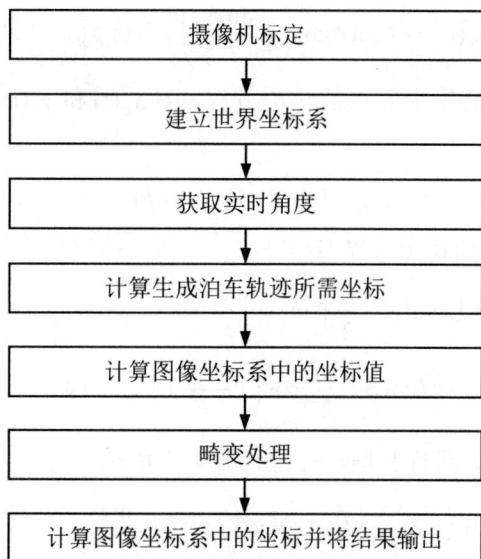

图 3.11　智能泊车轨迹算法

（4）泊车轨迹所需坐标依据式（3.92）和式（3.93）进行计算。

（5）图像坐标系中的坐标值记为：

$$\begin{pmatrix} u \\ v \end{pmatrix} = A(R,T) \begin{pmatrix} x_w \\ y_w \\ 0 \end{pmatrix} \tag{3.94}$$

（6）镜头畸变不可避免，一般情况下，畸变只考虑径向畸变，处理操作按式（3.66）进行，畸变矫正后坐标表示为：

$$\begin{pmatrix} u \\ v \end{pmatrix} = \frac{1}{1 + k\left(u_n^2 + v_n^2\right)} \begin{pmatrix} u_n \\ v_n \end{pmatrix} \tag{3.95}$$

3.3.3.3　智能泊车轨迹算法分析

在智能泊车系统算法中，关键的步骤是摄像机标定算法（在上一节中已作研究并改进）与泊车轨迹算法。由于目标车位环境的限制，在 3.2 节中介绍的传统泊车算法不能实现安全无碰撞的泊车到位，本书在对传统泊车算法研究的基础上，提出基于多步多阶段弧线进退式泊车算法。该算法首先根据车辆运动学关系对泊车轨迹构成的曲线进行分析规划，然后对算法中涉及的变量及空间碰撞点进行约束，建立了智能泊车约束方程组，最后对算法进行仿真实验。

1. 多阶段弧线泊车轨迹曲线在坐标系中的分析

根据阿克曼转向几何特性，多步多阶段进退式泊车算法生成的运动轨迹由三段圆弧曲线组成（EF,FG,GH）。其轨迹曲线如图 3.12 所示。

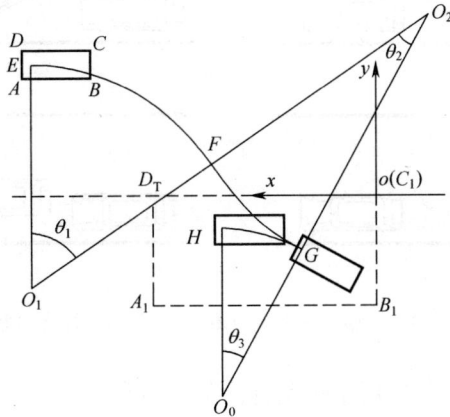

图 3.12　多步多阶段泊车曲线示意图

由图 3.12 及数学几何关系可得到下列数据：

$$\left.\begin{array}{l} (x_0,y_0)=(s_0,h_0) \\ (x_1,y_1)=(s_0,h_0-r_1) \\ (x_2,y_2)=[x_1-(r_1+r_2)\sin\theta_1, y_1-(r_1+r_2)\cos\theta_1] \\ (x_3,y_3)=[x_2-(r_2+r_3)\sin\theta_3, y_2-(r_2+r_3)\cos\theta_3] \\ \theta_1=\theta_2+\theta_3 \end{array}\right\} \quad (3.96)$$

式中：(x_0,y_0) 表示后轴初始坐标；(x_1,y_1) 表示圆弧 EF 圆心 O_1 坐标；(x_2,y_2) 表示圆弧 FG 圆心 O_2 坐标；(x_3,y_3) 表示圆弧 GH 圆心 O_3 坐标；s_0 是后轴中心点 E 距车位横向距离；h_0 是 E 距车位纵向距离；r_1、r_2、r_3 与 θ_1、θ_2、θ_3 分别表示圆弧 EF、FG、GH 的半径和圆心角。

2. 空间碰撞点分析

车辆在进入目标车位的运动过程中与周边环境的碰撞点分析如图 3.13 所示。

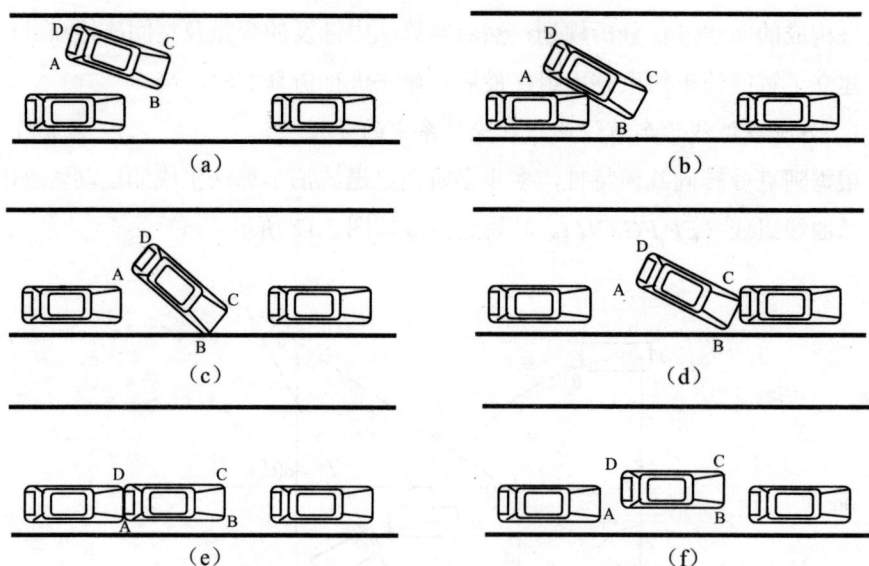

图 3.13　车辆进入目标车位时的空间碰撞点分析

在下列分析推导中，所用车辆及目标车位的参数定义如下：

- L：车长；
- W：车宽；
- l：轴距；
- w：轮距；
- L_f：前轴与车前部的距离；
- L_b：后轴与车尾部的距离；
- $R_{\min}$：车体的最小转弯半径；
- E：后轴中心点。

由图 3.12 可知，泊车车辆若要无碰撞地进入目标车位，其运动轨迹应满足下列条件：

（1）车辆沿圆弧 EF 运动，如图 3.13（a）所示，左角 D 点与马路边缘无碰撞，D 点轨迹应满足以下条件：

$$\left.\begin{aligned} O_1D &\leqslant h_0 - y_1 \\ O_1D &= \sqrt{(r + W/2)^2 + L_b^2} \end{aligned}\right\} \tag{3.97}$$

（2）车辆沿圆弧 EF 运动，如图 3.13（b）所示，车体右侧与障碍物无碰撞，O_1B 与 O_2A 轨迹应满足以下条件：

$$\left.\begin{array}{l} O_1B \geqslant O_1D_1 \\ O_2A \leqslant O_2D_1 \\ O_1B = \sqrt{(r_1 - w/2)^2 + (l + L_f)^2} \\ O_2A = \sqrt{(r_2 - w/2)^2 + L_b^2} \\ O_1D_1 = \sqrt{(l_c - s_0)^2 + (r_1 - h_0)^2} \\ O_2D_1 = \sqrt{(l_c - x_2)^2 + y_2^2} \end{array}\right\} \quad （3.98）$$

（3）由图 3.13 中（c）和（d）图所示，车体的 B、C 点与马路边缘或前方车体无碰撞，应满足下列条件：

$$\left\{\begin{array}{l} C_x \geqslant 0 \\ C_x = x_2 + O_2C \sin(\theta_3 - \alpha) \\ \alpha = \arctan\left((l + L_f)/(r_2 - W/2)\right) \\ O_2C = \sqrt{(r_2 - W/2)^2 + (l + L_f)^2} \\ B_y \geqslant -n \\ B_y = y_2 - O_2B \cos(\theta_3 - \beta) \\ \beta = \arctan(l + L_f)/(r_2 + W/2) \\ O_2B = \sqrt{(r_2 + W/2)^2 + (l + L_f)^2} \end{array}\right. \quad （3.99）$$

从而推导出：

$$\left.\begin{array}{l} B_y = y_2 - \sqrt{(r_2 + W/2)^2 + (l + L_f)^2} \cos\{\theta_3 - \arctan[(l + L_f)/(r_2 + W/2)]\} \geqslant -n \\ C_x = x_2 + \sqrt{(r_2 - W/2)^2 + (l + L_f)^2} \sin\{\theta_3 - \arctan[(l + L_f)/(r_2 - W/2)]\} \geqslant 0 \end{array}\right\}$$

$$（3.100）$$

（4）如图 3.13 中（e）和（f）所示，为完成无碰撞泊车，后轴中心点 H 的横坐标 A_x 及纵坐标 H_y 需满足下列条件：

$$\left.\begin{array}{l} A_x = x_3 \\ A_x + l + L_f \leqslant l_c \\ H_y = y_2 - (r_2 + r_3)\cos\theta_3 + r_3 \\ H_y \leqslant W/2 \end{array}\right\} \quad （3.101）$$

（5）车辆转弯半径最小约束应满足下列条件：

$$\left.\begin{aligned} r_1 &\geqslant R_{\min} \\ r_2 &\geqslant R_{\min} \\ r_3 &\geqslant R_{\min} \end{aligned}\right\} \tag{3.102}$$

通过以上分析，为保证泊车顺利完成，需计算各个阶段车辆运动半径及圆心角，可求解下列非线性约束方程来获得：

$$\left.\begin{aligned} &\sqrt{(r+w/2)^2 + L_b^2} \leqslant h_0 - y_1 \\ &\sqrt{(r-w/2)^2 + (l+L_f)^2} \geqslant \sqrt{(l_c - s_0)^2 + (r_1 - h_0)^2} \\ &\sqrt{(r+w/2)^2 + L_b^2} \leqslant \sqrt{(l_c - x_2)^2 + y_2^2} \\ &x_2 + \sqrt{(r-w/2)^2 + (l+L_f)^2}\,\sin\{\theta_3 - \arctan[(l+L_f)/(r_2 - w/2)]\} \geqslant 0 \\ &y_2 + \sqrt{(r+w/2)^2 + (l+L_f)^2}\,\cos\{\theta_3 - \arctan[(l+L_f)/(r_2 + w/2)]\} \geqslant -n \\ &x_3 + l + L_f \leqslant l_c \\ &y_2 - (r_2 + r_3)\cos\theta_3 + r_3 \leqslant w/2 \\ &r_1 \text{、} r_2 \text{、} r_3 \text{、} r_4 \geqslant R_{\min} \end{aligned}\right\} \tag{3.103}$$

3.4 实验结果与分析

为检验基于摄像机标定的智能泊车系统的可靠性、稳定性等，从两个角度进行了相关系统测试：一方面是针对泊车轨迹算法进行了采集帧率测试；另一方面是从系统整体运行进行了轨迹精度测试。同时与传统泊车算法进行了实验比较，实验数据表明，基于摄像机标定的多阶段弧线智能泊车算法能够满足实际应用的要求，且优于传统泊车算法。

3.4.1 采集帧率测试

1. 图像识别采集模块的采集帧率测试

该模块采集帧率的测试从两个方面考虑测试参数，一是光线选择，二是时间单位选择。

（1）光线选择：在同一天内分别选取光线较好的中午时段和光线较差的黄昏时段进行测试。

（2）时间单位选择：为尽可能避免误差产生，分别以10s,30s,60s,120s,600s 为时间单位进行测试。

测试结果如表 3.3 所列。

表 3.3　采集帧率测试结果

条件		时间					平均帧率
		10s	30s	60s	120s	600s	
光线较好	帧数（帧）	273	816	1668	3324	16440	27.48 帧/s
	帧率（帧/s）	27.3	27.2	27.8	27.7	27.4	
光线较差	帧数（帧）	255	768	1548	3060	15240	25.56 帧/s
	帧率（帧/s）	25.5	25.6	25.8	25.5	25.4	

表 3.3 的结果显示，以不同的时间单位进行数据采集并求取平均值后，光线较好与光线较差的平均帧率会有大约 2 帧的差距，这说明光线对图像识别的采集度帧率存在一定影响，好的光线会更有利于系统的运行。

2. 系统实际播放帧率测试

本书在设计完成各模块后，最后将它们集成在一起协同实现任务，利用 Qt/Embedded 技术设计图像识别播放器来最终实现视频图像及泊车预测轨迹的输出。经多次实验测得的系统实际播放帧率如表 3.4 所列。

表 3.4　实际播放帧率

条件		时间					平均帧率
		30s	1min	2min	10min	30min	
光线弱	帧数（帧）	646	1313	2579	13019	38879	21.7 帧/s
	帧率（帧/s）	21.4	21.8	21.6	21.8	21.7	
光线强	帧数（帧）	713	1421	2809	14339	42841	23.6 帧/s
	帧率（帧/s）	23.6	23.7	23.5	23.8	23.9	

从实际播放效果看，系统运行正常，图像清晰流畅。从测试的结果看，系统

在开发板上实际运行时的平均帧率为 22.7 帧/s，完全满足实际应用的需要。

3.4.2　泊车轨迹精度测试

1. 误差值

图 3.14 给出了误差值示意图。在泊车轨迹精度测试过程中，要在车辆后部搭建坐标系。距离测试车辆尾部 100dm 处画一条与 x 轴平行的直线，这条直线与测试车辆实际泊车轨迹、智能泊车系统模拟轨迹相交于两点，这两点间的距离就是测试车辆在某个转角误差值。

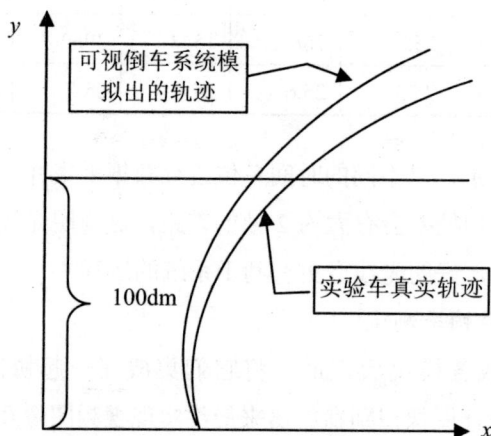

图 3.14　误差值示意图

2. 测试环境

（1）采用的开发板是三星公司的 S3C2440 处理器。

（2）操作系统是在 Linux 基础上进行调整的嵌入式操作系统，内核是 2.6.29 版本。

（3）进行信息采集的摄像头是型号标识为 WS-309A 的模拟摄像头。

（4）测试车辆轴距值 26.5dm，后轮距值为 15.6dm。实际测试场景如图 3.15 所示。

图 3.15　泊车实验环境

3.　泊车轨迹精度测试

在进行汽车轨迹精度测试时，通过不断改变前轮的转角度数记录误差值。角度分别选择右转 2°,4°,6°,8°,10°,12°,14° 及左转 2°,4°,6°,8°,10°,12°,14°。表 3.5 至表 3.18 中，y 值表示与车尾的距离（单位：dm）。

表 3.5　右转 2°测试结果

转角度数 / y	90	100	110	120	130	140	150	160	170	180	190	200	210	220	平均误差
左轮	1.5	1.4	1.0	1.0	1.1	1.0	0.8	0.7	0.8	1.0	0.7	1.5	0.5	1.4	0.96
右轮	0.7	0.6	0.8	0.6	0.5	0.7	0.6	0.6	0.8	0.6	0.7	0.6	0.8	0.7	0.66

表 3.6　右转 4°测试结果

转角度数 / y	90	100	110	120	130	140	150	160	170	180	190	200	210	220	平均误差
左轮	1.1	1.2	1.0	1.1	1.7	1.0	0.7	1.0	1.2	1.0	0.8	0.6	1.1	0.8	1.02
右轮	0.9	0.3	0.8	0.5	0.5	0.7	0.3	0.5	0.2	0.3	0.7	0.4	0.9	0.9	0.57

表 3.7　右转 6°测试结果

转角度数 / y	90	100	110	120	130	140	150	160	170	180	190	200	210	220	平均误差
左轮	1.5	1.6	1.8	1.4	0.6	0.8	1.6	1.1	0.6	0.2	0.5	0.5	0.7	0.9	0.99
右轮	0.8	1.0	0.9	1.1	0.1	0.2	0.4	0.9	1.1	1.6	1.9	2.0	1.8	2.2	1.14

表 3.8　右转 8°测试结果

转角 度数 y	90	100	110	120	130	140	150	160	170	180	190	200	210	220	平均 误差
左轮	1.3	1.1	1.3	1.3	1.5	1.3	1.1	1.0	0.6	1.0	1.2	0.8	0.7	1.0	1.09
右轮	1.0	1.0	1.8	1.8	0.9	1.1	0.9	0.9	0.7	0.9	0.9	0.7	—	—	1.05

表 3.9　右转 10°测试结果

转角 度数 y	90	100	110	120	130	140	150	160	170	180	190	200	210	220	平均 误差
左轮	0.5	0.8	0.9	0.9	0.6	0.6	0.7	1.3	1.4	1.5	1.3	1.4	1.6	1.6	1.08
右轮	0.4	0.8	1.0	0.8	0.5	0.5	1.0	1.0	1.5	1.0	1.5	1.3	—	—	0.94

表 3.10　右转 12°测试结果

转角 度数 y	90	100	110	120	130	140	150	160	170	180	190	200	210	220	平均 误差
左轮	1.2	1.2	1.1	1.5	1.0	1.0	0.9	1.9	2.0	3.0	3.1	3.4	3.8	3.7	2.06
右轮	1.5	2.0	3.0	2.7	3.2	3.4	3.0	3.3	3.2	3.5	3.6	—	—	—	2.95

表 3.11　右转 14°测试结果

转角 度数 y	90	100	110	120	130	140	150	160	170	180	190	200	210	220	平均 误差
左轮	3.0	2.8	2.8	2.9	3.1	3.0	3.2	3.5	3.9	4.2	4.4	4.3	—	—	3.43
右轮	2.8	3.2	3.0	3.3	3.6	3.4	—	—	—	—	—	—	—	—	3.22

表 3.12　左转 2°测试结果

转角 度数 y	90	100	110	120	130	140	150	160	170	180	190	200	210	220	平均 误差
左轮	0.7	0.5	0.7	0.1	0.3	0.6	0.3	0.8	0.2	0.3	0.8	1.0	1.0	1.3	0.61
右轮	0.1	0.3	0.5	0.5	0.6	0.7	0.6	0.6	0.6	1.0	2.0	2.5	3.1	3.6	1.19

表 3.13　左转 4°测试结果

转角 度数 y	90	100	110	120	130	140	150	160	170	180	190	200	210	220	平均 误差
左轮	0.3	0.7	0.6	1.0	0.5	1.4	1.5	1.5	2.0	2.1	2.7	2.6	3.0	2.9	1.63
右轮	0.4	0.4	0.7	0.8	0.8	1.2	1.5	1.0	1.0	1.5	1.5	1.5	1.4	2.0	1.12

表 3.14 左转 6°测试结果

转角 度数 y	90	100	110	120	130	140	150	160	170	180	190	200	210	220	平均 误差
左轮	0.7	0.6	0.7	0.5	0.1	0.2	0.2	0.3	0.4	0.5	1.0	0.9	0.4	0.3	0.49
右轮	0.8	0.7	0.9	1.5	1.0	2.0	1.5	1.0	1.4	1.9	1.0	2.0	2.1	2.3	1.44

表 3.15 左转 8°测试结果

转角 度数 y	90	100	110	120	130	140	150	160	170	180	190	200	210	220	平均 误差
左轮	0.3	0.2	0.3	0.3	0.5	0.7	0.8	1.0	1.2	2.0	2.2	2.9	—	—	1.03
右轮	1.0	0.5	1.0	1.1	0.6	0.9	1.1	1.1	1.3	1.0	1.2	1.3	1.8	2.0	1.14

表 3.16 左转 10°测试结果

转角 度数 y	90	100	110	120	130	140	150	160	170	180	190	200	210	220	平均 误差
左轮	0.4	0.4	0.5	1.1	2.5	3.3	3.5	3.4	3.6	3.8	4.1	4.0	—	—	2.55
右轮	0.5	0.6	0.5	0.9	0.8	1.2	1.0	1.8	0.9	1.2	0.1	0.3	1.2	3.0	1.00

表 3.17 左转 12°测试结果

转角 度数 y	90	100	110	120	130	140	150	160	170	180	190	200	210	220	平均 误差
左轮	1.0	1.5	1.1	2.1	2.0	3.0	2.5	3.3	3.0	3.3	3.5	—	—	—	2.39
右轮	1.3	1.0	1.1	1.0	1.2	1.3	1.6	2.0	2.4	2.5	2.8	2.2	2.2	2.4	1.79

表 3.18 左转 14°测试结果

转角 度数 y	90	100	110	120	130	140	150	160	170	180	190	200	210	220	平均 误差
左轮	2.2	3.0	4.1	3.9	4.3	4.2	—	—	—	—	—	—	—	—	3.62
右轮	1.0	1.4	1.7	1.8	2.0	1.1	0.2	0.6	0.8	1.2	3.2	3.4			1.53

　　泊车轨迹精度测试中，除了针对前轮的不同转角度数进行了测试，还针对左右后轮不同方向的扭转情况进行了测试，如表 3.19 至表 3.22 所列。

表 3.19　左右前轮右转平均误差测试结果

前轮转角度数 y	2°	4°	6°	8°	10°	12°	14°
左轮误差	0.96	1.02	0.99	1.09	1.08	2.06	3.43
右轮误差	0.66	0.57	1.14	1.05	0.94	2.95	3.22

表 3.20　左右后轮左转平均误差测试结果

前轮转角度数 y	-2°	-4°	-6°	-8°	-10°	-12°	-14°
左轮误差	0.61	1.63	0.49	1.03	2.55	2.39	3.62
右轮误差	1.19	1.12	1.44	1.14	1.00	1.79	1.53

表 3.21　车辆右转平均误差变化测试对比结果

转角度数 y	2°	4°	6°	8°	10°	12°	14°	平均误差
90	1.1	1.0	1.15	1.15	0.45	1.35	2.9	1.30
100	1.0	0.75	1.3	1.05	0.8	1.6	3.0	1.36
0	0.9	0.9	1.35	1.75	0.95	2.05	3.0	1.56
120	0.8	0.8	1.25	1.75	0.85	2.1	3.1	1.52
130	0.8	1.1	0.35	1.2	0.55	2.1	3.35	1.35
140	0.85	0.85	0.5	1.2	0.55	2.2	3.2	1.34
150	0.7	0.5	1.0	1.0	0.85	1.95	—	1.00
160	0.65	0.75	1.0	0.95	1.15	2.6	—	1.18
170	0.8	0.7	0.85	0.65	1.45	2.6	—	1.18
180	0.8	0.65	0.9	0.95	1.25	3.25	—	1.30
190	0.7	0.75	1.2	1.05	1.4	3.35	—	1.41
200	1.05	0.5	1.25	0.75	1.35	—	—	0.98
210	0.65	1.05	1.25	—	—	—	—	0.98
220	1.05	0.85	1.55	—	—	—	—	1.15

表 3.22　车辆左转平均误差变化测试结果

转角度数 y	-2°	-4°	-6°	-8°	-10°	-12°	-14°	平均误差
90	0.4	0.35	0.75	0.65	0.45	1.15	1.6	0.76
100	0.4	0.55	0.65	0.35	0.5	1.25	2.2	0.84
110	0.6	0.65	0.8	0.65	0.5	1.1	2.9	1.03

续表

转角度数 y	-2°	-4°	-6°	-8°	-10°	-12°	-14°	平均误差
120	0.3	0.9	1.0	0.7	1.0	1.55	2.85	1.19
130	0.45	0.65	0.55	0.55	1.65	1.6	3.15	1.23
140	0.65	1.3	1.1	0.8	2.25	2.15	2.65	1.56
150	0.45	1.5	0.85	0.95	2.25	2.55	—	1.43
160	0.7	1.25	0.65	1.05	2.6	2.65	—	1.48
170	0.4	1.5	0.9	1.25	2.25	2.7	—	1.50
180	0.65	1.8	1.2	1.5	2.5	2.9	—	1.76
190	1.4	2.1	1.0	1.7	2.1	3.15	—	1.91
200	1.75	2.05	1.45	2.1	2.15	—	—	1.90
210	2.05	2.2	1.25	—	—	—	—	1.83
220	2.45	2.45	1.3	—	—	—	—	2.07

为进一步分析左右后轮偏转时造成平均误差的改变程度，图 3.16 给出了二者之间的变化趋势图。

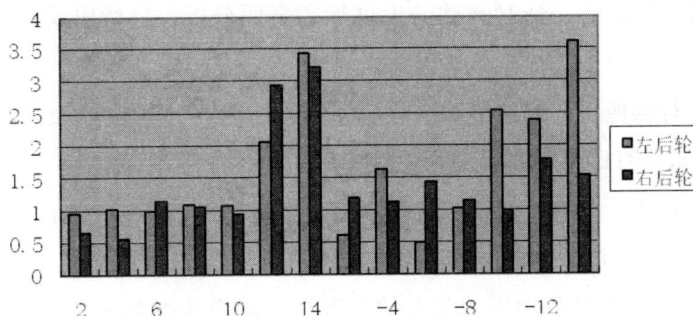

图 3.16　左右后轮平均误差与转角变化趋势图

观察图 3.16，可以看到，前轮转角值越大，左右后轮的平均误差也越大。为了说明这种变化趋势，在表 3.21、表 3.22 中给出本书算法测试数据。

最后，本书还对智能泊车系统的三个警戒区内垂直、水平两个方向的精度进行了测试。这三个警戒区是系统本身设定的，每个区域内的纵向距离均为40cm。由于车辆所安装的摄像头自身存在 70cm 的盲区，故三个警戒区与车尾分别相距

70cm、110cm、150cm。测试时的前轮转角度数与之前的精度测试选取值相同，后轮测选取值为 43.6cm，具体测试结果如表 3.23 和表 3.24。

表 3.23   垂直测试结果

长度/cm	角度/°									
	-2	2	-4	4	-6	6	-8	8	-10	10
70	0.1	0.1	0.1	0.2	0.1	0.2	0.1	0.2	0.1	0.1
110	0.1	0.2	0.2	0.1	0.2	0.1	0.1	0.2	0.1	0.2
150	0.2	0.2	0.1	0.2	0.2	0.2	0.2	0.3	0.2	0.1

表 3.24   水平测试结果

长度/cm	角度/°									
	-2	2	-4	4	-6	6	-8	8	-10	10
43.6	0.1	0.2	0.1	0.0	0.1	0.2	0.1	0.2	0.0	0.1
43.6	0.1	0.2	0.2	0.1	0.1	0.2	0.1	0.1	0.1	0.2
43.6	0.3	0.2	0.4	0.2	0.3	0.2	0.2	0.3	0.2	0.4

进行多方测试后，针对测试结果进行了全面分析，分析出误差产生的原因如下：

（1）进行摄像机标定结果输出时所使用的标定纸出现皱痕，皱痕产生的原因是打印机墨水被打印纸吸收，使得系统不可避免地产生了误差。

（2）理论上，车辆在泊车的过程中不会产生侧滑，但实际测试过程中，选取的测试车辆发生了轻微侧滑，也使得系统不可避免地产生了误差。

（3）人在测量过程中不慎带入的主观误差同样使得系统不可避免地产生了误差。

3.5   本章小结

本章分析了智能泊车系统的功能需求与部分智能泊车系统存在的不足，在对摄像机标定原理进行深入研究的基础上，对张正友摄像机标定模型进行了改进，提出了基于改进畸变模型摄像机标定算法来提高标定精度；同时又详细研究了传统泊车算法，在此基础上提出了多阶段弧线进退泊车算法；最后将二者结合起来，提出了基于摄像机标定的多阶段弧线智能泊车轨迹算法。该算法将摄像机标定技术与多阶段弧线泊车轨迹算法相结合，利用小孔成像原理将计算机视觉理论中的摄像机标定技术应用到智能泊车系统中，解决了智能泊车转向角度取值问题和智能泊车轨迹的计算问题，从而提高了泊车轨迹生成的精度。为检验该系统的可靠性、稳定性等，从采集帧率和轨迹精度两个角度进行了系统测试，测试结果显示虽然存在一定误差，但运行稳定，能满足实际应用需要，与传统泊车算法相比具有一定的优势。

第4章 基于嵌入式技术的避障泊车系统的设计研究

随着现代交通的发展及科学技术的提高，人们的生活水平也在发生重大的变化，同时私家车的数量也在逐渐增加。汽车不断地从传统的运输、代步工具发展成为集计算机、现代传感、信息融合、通信、人工智能及自动控制等技术于一体的高技术移动综合体。但随之而来的却是道路的拥挤、交通事故的频繁发生、泊车难度的增加。城市特别是经济繁华，土地利用率高的一线城市的泊车空间也越来越拥挤，泊车成本逐渐上升。此外，由于泊车空间减小，无形中增加了泊车难度和泊车时间，进一步间接地影响了城市交通流的通畅。

随着我国经济和科技水平的快速发展，汽车已经进入越来越多的普通家庭中。近几年我国汽车保有量逐年增加，截至 2017 年底，全国机动车驾驶人数量达 3.85 亿人，汽车驾驶人超 3.42 亿人。从驾驶人性别看，男性驾驶人 2.60 亿人，占 71.21%；女性驾驶人 1.11 亿人，占 28.79%，比 2016 年提高了 1.56 个百分点。从驾驶人驾龄看，驾龄不满一年（新领证）的驾驶人 3054 万人，占驾驶人总数的 7.94%。我国的驾驶门槛越来越低，驾驶也越来越大众化、非职业化。

可以看出，我国的泊车环境发生了很大的变化，车位更加拥挤，泊车过程中的不确定因素变得更多，驾驶员的驾驶职业化程度进一步降低。利用传统的泊车模式，驾驶员即使依赖后视镜也很难准确地了解车轮后方的环境状况，不安全因素随之产生。驾驶员经常会遇到车辆泊车不成功的尴尬情况，有时还会不慎碰撞到障碍物，轻则造成汽车"毁容"，重则造成安全事故。数据显示，我国车辆保险公司接到的索赔申请中，三分之一是由泊车发生失误造成的。本书采用嵌入式技术，根据第 3 章所述算法研究设计智能避障泊车系统。

4.1 实时可视避障泊车系统的构建

可视避障泊车系统是汽车辅助系统的一个组成部分，设计这个系统的主要目的就是在泊车的时候为驾车者提供车后盲区显示、实时智能轨迹预测、警戒线警戒区提示等辅助。

可视避障泊车系统属于汽车电子装置，在车挂倒挡时开始工作，由探头、摄像头、主机和显示器四部分构成。探头可以根据需要安装不同的数量，目前比较常见的是 4 探头（安装于后保险杠上）和 6 探头（2 前 4 后）的。除一般的放置位置外，显示器也可以替代原来的后视镜并兼顾这两种功能，它可以显示多种信息，例如障碍物与车的距离、角度和车内外温度等（视档次而定）。以 4 探头液晶显示屏的豪迪泊车为例，它最远可以探测到 1.96m 外的障碍物，并可以显示出是由哪个探头探测到的，如果两个探头同时探测到障碍物，则会以离车最近的障碍物为准，有些显示器上还带有"汽车电子免提功能"，其内有扬声器和麦克风，可以进行录音和放音。泊车的提示方法也可以分为数码显示、声音提示和语音提示等，以博视泊车为例，紧危急程度通过背光三色变换来警告，并通过声音急促程度的不同告诉驾驶员及时停车，有些公司还特别为喜欢安静的驾驶员设置了静音开关。

实时可视避障泊车系统一共分为五个大的功能模块，总功能模块图如图 4.1 所示。

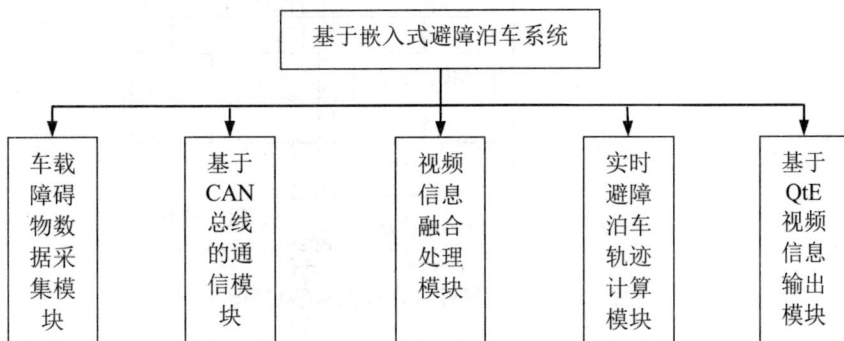

图 4.1　实时可视避障泊车系统的功能模块

汽车电子可视泊车系统通过汽车电子摄像头图像识别采集模块采集车辆后的图像信息，通过基于 CAN 总线的通信模块把角度传感器的值实时地传输给汽车电子可视泊车系统，以便图像融合和处理模块生成实时泊车轨迹预测线。通过图像融合和处理模块对采集到的图像进行实时处理，主要是对图像进行镜像变换和畸变校正，并将通过实时泊车轨迹算法计算并预测后的泊车轨迹线与此时采集的图像融合为一体，然后通过播放器子系统实时播放出来。通过基于 Qt/Embedded 的图像识别播放器模块，把实时泊车轨迹预测线及静态的泊车警戒线和泊车警戒区显示在汽车电子显示屏上。

实时可视避障泊车系统框架图如图 4.2 所示。首先通过摄像头获取模拟的图像识别信号，然后通过解码芯片进行解码后送到数字信号处理器；数字信号处理器利用超声波传感器测量出车尾与障碍物之间的距离，并利用语音电路对测量的距离进行播报；处理器通过转向信号提取电路来获得泊车的转向信息；处理器综合转向信息和图像信息进行图像的数字处理后，送到图像识别编码器进行编码，最后编码器将图像信息输出到电子显示器显示。

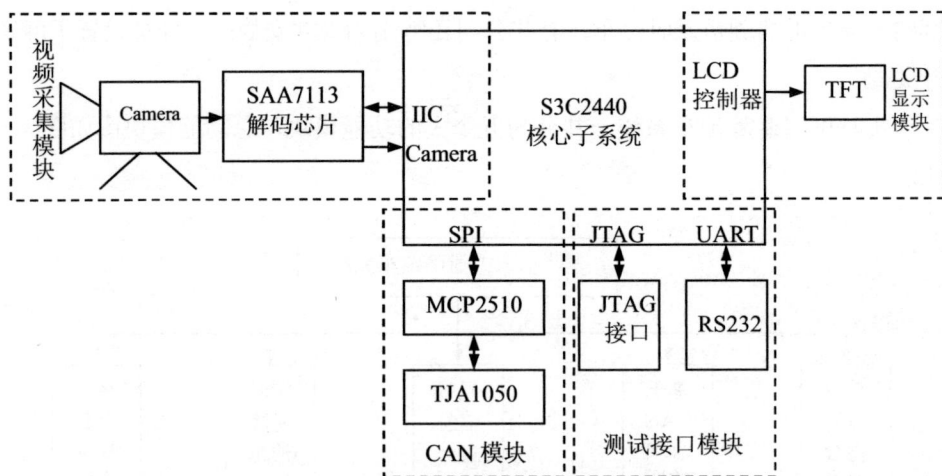

图 4.2　实时可视避障泊车系统的框架图

可视泊车系统主要包括图像识别采集设备、可视泊车控制器、方向盘角度采集设备和图像识别显示设备。其中汽车电子可视泊车系统控制器就是整个系统的核心部件，它主要负责图像识别的采集、角度传感器角度值的提取、图像的融合和处理，以及将系统的最终图像显示在图像识别显示设备上等。可视泊车控制器在整个系统中的作用举足轻重。汽车电子可视泊车系统控制器首先要通过采集图像子系统采集汽车电子摄像头拍摄的图像，然后通过图像处理子系统对采集到的图像进行实时处理，对图像进行镜像变换和畸变校正，通过基于 CAN 总线的通信子系统获得角度传感器的实时信息，还要将通过实时泊车轨迹算法计算并预测后的泊车轨迹线与此时采集的图像融合为一体，然后通过图像识别播放子系统进行实时播放，将图像显示在图像识别显示设备上，达到辅助驾驶者泊车的目的。其中实时预测的泊车轨迹线是通过将 CAN 总线上的角度传感器的实时信息作为输入，用实时泊车轨迹算法计算出来的。这些核心过程都是在汽车电子可视泊车系统控制器中完成的。

该系统中，信息处理系统是一个嵌入式系统的最小系统，主要由嵌入式处理器、电源子系统、SDRAM 子系统、Flash 子系统、复位系统以及串口和 JTAG 调试接口等部分组成。

图像识别采集模块，包括图像识别解码芯片和图像识别采集摄像头两部分，摄像头负责图像识别信息的采集，图像识别解码芯片把摄像头采集到的图像识别信号编码后送给信息处理系统处理。

角度信号获取模块，通过构建一个 CAN 总线通信模块，与汽车上的汽车电子自动诊断系统（on-board diagnostics，OBD）系统中的 CAN 总线通信，从而获取汽车转向角信息。

图像识别显示模块，包括图像识别编码芯片和 LCD 显示屏两部分，图像识别采集模块采集到的图像识别信息，经过信息处理系统处理后，再通过图像识别编码芯片编码，输出到 LCD 显示屏上。

这三个模块是可视泊车系统的重要组成部分，它们在信息处理系统的控制下协同工作，共同完成图像识别信息、角度信号的获取以及显示输出。

4.2 可视泊车系统硬件开发平台选择

1. 开发平台的选用

广州友善之臂公司的 Mini2440 开发板（图 4.3）采用 S3C2440 处理器，支持 Camera 接口，而且该开发板经济实惠、软件资源丰富、性价比高，与该平台硬件环境完全兼容。故该平台的开发测试均基于 Mini2440 开发板进行。

图 4.3　Mini2440 开发板

　　该开发板具备的处理器之外的硬件资源有：板载 128MB 的 SDRAM，板载 128MB 的 Nand Flash，板载 2MB 已经安装 BIOS 的 Nor Flash，标准配置为 NEC 256K 色分辨率为 240×320 的 3.5 英寸 TFT 真彩液晶屏，带触摸屏；接口方面，带 1 个 2.0 mm 间距 20pin 摄像头接口，1 个 34pin 2.0mm GPIO 接口（用于扩展 CAN 通信模块）；调试测试接口方面，带 1 个 2.0mm 间距 10 针 JTAG 接口，1 个 USB Host 接口，1 个 USB Slave B 型接口，一个 100M 以太网 RJ-45 接口，其他与该平台无关的资源忽略，不再赘述（友善之臂的开发板支持 Nor Flash 和 Nand Flash，实际开发中如果不用 Nor Flash，在 BootLoader 移植时，可能要考虑移除 Nor Flash 支持，因为有些 BootLoader 默认支持 Nor Flash 引导）。开发嵌入式应用系统的一般过程往往首先是根据系统功能需求选择硬件，然后根据硬件进行硬件系统结构设计，进而再设计和实现系统相关软件。由此可见硬件的选择对于系统开发成功与否起着至关重要的作用。所以在进行硬件体系结构设计之前，要根据可视泊车系统的功能需求选择硬件。从前面章节的功能需求分析以及系统架构中可以看出，可视泊车系统需要以下硬件：可视泊车系统控制器（即嵌入式设备）、图像识别采集设备、车辆方向盘角度采集设备、图像识别显示设备等。

　　2. 嵌入式微处理器的选择

　　在可视泊车系统的开发过程中，可视泊车系统控制器的地位举足轻重。因为可视泊车系统控制器需要完成诸如图像识别采集、图像融合、方向盘角度采集、泊车轨迹线的实时计算、图像显示等功能，所以应该为可视泊车系统控制器选择一款性能强劲、可靠性高、扩展能力强、资源丰富且成本相对合理的核心。本书选择了三星公司生产的 S3C2440 处理器，这款处理器采用 16/32 位 RISC 结构的 ARM920T 处理器内核。ARM920T 的主要特点如下：采用 32 位的地址寻址，标准主频 400MHz，最高可达 533MHz，在主频上已经能够满足可视泊车系统的需求。数据 Cache 和指令 Cache 分开，并且数据 Cache 达到了 16kB。实现了内存管理单元（memory management unit，MMU），可实现虚存管理，而且支持 Windows CE、EPOC32 和 Linux 系统，而本书的系统软件就是建立在 Linux 系统之上的。支持硬件和软件 Debug，支持 ICE（在线仿真断点调试）工作模式。采用了新的总线结构 AMBA（advanced micro controller bus architecture），采用 5 级流水线技术，提高了指令执行效率。1.2V 内核供电，1.8V/2.5V/3.3V 存储器供电，3.3V 外部 I/O 供电，满足了可视泊车系统的环保要求。提供了一整套的外设，包括控制 SDRAM 和选片逻辑的外部存储控制器，可以满足系统扩展 RAM 和 FLASH 的需求。最大支持 4K 色的 STN 和 256K 色的 TFT，并且提供专用 DMA 通道的 LCD 控制器，可以满足可视泊车系统对于显示屏的要求。提供 CMOS 摄像头接口，可以满足图像识别采集设备与处理器相连的需求。支持 USB 主机和 USB 设备，可以方便可视泊车系统的调试等需求。而且 S3C2440 市场价格在 50 元左右，性价比很高，这也是本书选择它做可视泊车系统控制器核心的原因。另外这款处理器的技术资料比较丰富，对本书开发可视泊车系统也是非常有帮助的。

3. 图像识别采集设备的选择

图 4.4　汽车电子摄像头

汽车电子摄像头（图 4.4）主要负责车后图像的获取，因为需要覆盖车后大部分区域，所以需选用广角镜头，且畸变要相对小。而且因为传输距离的要求，不能使用 USB 摄像头，因为 USB 2.0 规范中规定 USB 设备的最大传输距离是 5m，真实情况下可能更短，鉴于此以及摄像头还需要符合针孔摄像机模型，需要选用模拟摄像头，本书中选用的是 JMK 的型号为 WS-309A 的摄像头。根据可视泊车系统的功能需求，本书选择了这款模拟摄像头来获取车后图像，这款模拟摄像头的输出格式为 PAL 格式，所以需要选用一款图像识别解码芯片来把模拟图像识别信号解码成标准的 VPO 数字信号，以建立微处理器 S3C2440 与汽车电子摄像头的连接。本书选用的是 Philips 公司生产的一款图像识别 A/D 芯片 SAA7113[25]。SAA7113 是一款应用非常广泛、技术非常成熟的高集成度图像识别解码芯片，兼容全球所有图像识别标准（PAL、NTSC、SECAM 等）且研发简单，完全符合 I2C 总线标准，研发工作主要是一些内部寄存器进行初始化的工作。SAA7113 可以通过配置其内部的寄存器来选择 4 路模拟图像识别输入，输出则为标准的 ITU 656、YUV 4:2:2 格式，它还可以通过配置内部相应寄存器实现对色度、亮度等的控制。SAA7113 芯片的数字部分和模拟部分都采用 3.3V 供电，正常功耗 0.4W。基于上述特点，本书选用 SAA7113 这款图像识别 A/D 芯片将型号为 WS-309A 的摄像头的模拟图像识别信号转换成标准 VPO 数字信号，提供给微处理器 S3C2440，作为可视泊车系统后续部分的输入。

4. 获取方向盘转角设备的选择

图 4.5　MCP 2510

因为本书所设计的可视泊车系统将来要部署在车辆上，所以设计与开发这个系统就必须考虑到一般车辆自身已经具有的特性。现在车辆上的信息通信大部分都是基于 CAN 总线的。本书所设计系统对于方向盘转角的获取也不例外，可视泊车系统控制器也是通过 CAN 收发器和 CAN 控制器获取角度传感器的实时信息。对于基于 CAN 总线的通信模块，需要两种硬件设备，一个是 CAN 总线控制器，另一个是 CAN 收发器。本书选用的是 Microchip 公司研发的一款 CAN 控制器 MCP2510。这款独立 CAN 控制器采用 SPI（serial peripheral interface）接口，即一种与外围设备进行同步串行通信接口。MCP 2510 主要由三部分组成，第一部分是主管总线上报文的正确发送和接收的 CAN 协议引擎模块；第二部分是能够让其正确运行所需要配置的控制寄存器；第三部分是主管 SPI 的协议模块。 另外 MCP2510 支持的 CAN 协议版本很多，包括 CAN1.2、CAN2.0A、CAN2.0B，除了能够发送标准协议报文、扩展了的报文，还能够发送远程帧、错误帧、过滤帧。在 MCP2510 中，接收缓冲单元有两个，发送缓冲单元有三个，屏蔽验收单元有两个，验收过滤单元有六个。基于上述特点，MCP2510 在诸多领域都有着广泛的应用，尤其是汽车电子领域，所以本书选择了 MCP2510。对于 CAN 收发器（即 CAN 控制器与物理总线的接口），本书选择的是 TJA1050。因为 TJA1050 完全兼容 ISO 11898 标准，将近 1Mb/s 的速度，在汽车应用中提供对总线的瞬态保护和热保护，支持最多 110 个节点的连接数，有电源短路保护功能，非常低的电磁辐射，兼容 3.3V 和 5V 的器件，提供了差动发送和接收功能，接收器抗电磁干扰的能力非常强。

5. 图像识别显示设备的选择

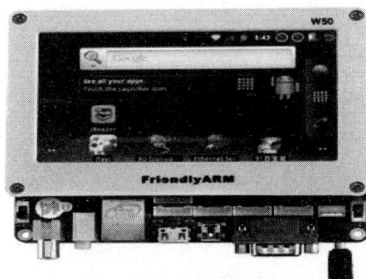

图 4.6　液晶显示屏

出于对可视泊车系统需求和成本要素的综合考虑，不能选用太大的液晶屏，所以对于可视泊车系统图像识别显示设备，本书选择了 3.5 英寸 NEC TFT 真彩触摸液晶显示屏，它具有 256K 色，分辨率为 240×320。这款液晶屏带触摸功能，可以进行一些触摸操作。

4.3 可视泊车系统硬件架构设计

可视泊车系统开发的主要硬件设备选择完成后，接下来的工作就是根据硬件进行硬件系统结构设计。系统的硬件架构设计如图 4.7 所示。

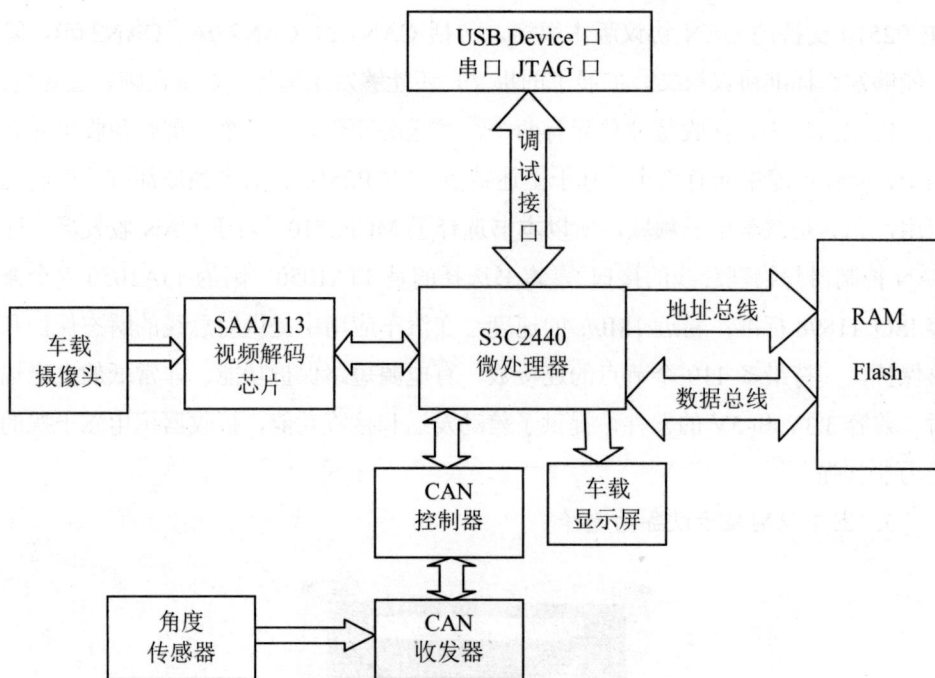

图 4.7 系统硬件架构图

因为可视泊车系统是架构在嵌入式 Linux 系统上的，需要一定大小的内存供嵌入式 Linux 系统软件和可视泊车系统运行，所以在 S3C2440 上扩展了 64M SDRAM。为了装上 SuperVivi 以便能够方便地更新系统，需要给 S3C2440 扩展 2M 掉电不丢失数据的 Nor Flash。为了存储嵌入式 Linux 系统，还需要扩展 128M 掉电不丢失数据的 Nand Flash。其中为了烧写 SuperVivi 和将来的系统调试需要用到 JTAG，所以要扩展 JTAG 接口。需要在 S3C2440 上扩展串口，以便能够在 PC 端进行程序的调试等。需要扩展 USB Device 口，进行一些软件的调试工作。需要扩展 USB Slave 口来对本书所应用的嵌入式 Linux 系统内核进行下载和根文件系统。因为本书选择的摄像头是 JMK 的型号为 WS-309A 的摄像头，输出为图像识别模拟信号，系统扩展了以 SAA7113 这款图像识别 A/D 芯片为核心的图像识别采集芯片，把摄像头的模拟图像识别信号转换成标准 VPO 数字信号，提供给微处理器 S3C2440。在 S3C2440 上扩展了 CAN 控制器 MCP2510 和 CAN 收发器 TJA1050 来获取车辆上角度传感器的实时信息。S3C2440 还需要增加一个四线电阻式触摸屏接口来支持本书所选用的具有 256K 色且分辨率为 240×320 的 3.5 英寸 NEC TFT 真彩触摸液晶显示屏。为了降低可视泊车系统的开发成本，提高可视泊车系统的开发速度，本书选择扩展 64M SDRAM、2M 掉电不丢失数据的 NOR Flash、128M 掉电不丢失数据的 NAND Flash、四线电阻式触摸屏接口、USB Device 口、USB Slave 口、串口、JTAG 口等基础外围接口和基础外设广州友善之臂公司的 Mini2440 开发板作为可视泊车系统开发的基础开发板。然后根据可视泊车系统的需求，再在这个基础开发板的基础上设计开发基于 SAA7113 的图像识别采集芯片及 CAN 控制器和 CAN 收发器组成的可视泊车系统通信芯片，最后将它们组合在一起，形成一套完整的可视泊车系统的硬件系统。

4.4 实时可视避障泊车系统硬件设计

该平台的硬件设计部分，完成了信息系统模块的电源子系统、复位系统、SDRAM 子系统、Flash 子系统以及串口和 JTAG 调试接口等几部分的原理图绘制；图像识别采集模块、角度信号获取模块和图像识别显示模块的原理图绘制。

4.4.1 电源子系统模块设计

该平台需要满足的电压种类有 5V、3.3V、1.8V 和 1.25V。5V 用于串口、LCD 等接口，3.3V 用于模拟核心和 I/O，1.8V 用于内存接口和实时时钟，1.25V 用于 ARM 内部核心逻辑。

综合考虑成本和系统功能需求，采用 LM1117（National Semiconductor）芯片，通过 5V 降压产生 3.3V、2.5V 和 1.8V 电压，采用 MAX8860（Maxim）芯片通过

3.3V 降压产生 1.25V 电压。原理图如图 4.8 所示。

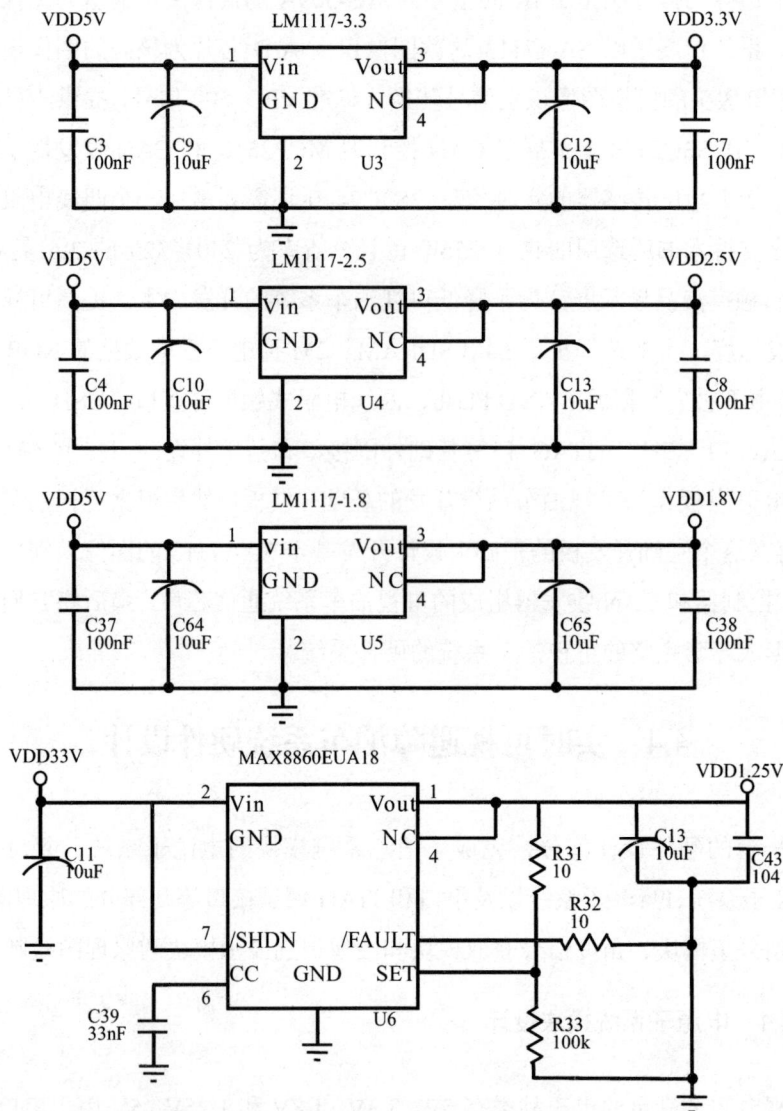

图 4.8　电源子系统原理图

4.4.2　复位系统模块设计

复位系统模块采用 MAX811 芯片实现对电源电压的监控和手动复位操作，原理图如图 4.9 所示。

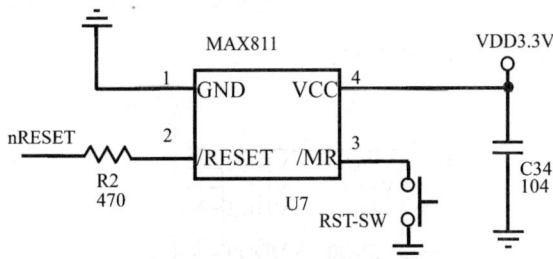

图 4.9　复位系统原理图

4.4.3　SDRAM 子系统设计

S3C2440 的存储控制器提供访问外设所需信号，支持大端、小端字节结构，每个 Bank 地址空间为 128MB，总共 8 个 Bank，共计 1GB 空间，Bank0～Bank5 支持外接 ROM、SRAM 等；Bank6～Bank7 不仅可以支持外接 ROM、SRAM，还可以支持 SDRAM 等。Bank0～Bank6 的起始位置是固定的；Bank7 的起始位置可以编程选择。Bank6、Bank7 的地址空间大小可编程控制。可编程控制器的总线位宽为 8bit、16bit、32bit，但是 Bank0 只能选择 16bit、32bit 位宽。在外接 SDRAM 时，支持自动刷新和省电模式。

S3C2440 对外引出 27 根地址线，访问范围为 128MB，即一个 Bank 的空间。CPU 对外还引出 8 根片选信号 nGCS0～nGCS7，对应 Bank0～Bank7。当处理器访问 BankX 的地址空间时，nGCSX 引脚输出低电平选通 nGCSX 对应的设备，即 BankX 对应的 128MB 地址空间。这样，8 个 nGCSX 信号总共对应 1GB 的地址空间。

该平台采用 Bank6 连接 SDRAM，SDRAM 采用两片 32MB 的 HY57V561620FTP 芯片并联，组成 64MB 内存，形成 32-bit 的总线数据宽度，与 CPU 的 32 根数据线相连，这样可以加快访问的速度。nGCS6 为片选，Bank6 的起始地址为 0x30000000，故 SDRAM 的物理起始地址为 0x30000000，再加上地址线所确定的地址值，就是这个外设的访问地址。又由于两片 HY57V561620FTP 并联构成 64MB 的地址空间，所以 SDRAM 的地址范围为 0x30000000～0x33FFFFFF。单片

HY57V561620FTP 的 SDRAM 模块原理图如图 4.10 所示, 图中的外部引脚为对应的 S3C2440 的引脚名称, 另一片把 HY57V561620FTP 的 DQ0～DA15 分别与 S3C2440 的 DATA16～DATA31 相连。

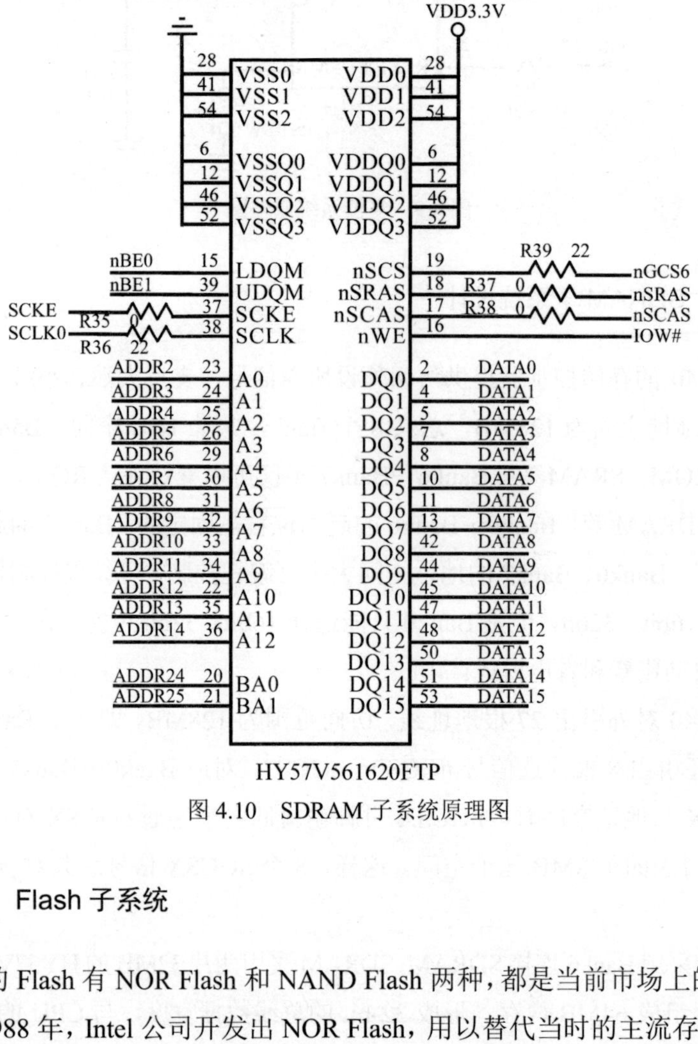

HY57V561620FTP

图 4.10　SDRAM 子系统原理图

4.4.4　Flash 子系统

　　常用的 Flash 有 NOR Flash 和 NAND Flash 两种, 都是当前市场上的主流非易失闪存。1988 年, Intel 公司开发出 NOR Flash, 用以替代当时的主流存储 EPROM 和 EEPROM; 随后, Toshiba 公司于 1989 年开发出 NAND Flash, 强调低成本和高性能, 并且可以像磁盘一样使用。由于该平台要求大容量、高性能的存储芯片, 再加上 NAND Flash 成本低、寿命长, 故选择 NAND Flash 存储芯片、本系统采用三星公司的 K9F1G08 闪存芯片, 容量为 128MB。

Flash 子系统的设计原理图如图 4.11 所示。

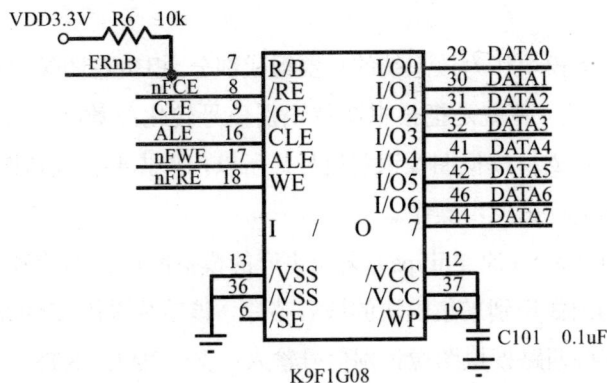

图 4.11　Flash 子系统原理图

4.4.5　串口和 JTAG 调试接口

S3C2440 支持 3 个 UART 接口，即 UART0、UART1 和 UART2，其中 UART0
和 UART1 可组合为一个全功能的串口，但大部分应用只用简单的串口功能，即
通常所说的发送（TXD）和接收（RXD）。考虑调试方便，该平台只对 UART0 做
了 RS232 电平转换，对应于 COM0。另外，S3C2440 支持 JTAG 接口，在裸板（无
操作系统）调试中，调试程序通过 ARM 芯片的 JTAG 边界扫描接口与 ARM 通信，
可以完全跟踪 ARM 芯片的行为，使硬件调试变得更加简单高效。串口和 JTAG
接口电路如图 4.12 所示。

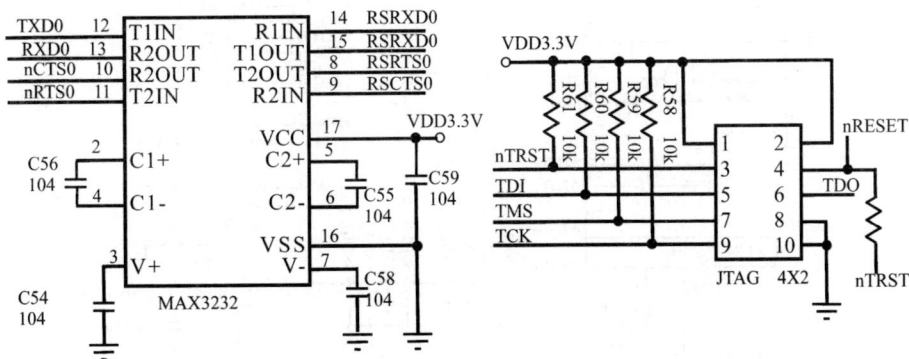

图 4.12　串口和 JTAG 口电路原理图

4.4.6　图像识别采集模块

图像识别采集模块作为该系统的重要组成部分,担负着图像识别解码的工作。图像识别处理的第一步就是把模拟图像识别信号转化成数字信号;再者,由于S3C2440本身并不支持模拟图像识别信号,所以,首先要把模拟图像识别信号数字化,才能对其进行进一步操作。

该平台采用 NXP(原 Philips)公司生产的模拟图像识别信号 A/D 转换芯片 SAA7113H 作为图像识别采集模块的核心芯片。该芯片采用 CMOS 工艺,44 脚 QFP44 封装;支持四路模拟图像识别信号输入;支持 PAL、NTSC、SECAM 制式和这几个制式衍生标准及其组合(PAL BGHI、PAL M、PAL N、NTSC M、NTSC-Japan、NTSC N)制式的模拟图像识别信号输入,输出 CCIR-601 兼容颜色分量值;VPO 总线输出标准 ITU 656 YUV 4:2:2 格式(8bit)信号;支持亮度、对比度、饱和度和色度控制以及输入源选择控制;该芯片通过 I2C(Inter-Integrated Circuit)总线与处理器通信,处理器通过 I2C 总线操作该芯片的寄存器,进而控制芯片操作,需要 27MHz 时钟。图像识别解码模块的原理图如图 4.13 所示。

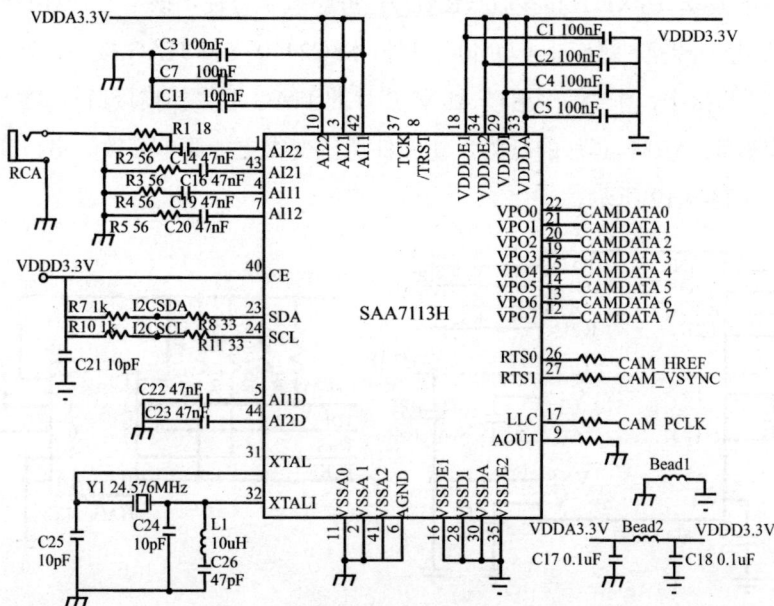

图 4.13　图像识别解码模块电路原理图

该芯片直接引出了用于同步输出信号的行同步信号 HREF 的 RTS0 引脚、场同步信号 VSYNC 的 RTS1 引脚以及像素时钟信号的 LLC 引脚，直接与 S3C2440 的同步信号引脚连接，由 S3C2440 处理器来同步 SAA7113H 芯片的数据输出。该模块需要一个外接 24.576MHz 的晶振提供时钟，VPO 总线输出的数字图像识别信号通过 S3C2440 的 Camera 接口输入到处理器的图像识别缓冲区。

4.4.7 角度信号获取模块

角度信号获取模块实际是一个 CAN 通信模块，主要由 MCP2510 和 TJA1050 连接组成。MCP2510 芯片的 SI、SO 及 SCK 引脚与 S3C2440 的 SPI 总线（SPIMOSI、SPIMISO、SPICLK）连接，使得引脚由 S3C2440 的一个 GPIO 引脚控制，S3C2440 分配一个中断引脚给 INT 引脚。该芯片的 TXCAN 和 RXCAN 与 CAN 收发器的芯片 TJA1050 连接，并为该芯片提供 16MHz 的时钟。角度信号获取模块的原理图如图 4.14 所示。

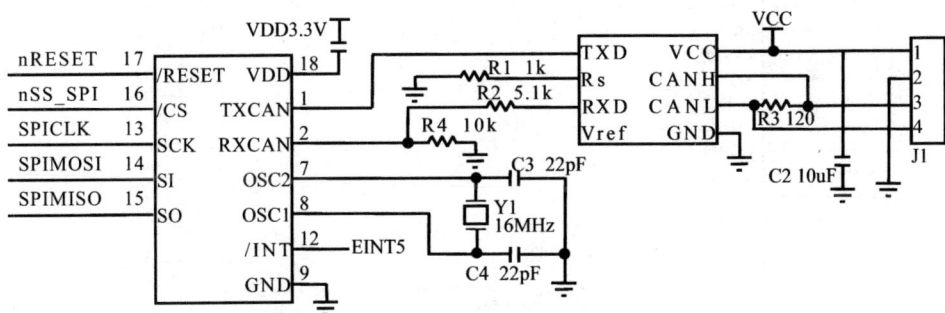

图 4.14　角度信号获取模块的电路原理图

4.4.8 图像识别显示模块

图像识别显示模块包括图像识别编码模块和 LCD 显示输出两部分，由于该平台的图像识别显示是编码成 PAL 或 NTSC 制式的模拟图像识别信号，所以显示输出只要是接收 PAL 或 NTSC 制式的 LCD 即可。而图像识别编码模块，从 S3C2440 处理器接收处理后的 RGB 数字图像识别信号，由 CH7026 图像识别编码芯片编码后，输出 PAL 或 NTSC 制式的模拟图像识别信号。

该芯片提供了 H 和 V 引脚，即水平和垂直同步输入/输出引脚，与 S3C2440 的 VLINE 和 VFRAME 引脚相连，图形控制时钟由 S3C2440 的 VCLK 提供，使得由 S3C2440 的 LCD_PWR 控制；DAC0 输出 TV 信号，由 DAC0、DAC1 和 DAC2 引脚分别输出 VGA 信号的红、绿、蓝信号，HSO 和 VSO 分别输出 VGA 信号的水平和垂直行场同步信号。芯片工作于从模式，需要一个 12MHz 的晶振提供输入时钟，还需要 3.3V、2.5V 和 1.8V 三种电压。图像识别编码模块的电路原理图如图 4.15 所示。

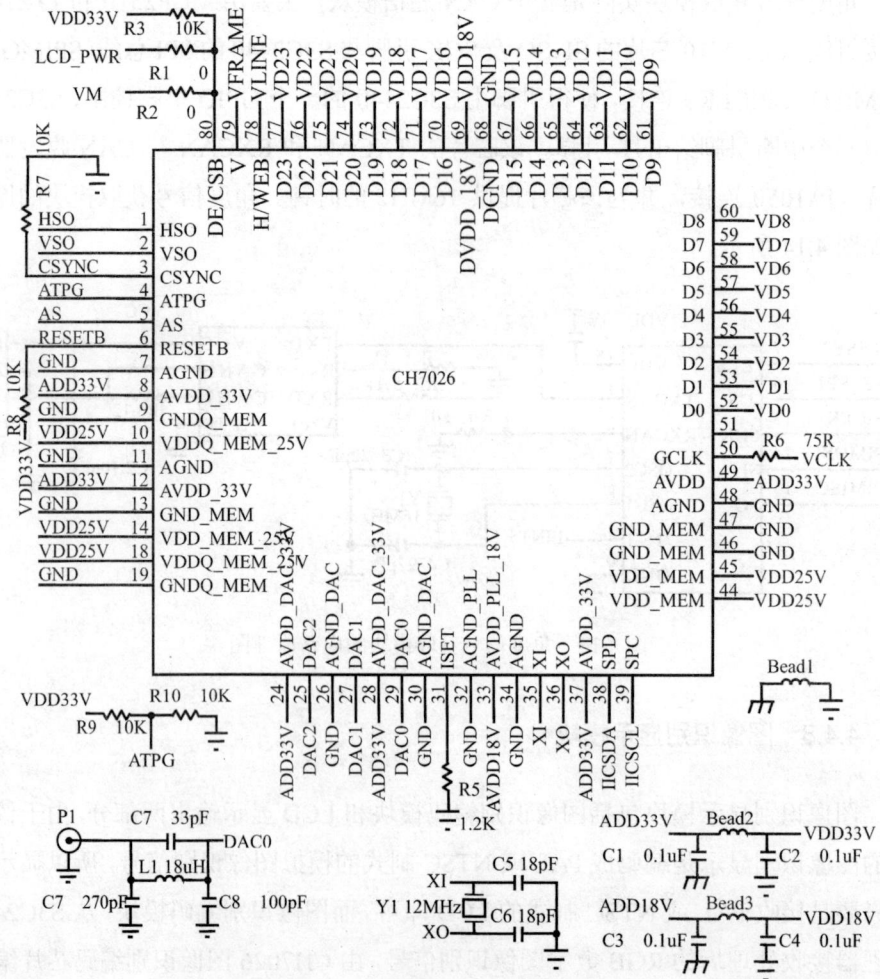

图 4.15　图像识别编码模块的电路原理图

4.5 可视泊车系统软件体系结构设计

4.5.1 嵌入式操作系统的选择和设计

现在的主流操作系统主要有 Wind River 公司的 VxWorks 操作系统、Microsoft 公司的 Windows CE 操作系统、谷歌公司的 Android 操作系统以及嵌入式 Linux 操作系统等。

1. VxWorks 操作系统

这是一款强实时性的操作系统，它在设计之初就着重考虑系统的实时性能，可以说 VxWorks 是实时嵌入式领域中使用最广泛的操作系统。VxWorks 以其可裁剪、强实时、高鲁棒性在军工领域、航空航天、通信领域、制导与导航、医学数字影像设备被广泛应用，例如熟知的美国 F-16、B-2 轰炸机以及爱国者导弹上都有它的身影，就连火星探测器上也应用了 VxWorks。VxWorks 支持众多工业标准，如 POSIX、ANSI C、TCP/IP 等。VxWorks 支持众多的主流处理器，如 x86 族处理器、ARM 9 处理器、ARM 11 处理器、Intel Pentium M 处理器、Intel XScale 处理器、MIPS 处理器、PowerPC 处理器、Renesas SuperH-4 处理器等。VxWorks 有很多特点，例如它拥有一个多任务实时处理内核，任务调度上有时间片轮转算法和先占式两种调度算法并且强实时响应，提供内核和应用程序间的内存保护，支持 SMP 等。总之在对实时性要求比较高的领域，VxWorks 是非常好的选择，但是它的使用费用却是非常昂贵的。

2. Windows CE 操作系统

这是近几年发展比较快的一款嵌入式操作系统，主要应用于娱乐消费电子、通信等领域，例如熟知的 Windows Mobile 系统，就是基于 Windows CE 内核[28]。这款操作系统的特性有很多，如拥有非常丰富的驱动支持、提供的多媒体娱乐功能非常强大、提供的开发工具包非常强大且易于编写应用程序、对语言的支持性好、可以通过 Microsoft 的其他软件与桌面 PC 之间进行数据同步、用户界面非常友好且与 Microsoft 的 PC 操作系统的用户界面有着相似的操作等。虽然 Windows CE 操作系统已经能够满足 32 位嵌入式应用的开发要求，但是因为它的价格很高，使得在其上开发的产品的成本也随之增加。

3. Android 操作系统

这是谷歌公司于 2007 年宣布的主要面对移动市场的操作系统,这款操作系统基于 Linux 平台的并且是开源的。它采用 Software Stack 架构,即把操作系统架构为三层,分别是 Linux 内核底层、中间层和上层应用层。Linux 内核底层以 Linux 内核为基础,为中间层提供一些基本功能。中间层主要由 Library 和 Virtual Machine 构成,为 C++编写而成。上层应用层就是一些移动平台上的应用程序,一般由 Java 语言编写而成。

4. Linux 操作系统

这是一款开放源代码、内核可裁剪可定制、支持多任务、遵循 General Public Licence（通用公共许可证）、具有完善的网络功能、非常适合嵌入式领域的操作系统。与其他商业嵌入式操作系统相比,Linux 主要有以下优点:

（1）Linux 有着非常精简并且高效的内核,通过剪裁可以达到 100k 以下,真可谓精简到极致。所以系统开发者可以根据自己的需要对 Linux 进行量体裁衣式裁剪,既提高了系统效率又节约了硬件资源。

（2）Linux 的源代码是开放的,任何人都可以通过 Internet 或其他途径获得 Linux 的源代码,还可以在 General Public Licence 下对修改的源代码进行发布。

（3）Linux 支持当前流行的多种硬件平台,包括 Intel 的 x86 系列、ARM、MIPS、PowerPC 等,其实 Linux 早在 1994 年就能够运行在 ARM 架构上。Linux 下有非常多的开源软件,全球的 Linux 爱好者为其开发了非常多且完善的硬件驱动程序,支持当前流行的主流硬件。

（4）Linux 具有非常高的可移植性,因为它本身具有非常高的模块性,目前已经移植到数十种硬件平台上。

（5）Linux 具有丰富的开发工具,包括编辑器、开发包、编译器、交叉编译器等,其中部分开发工具可以支持多种微处理器结构,而且可以免费获得。因为 Linux 本身开源,所以在全球有很广泛的技术支持,有很多社区存在,一些开发问题可以通过社区提问得到解答。综上所述,本书选择了 Linux 操作系统作为软件架构的核心。

选定了操作系统和硬件核心,接下来的工作就是针对硬件对选定的操作系统进行设计，包括对目标机进行操作系统安装，针对硬件对操作系统内核进行配置、剪裁、编译、下载和文件系统的选择等。本书选用了最新的 Linux-2.6.29 内核，该内核更加稳定高效，而且包含了更多硬件的最新驱动。在做针对 ARM9 的 Linux-2.6.29 内核的配置之前，需要一台开发主机（PC 机），需要在主机上安装 Linux 系统（如 Fedora10），然后在 Fedora10 上安装交叉编译器 arm-linux-gcc-4.3.2，交叉编译器主要用于将配置好的 Linux 内核进行交叉编译后烧写到目标板进行运行。并且在 Fedora10 上安装 minicom，minicom 相当于 Windows 系统下的超级终端，是辅助嵌入式操作系统进行下载和升级等操作的软件。这些前期的准备工作完成后，可以在 Fedora10 系统上对 Linux-2.6.29 内核进行针对以 ARM9 为核心的硬件的配置操作，包括内核 CPU 平台的选择、LCD 驱动配置、Video for Linux Two 驱动配置，在配置文件中将一些不需要的驱动（如键盘驱动）去掉，以减小编译完成后的内核映像文件的大小，以及一些其他针对可视泊车系统硬件的配置和剪裁。配置内核的具体过程下：

（1）下载 Linux-2.6.29 的源代码包，在终端命令行界面下解压源代码包然后进入内核源代码目录下，在终端上运行 make menuconfig 命令，这时在屏幕上就会出现内核的配置界面主菜单。

（2）在这个主菜单中需要针对硬件配置一系列的选项，首先配置 CPU 平台，在配置界面的主菜单上找到 System Type 一项，按 Enter 键进入下一级目录，可以看到选项 ARM system type（三星 S3C2410、S3C2412、S3C2413、S3C2440），此时可以按上下方向键找到 S3C2440 Machines 选项，同样可以按 Enter 键进入下一级目录进行针对硬件的选择。紧接着配置 LCD 驱动，首先在主菜单中按上下方向键找到 Device Drivers，然后按 Enter 键进入下一级目录，找到 Graphics support 选项，再按 Enter 键进入下一级目录，找到 S3C2410 LCD framebuffer support 选项，选中 LCD select 选项，找到并选中 3.5 inch 240×320 NEC LCD 选项，至此已经为本书所选显示屏配置好了驱动。因为 LCD 具有触摸功能，所以还须为它配置触摸屏驱动，依然在主界面上选择 Device Drivers→Input device support→Touchscreens →Samsung S3C2410 touchscreen input driver 选项。其他驱动（如 Video for Linux Two 驱动）的配置与 LCD 相似，至于基于 SAA7113 的图像识别数据采集芯片的驱动和 CAN 控制器 MCP2510 等硬件，因为 Linux 操作系统本身没有包含，所以需要自己编写，然后将驱动程序编译进内核中，使 Linux 支持此类硬件。

（3）配置好所有需要配置的选项之后，回到主界面，找到 Save an Alternate Configuration File，然后选择自己喜欢的英文名字并保存配置文件。

（4）回到终端命令行界面，输入命令 make zImage，等待片刻即可在特定目录下（linux2.6.29/ arm/ arch/ boot）找到刚生成的镜像文件，然后用 minicom 配合通信软件就可以把镜像文件烧写到开发板中进行进一步的开发工作。

设计 Linux 操作系统的过程中还有一项比较重要的工作，就是选择合适的文件系统。考虑到所使用的存储硬件为 NAND Flash，所以毫不犹豫地选用了 YAFFS2（Yet Another Flash Filing System 2），因为 YAFFS2 就是为 NAND Flash 而设计的文件系统。YAFFS2 是 YAFFS 的进化版本，更加适合大容量的 NAND Flash 设备，并且具有更高的效率和更高的可靠性。YAFFS 设计之初就充分考虑了 NAND 闪存设备的特点，文件被组织成固定大小段，所以特别适合 NAND 闪存，因为 NAND 闪存也是以固定页面为单位的。基于 YAFFS2 的以上特点和系统硬件的因素，本书选择了 YAFFS2 文件系统。

4.5.2　图像识别数据采集技术选择

可视泊车系统采集部分选择的技术是 Video for Linux Two，简称 V4L2，它是用于在 Linux 2.6 内核上进行模拟音图像识别等设备开发的一套接口标准以及相应的数据结构集合，也可以把它理解是 Linux 的上一套开发模拟音图像识别应用框架。

V4L2 是 Bill Dirks 于 1999 年为了解决 V4L 的不足和支持更多的设备而开发的，也就是 V4L 的升级版，鉴于 V4L 的不灵活和不是很强的扩展性，V4L2 对其改动非常大，包括体系机构都是重新架构的，可以说 V4L2 就是被重新设计的，所以与原来的 V4L 不再兼容。虽然这几年人们致力于开发中间库以使 V4L2 能够兼容以前基于 V4L 的应用程序，但是成果总是不能够令人满意。事实上，V4L2 已经变为一个用于在 Linux 2.6 上进行模拟图像识别音频等设备开发的新的应用框架。V4L2 将模拟音图像识别开发构架为三层，上层是基于 V4L2 的应用程序，中间一层是基于 V4L2 的设备驱动层，下层是模拟音图像识别的硬件。所以 V4L2

不但能够用于开发模拟音图像识别设备等的应用程序，还能基于 V4L2 的标准编写相应的驱动，本书中的图像识别采集芯片的驱动就是基于 V4L2 的，图像识别采集部分也是用 V4L2 的框架编写完成的。

4.5.3 嵌入式图形系统技术选择

可视泊车系统的图像识别播放器部分是基于嵌入式 Qt 图形系统（Qt/Embedded，QtE）技术的。它是用于嵌入式领域的 Qt，只不过与 Qt/X11 版本（Qt 的 PC 版本）在实现底层方面稍微有些差别，但是这些差别对于开发 Qt 应用程序来说几乎微不足道，因为整体类库和接口函数名是一样的。本书选用 Qt 来开发可视泊车系统图形界面和图像识别播放器主要是基于以下几个原因：

（1）本书是在 Linux 系统下开发的，而 Qt 正好在 Linux 下有 GPL 版本。

（2）Qt 拥有针对桌面应用的 Qt/X11 版本和嵌入式应用的 Qt/Embedded 版本。Qt/Embedded 有 x86 和 ARM 两个版本，这使得在目标板上的开发可以与 PC 机上的同步。另外 Qt/X11 版本提供了可以在 PC 机上模拟目标板屏幕的工具 Qt Virtual Frame Buffer，在上面可以直接运行用 x86 版本开发的嵌入式应用程序并观看运行效果，调试成功后再进行交叉编译，并下载到目标板上调试，这样大大提高了嵌入式开发速度。

（3）Qt 本身就是 Object-Oriented Programming 的典范，所以其模块化程度很高，类库命名也非常规范，易于理解和开发。Qt 包含几百个类，包括 IO 处理、Serialization、管理目录、File、XML 类、2D/3D 图形处理等。Qt 独创的 Signals/Slots 机制程序模块之间的通信变得更加简单且非常可靠。本书可视泊车系统的一个功能需求是预先支持一部分车型，这一功能需求的实现就用到了 Qt 对 XML 类支持的这一特性，使得可视泊车系统可以预先支持一部分车型，而且可以很方便地扩充所支持的车型，因为各种被支持的车型的摄像机标定参数结果和一些车辆参数都预先存储在 XML 中。本书设计的可视泊车系统的另外一个功能需求是半透明形式的警戒区，这个功能需求正好用到了 Qt 中的 Qcolor 类的 Alpha 通道来实现。Qt 非常适合本书系统的开发。

（4）Qt 有优良的跨平台性，可以几乎不加一点修改从 Linux 平台迁移到

Windows 平台，或者从 Windows 平台迁移到 Linux 平台，这对于想要有着跨平台需要的应用开发非常重要。此外，Qt 还支持 HP-UNIX、IRIX、FreeBSD、Windows 95/98/NT、SunOS 等多种平台。

（5）Qt 的开发工具非常自动化，也非常齐全，包括用于界面设计的 Qt Designer 工具、用于将设计好的界面文件编译成 C/C++文件的 uic 工具、自动生成 make 文件的 qmake 工具，为了方便调试开发嵌入式应用和模拟帧缓冲设备的 Qt Virtual Frame Buffer 工具。除了完备且方便的开发工具集外，还有非常细致的开发文档、对 API 的讲解很详细，这些都让开发变得更加容易。

综上所述，本书选择了 QtE 这种嵌入式图形系统技术来开发可视泊车系统界面和系统图像识别播放器。

4.5.4 系统软件架构设计

本书根据可视泊车系统功能需求对系统硬件进行了选择，确定了以三星公司生产的 S3C2440 这款处理器为硬件核心。然后以 S3C2440 为核心进行了系统硬件的架构设计，根据系统功能需求和已经选择好的硬件分别进行了嵌入式操作系统的选择、图像识别数据采集技术的选择及用于开发系统界面和图像识别播放器的嵌入式图形技术的选择，最终确定采用开源的 Linux 操作系统作为可视泊车系统操作系统，图像识别数据采集技术采用开源的 Video for Linux Two 技术，嵌入式图形系统技术选择 Qt/Embedded。这些工作都做完后，根据开发嵌入式应用系统的一般流程，本书将进行可视泊车系统软件的体系架构设计。可视泊车系统的软件体系架构如图 4.16 所示。整个系统的软件体系架构为四层，从上到下依次为应用程序层、驱动程序层、操作系统层和系统硬件层。系统硬件层为剪裁和配置 Linux 操作系统提供依据和约束。经过剪裁和配置的 Linux 操作系统为硬件驱动层提供统调用及一些基础服务。虽然驱动程序层在层次上位于操作系统层之上（本书划分这个层次的依据是驱动程序是在操作系统之上实现的，所以层次也就在操作系统之上），但是它的作用主要是辅助操作系统管理系统相关硬件，其次还要为应用程序层提供一些操作系统规定好的接口函数，如 open 函数、close 函数、read 函数、write 函数等。所以驱动层的作用非常大，在编写可视泊车系统应用程序的时候也是靠调用这些操作系统规定好的接口函数来与系统硬件打交道。应用程序层在本书中就是可视泊车系统应用程序，包括图像识别采集、图像处理、方向盘角度的采集、基于 CAN 的通信、实时泊车轨迹的计算、图像识别播放等。

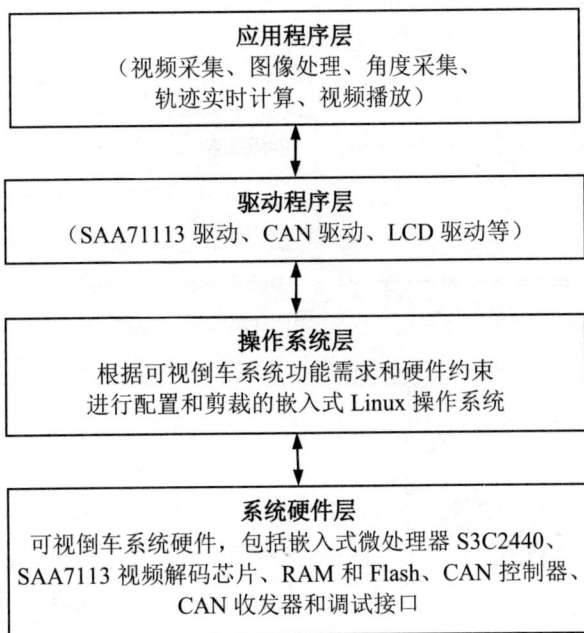

图 4.16 系统软件体系结构

4.5.5 系统软件总体流程设计

1. 系统 UML 用例图

系统 UML 用例图如图 4.17 所示。

2. 系统软件总流程图

系统软件从启动到关闭的一次具体流程如下（图 4.18）：

（1）系统开始运行后，首次运行需要根据车型进行摄像机内外参数设定，如果在 xml 文件中存在车型，那么选中相应车型就会自动读取针对此类车型的摄像机内外参数。接着调用播放器模块，设置定时器的最小时间单位为 10ms，调用 QTimer 类的 start() 函数，然后每隔最小时间单位触发定时器并发送 timeout() 信号，调用 timeoutSlot()槽函数。在 timeoutSlot()槽函数中对三个计数器进行+1 操作，这三个计数器分别为刷新屏幕计数器、采集车后图像识别图像和方向盘角度计数器、实时轨迹计算计数器。

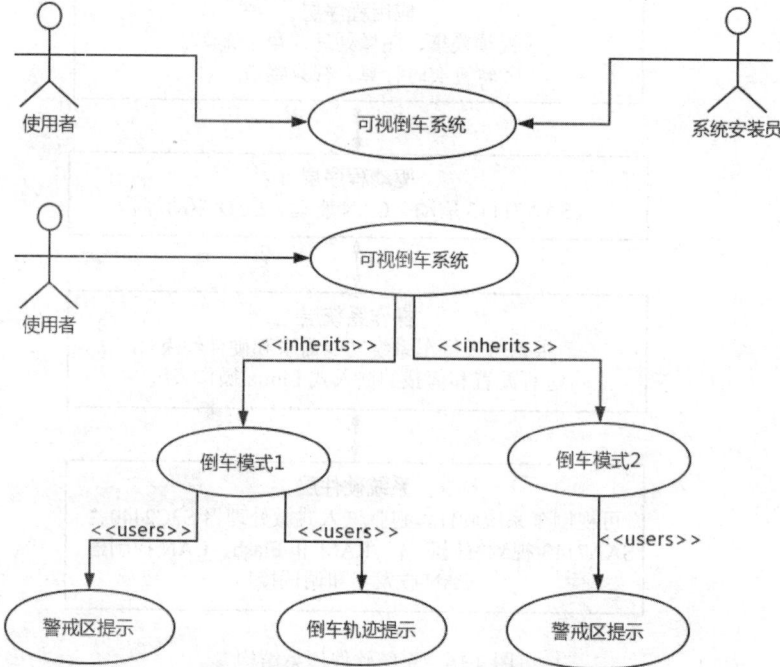

图 4.17　系统 UML 用例图

（2）查看刷新后的屏幕计数器是否等于 3，即理论上每 30ms 进行一次更新屏幕的操作。如果等于 3 则将计数器清零，然后调用播放器模块的绘制主函数进行更新屏幕操作，主要的绘制操作包括绘制实时的车后图像、绘制半透明警戒区和静态警戒线。需要注意的是，在屏幕更新的过程中需要使用互斥锁 QMutex 防止更新过程受到干扰。如果刷新屏幕计数器不等于 3 则进行第（3）步。

（3）查看采集图像识别和方向盘角度计数器是否等于 4，即理论上每 40ms 进行一次采集工作。如果等于 4 则首先将计数器清零，然后进行车后图像的采集工作并在统一格式后进行保存，从 CAN 总线上获取方向盘角度值并进行保存。如果采集图像识别和角度计数器不等于 4 则进行第（4）步。

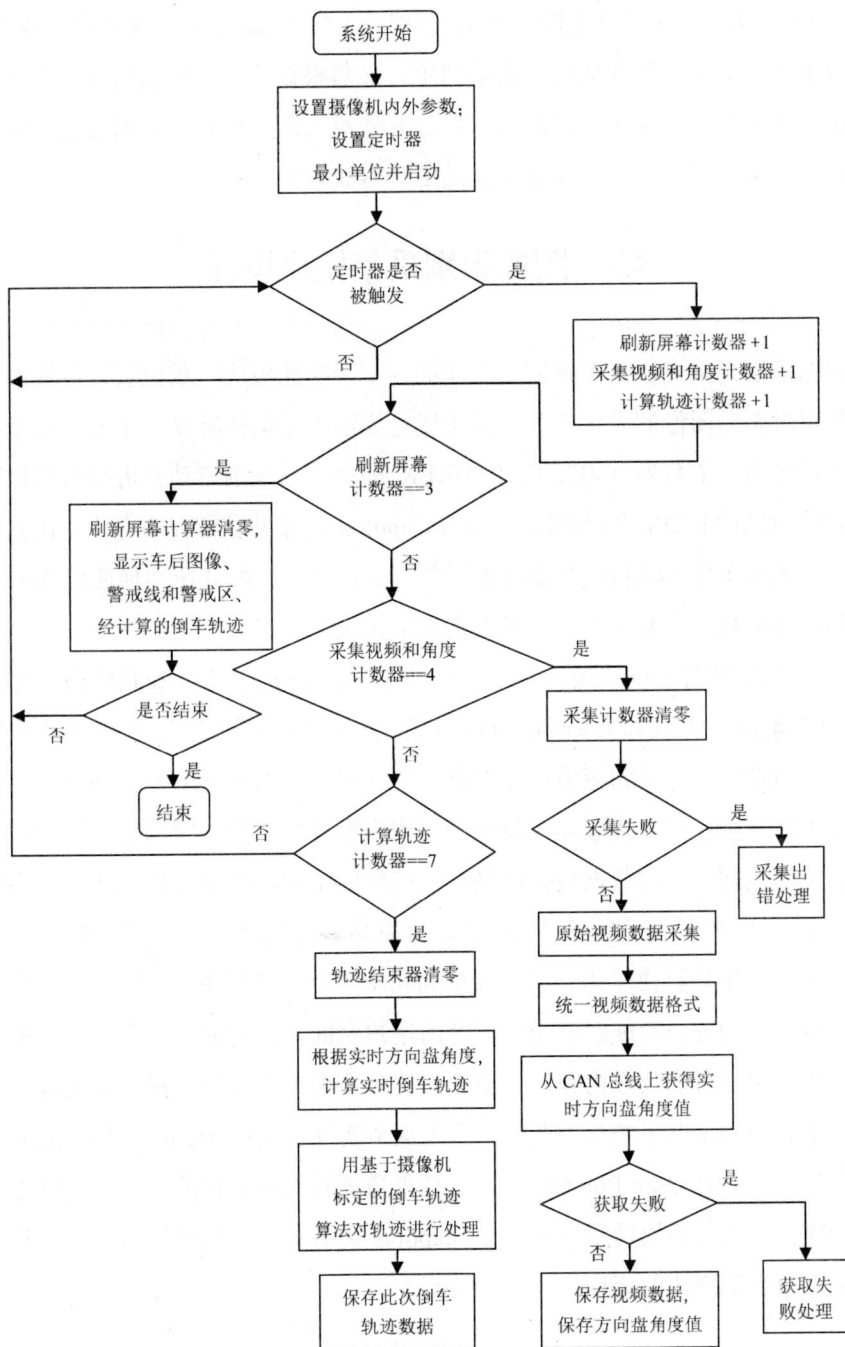

图 4.18　系统软件总流程图

（4）计算轨迹计数器是否等于 7，即理论上每 70ms 进行一次轨迹计算工作。如果等于 7 则首先将计算轨迹计数器清零，然后根据实时方向盘角度计算实时泊车轨迹，再用基于摄像机标定的泊车轨迹算法对轨迹进行处理并保存此次泊车轨迹数据。如果不等于 7 则继续等待基础定时器被触发。

4.6　图像识别采集模块设计

图像识别采集模块是可视泊车系统的一个子功能模块，承担着为可视泊车系统提供实时车后图像的采集任务。在实现可视泊车系统的时候，本书将这个子功能模块对应成一个名为 V4L2_CAPTURER 的类。系统刚启动并进行初始化的时候，V4L2_CAPTURER 的类被实例化为 Capturer 对象并驻留在内存中，在系统调用它中的采集图像方法后进行实时的采集车后图像。下面介绍如何应用 V4L2 来设计和实现可视泊车系统中的图像识别采集模块。

对于图像识别采集应用，V4L2 提供了三种采集方式：Read/Write 方式、Memory Mapping 方式和 User Pointers 方式。Read/Write 方式需要不断将内核空间中的图像识别数据拷贝到应用程序的用户空间中，因为 Linux 操作系统为了保护系统、不被应用程序干扰破坏，将系统可用内存分成了内核空间和用户空间两部分，而图像识别采集的数据最初就是在内核空间中的，所以这种方式需要不断地拷贝数据，会对图像识别采集量很大的应用程序的效率造成影响。Memory Mapping 方式正好解决了需要在内核空间和用户空间拷贝图像识别数据的问题，它通过将设备物理内存映射到应用程序的用户空间，之后应用程序的用户空间就可以直接使用设备的物理内存，不用来回拷贝图像识别数据，提高了图像识别采集的效率。因为本书系统只为图像识别采集卡实现了支持 Memory Mapping 方式的驱动程序，而且 User Pointers 方式在性能方面没有实质性的提升，所以本书系统的图像识别采集模块使用 Memory Mapping 方式进行图像识别数据的采集。可视泊车系统采集模块的流程如图 4.19 所示。

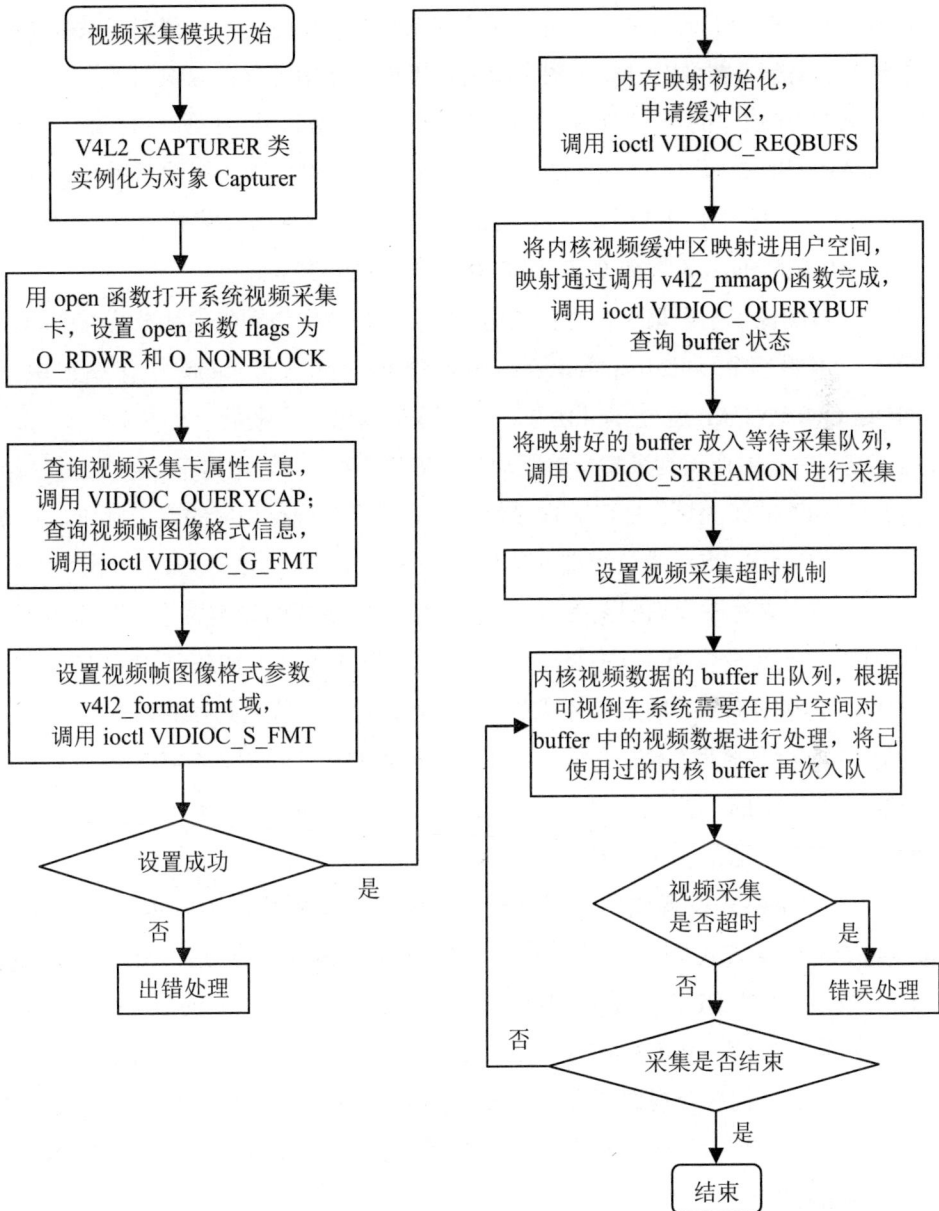

図 4.19　系统图像识别采集模块的流程

采集模块的具体实现步骤如下：

（1）当可视泊车系统启动的时候，图像识别采集模块对应的 V4L2_CAPTURER

类被实例化为 Capturer 对象，驻留内存等候系统发号施令，当可视泊车系统发出命令要求采集车后图像的时候，图像识别采集模块开始进行图像识别采集工作。V4L2_CAPTURER 的类被实例化为 Capturer 对象过程的第一步就是调用 V4L2_CAPTURER 类的 open_videodevice()函数（本书实现可视泊车系统时进行封装的函数)打开图像识别采集卡，打开时选用读写模式和非阻塞模式，即将 V4L2 的 open()函数的 flags 设置成 O_RDWR 和 O_NONBLOCK。

（2）对图像识别采集卡进行初始化，首先进行图像识别采集标准流程中的查询操作，声明一个 v4l2_capability 结构体变量 capb，将 capb 用作参数调用 VIDIOC_QUERYCAP 这个 ioctl 函数，测试这个图像识别采集卡是否支持 V4L2，实际上测试的是图像识别采集卡的驱动是否支持 V4L2。调用这个 ioctl 之后，结构体变量 capb 的相关域被驱动程序填写，然后就可以进行相应的查询操作。本书仅用 capb 的 capabilities 成员查询硬件是否是图像识别采集设备。

（3）接下来对图像识别采集卡进行图像识别帧格式的设定操作，首先声明结构体 v4l2_format 变量 fmt，将 fmt 的 type 域设置成 V4L2_BUF_TYPE_VIDEO_CAPTURE。接着对 fmt 的结构体成员 pix 进行设置，设置采集帧的像素高（本书系统是 240）和像素宽（本书系统是 320），采集帧的格式设置为 V4L2_PIX_FMT_RGB24，采集帧的扫描场设置为 V4L2_FIELD_INTERLACED。赋值好后调用 VIDIOC_S_FMT 这个 ioctl 进行设置。

（4）如果格式设置成功，则进行内存映射的初始化，因为本书系统选用 Memory Mapping 方式。声明一个结构体 v4l2_requestbuffers 的变量 requ，设置 requ 的 type 域为 V4L2_BUF_TYPE_VIDEO_CAPTURE，设置 requ 的 count 域为 4，设置 memory 域为 V4L2_MEMORY_MMAP。赋值好后调用 ioctl VIDIOC_REQBUFS，驱动程序会根据图像识别采集卡的实际情况，返回实际分配的缓冲区数量。系统最少要用两个缓冲区，所以如果驱动实际分配的缓冲区数量太少，则要进行出错处理。

（5）如果驱动实际分配的缓冲区数量大于或等于 2，则在用户空间对上一步驱动分配的设备物理内存缓冲区进行映射操作。本书的具体实现是使用一个结构体 buffer 和一个指向它的指针来对内核缓冲区（驱动分配的设备物理内存）进行映射。这个结构体有两个成员，一个是 void 类型指针，用于保存内核缓冲区的首地址；另外一个用来保存内核缓冲区的大小。有一个用于管理映射进用户空间的缓冲区的数据结构，还要用 V4L2 的 mmap 函数找到分配的缓冲区的首地址。找到首地址后，就可以用 buffer 这个结构体和指向这个结构体的指针逐个对驱动实际分配的缓冲区进行映射操作。为了安全编程，在映射过程中需要用 VIDIOC_QUERYBUF 这个 ioctl 函数测试映射的内核缓冲区，并判断设置的 type 和 index 是否越界等。

（6）调用 VIDIOC_QBUF 这个 ioctl 函数，将映射进用户空间的内核缓冲区逐个入队，然后调用 VIDIOC_STREAMON 这个 ioctl 函数打开图像识别流，进行图像识别采集操作。

（7）设置图像识别采集超时时限，一般根据系统需要设置 2 秒或者 3 秒（主要用于调试和测试采集模块）。

（8）然后用 VIDIOC_DQBUF 这个 ioctl 函数将装有采集到的图像识别数据缓冲区出队列，然后在应用程序中用 memcpy()函数将该帧图像识别数据保存到 unsigned char 数组变量 buf，根据系统需求大小为 320×240×4，因为紧接着就是对这帧图像识别数据进行处理数据。将采集到的这帧 RGB 格式的图像识别数据统一格式化成 QRgb 格式，因为只有 QRgb 格式才支持 QT 中 Qcolor 类的 alpha 通道（为了方便本书实现半透明效果警戒区的需要）。接下来用 VIDIOC_QBUF 这个 ioctl 函数将已经用过的内核缓冲区再次入等待采集队列，这样才能实现循环采集。

（9）检查采集是否超时，有则作出错处理；没有则检查是否要求采集结束，如果没有要求结束则循环执行第（8）步。

可视泊车系统采集模块具体实现流程包含了本书系统实现时定义的类 V4L2_CAPTURER 被实例化为 Capturer 对象的过程，同时也包含了图像识别采集的过程。需要注意的是，这个类实例化成对象的过程只在可视泊车系统开启进行初始化的时候执行一次。之后该实例化对象就驻留内存，等待可视泊车系统的采集命令，该对象有一个 getImage()函数，可视泊车系统想要采集图像识别图像的时候只需调用这个函数就可以得到一帧图像识别数据。这就是本书可视泊车系统采集模块的具体实现过程。

4.7 实时可视避障泊车系统测试

4.7.1 播放器模块的测试

当基于 Qt/Embedded 技术的图像识别播放器模块调试成功后，本书对图像识别采集模块、方向盘角度采集模块和轨迹计算模块进行了系统集成，然后用交叉编译器 arm-linux-gcc 4.3.2 对其进行交叉编译。交叉编译成功后形成可执行文件，再将可执行文件拷贝到开发板上运行测试，经多次实验测得的系统实际播放帧率如表 4.1 所列。

表 4.1 实际播放帧率

条件		时间					平均帧率
		30s	1min	2min	10min	30min	
光线较差	帧数（帧）	645	1314	2580	13020	38880	21.6 帧/s
	帧率（帧/s）	21.5	21.9	21.5	21.7	21.6	
光线较好	帧数（帧）	711	1416	2808	14340	42840	23.7 帧/s
	帧率（帧/s）	23.7	23.6	23.4	23.9	23.8	

实际测试的时候系统运行非常流畅，从上表也可以计算出系统在开发板上实际运行时的平均帧率为 22.7 帧/s，说明可视泊车系统的实际播放帧率符合"画面不卡"和"画面流畅"的要求，同时也说明基于摄像机标定的实时泊车轨迹算法（第 3 章介绍）的实时性方面也符合要求。光线好时和光线不好时的平均帧率相差 2 帧左右，说明光线对系统运行时的帧率有一定影响。

4.7.2 绘制轨迹精度测试实验

1. 系统流程图

系统流程图如图 4.20 所示。

2. 系统主界面

下面主要介绍可视泊车系统界面的设计工作。本书中界面设计的原则是简单易用，因为系统使用者根本不需要可视泊车系统的界面多么花哨，只需简单易用即可。界面实现过程中使用的主要技术是 Qt/Embedded 中的信号和槽函数机制。可视泊车系统的主界面如图 4.21 所示，界面只有开始和退出两个按钮，简洁直观，符合可视泊车系统的需求。如果用户单击"开始"按钮，则系统开始运行对用户进行泊车的辅助；如果单击"退出"按钮，则退出可视泊车系统。

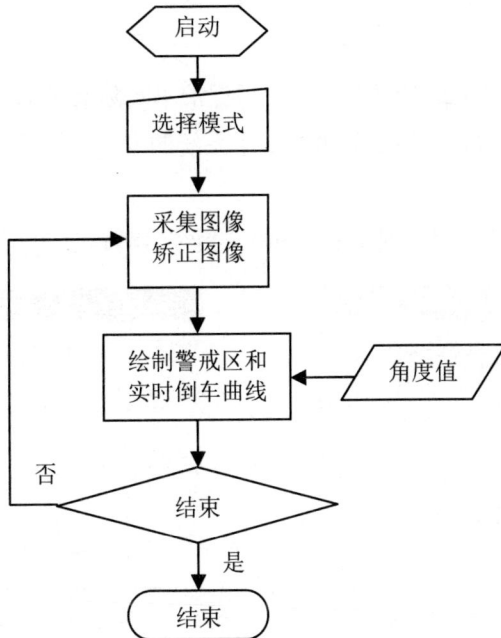

图 4.20　系统流程图

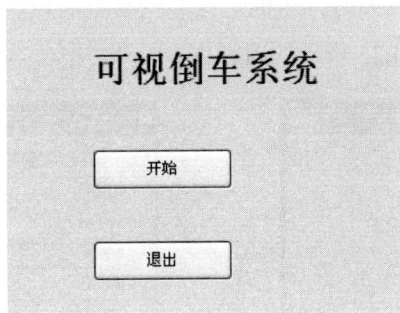

图 4.21　系统主界面

系统启动后，首先进入主界面，如果单击"开始"按钮，那么首先读取默认

XML 文件中的摄像机的内参数和外参数，这个 XML 文件一般由可视泊车系统安装员针对不同车型来进行配置。读取完毕后系统就开始运行了，实时地显示车后图像、泊车轨迹线以及警戒区和警戒线进行泊车辅助。如果用户泊车完毕，可以双击屏幕，这时候就会产生 mouseDoubleClickEvent，紧接着系统将停止运行并回到主界面。回到主界面后，如果用户单击"退出"按钮，那么可视泊车系统将会自动退出。

系统开机图如图 4.22 所示，用户可根据泊车实际情况选择模式一或模式二进行辅助泊车，"参数设定"为安装可视泊车系统的安装员设计，可对本系统的一些参数进行设定。

当用户选择模式一时（功能待完善），系统将跳转到图 4.23 所示的对话框。

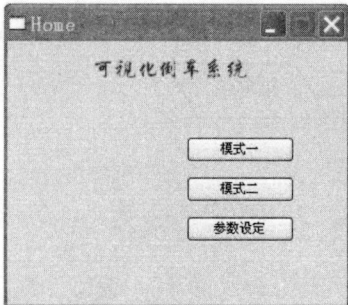

图 4.22　系统开机图　　　　　图 4.23　泊车模式一

当用户选择泊车模式二时（功能待完善），系统跳转到图 4.24 所示的对话框。

当系统安装员初次安装时，可能进行一些参数的设定，这时可单击"参数设定"按钮，跳转到如图 4.25 所示的对话框。

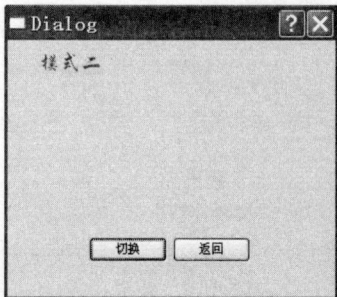

图 4.24　泊车模式二　　　　　图 4.25　参数设定界面

3. 系统功能说明

系统主要有智能泊车轨迹曲线、警戒线/警戒区提示等特点。截图如图 4.26 所示，其内容就是用户选择了泊车模式一后所显示的内容。当驾车者改变方向盘时，系统绘制智能泊车轨迹如图 4.27 所示。

图 4.26　红绿蓝半透明警戒区

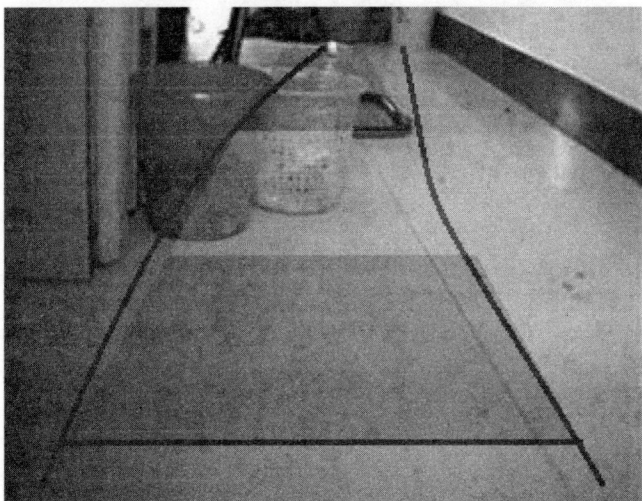

图 4.27　智能泊车轨迹

对基于实时泊车轨迹算法的可视泊车系统进行了大量的实验和测试，测试的硬件平台和嵌入式操作系统已在前文介绍，即硬件平台是基于三星公司的 S3C2440 处理器的 mini2440 开发板，操作系统是经过剪裁和配置的嵌入式 Linux 操作系统（内核版本 2.6.29），摄像头选用的是 JMK 的型号为 WS-309A 的模拟摄像头。所用实验车的轴距为 59.5cm，后轮距为 43.6cm。在实验中约定正角度为右转弯，负角度为左转弯，测量了 5°，–5°，10°，–10°，15，–15°，20°，–20°等角度可视泊车系统模拟出的轨迹和真实轨迹之间的吻合度。实验过程中的系统运行图如图 4.28 所示。

图 4.28　系统运行图

第 5 章　车牌识别关键算法研究

在智能交通系统中，基于图像识别的交通监控主要是利用计算机智能化技术，通过摄像机或电子眼对车辆的牌照进行智能识别，由交通监管部门对道路上行驶的车辆进行信息的采集分析检测、跟踪以及交通流量参数检测等。为了实现这些功能，汽车牌照作为车辆身份的标志性信息，对其识别确认也就成为交通监控的关键环节。

车牌识别算法成为越来越多的研究学者所研究的焦点，国内外对车牌识别的研究已达到很高的水平。但在实际应用中也存在一些问题，比如车牌本身歪斜、磨损、脏污或者光线干扰都会影响识别准确率。早期学者使用简单的方差阈值法进行车牌二值化处理，这样做虽然简单快速，但当有以上因素干扰时，该方法的识别效率大打折扣。在对车牌中的字符进行识别的过程中，由于特征的提取以及识别对象都在车牌图像矩形区域内部，所以关键是要从背景中分割出完整字符图像，并对字符进行准确识别。人们针对上述问题提出了许多方法，比如基于模板匹配、基于车牌特征以及基于神经网络等，但其效果与实际的要求相差较大。基于图像识别的车牌识别系统主要分三个步骤识别：车牌定位、字符分割和字符识别。在车牌定位中传统的方法对车牌的旋转或尺度变化的适应性差；字符分割中，传统方法针对车牌周围环境的要求较为严格，需在理想状态下进行处理；字符识别中常采用传统 BP 算法且易受局部最小值影响，影响收敛速度。针对上述多种缺陷，本章在研究图像识别算法的基础上提出了基于多重分形维数和改进隐马尔科夫模型的车牌识别算法。该方法基于多重分形维数完成车牌二值化处理；利用隐马尔科夫特征进行字符特征提取，然后利用多重分类器进行字符识别。通过与其他算法的实验数据比较，本书提出的算法具有较高的识别率、鲁棒性较好，能够满足实际应用的需要，具有一定的市场前景。

5.1 车牌识别图像预处理算法研究

在车牌识别系统实际应用中，因为各种自然因素使得摄像头采集到的车牌图像会产生一些问题，从而影响车牌识别率。因此，在车牌识别算法中，首先要对采集到的图像进行预处理，即对图像进行边缘增强和去噪处理，为后续的字符分割奠定基础。本书以车牌为研究对象，提出一种改进的自适应多级中值滤波器来有效地剔除噪声，以保障车牌相关信息的准确辨识，改善车牌图像的视觉效果，以达到迅速准确识别的目的。

车牌识别算法是车牌识别系统的关键技术之一，除了图像采集技术，系统识别率的优劣主要由车牌识别算法决定。车牌识别算法的流程如图 5.1 所示。

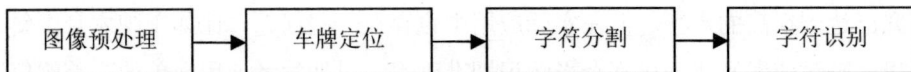

图 5.1　车牌识别算法的流程

5.1.1　车牌图像增强处理

图像增强是突出图像中有意义的信息，弱化冗余信息。由于所处理的车牌图像亮度偏差较大，需要进行车牌图像的增强处理，将亮度调节成适合处理的效果。图像增强的方法有空间域法与频率域法，前者是对图像像素的灰度进行校正、变换等处理；后者把图像看成一种二维频谱信息，采用低通滤波或高通滤波法去除图像中的噪声，使图片变得清晰。常见的方法有灰度变换、直方图处理、滤波等。

1. 灰度变换

车牌识别系统在输入图像获取时得到的是彩色图像，彩色图像包括颜色信息，所占存储空间较大，运算速度较慢。预处理阶段将彩色图像转换为灰度图像可以减少颜色信息、提高运算速度、减少存储空间。彩色图像灰度化通常有三种方法：平均值法、最大值法、加权平均值法。灰度化的效果如图 5.2 所示。

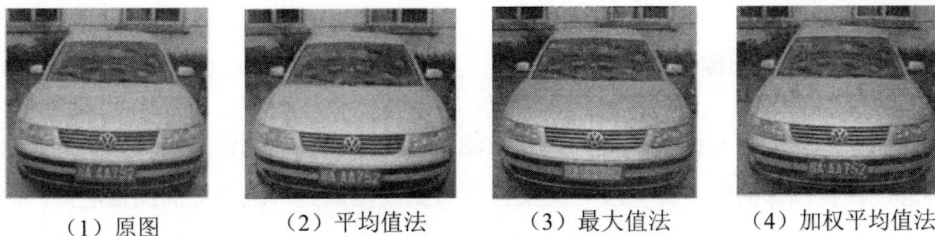

| （1）原图 | （2）平均值法 | （3）最大值法 | （4）加权平均值法 |

图 5.2　灰度化效果对比

由图 5.2 中各种彩色图像灰度化方法的比较可知，加权平均值方法的效果最好。本书的彩色车牌图像灰度化使用加权平均值方法。

设定红、绿、蓝三种颜色的权值为 $\begin{cases} W_R = 0.299 \\ W_G = 0.587 \\ W_B = 0.114 \end{cases}$，根据人眼对三种颜色的不同

敏感度，满足 $W_G > W_R > W_B$。

2. 直方图处理

灰度级为 $[0, L-1]$ 范围的数字车牌图像字母定义见表 5.1。

表 5.1　数字图像字母定义

L	灰度级总数
r_k	第 k 级灰度
n_k	灰度级为 r_k 的像素数量
n	像素总数量

直方图离散函数为：

$$h(r_k) = n_k \tag{5.1}$$

归一化直方图为：

$$p(r_k) = \frac{h(r_k)}{n} = \frac{n_k}{n} \ (k = 0, 1, 2, ..., L-1) \tag{5.2}$$

均衡化变换为：

$$s(r_k) = T(r_k) = \sum_{j=0}^{k} p_r(r_j) = \sum_{j=0}^{k} \frac{n_j}{n} \ (k = 0, 1, 2, ..., L-1) \tag{5.3}$$

通过式（5.3）把均衡化直方图范围 $[0,1]$ 全部堆砌，图像的亮度明显增强。

5.1.2 车牌图像去噪处理

图像去噪就是对图像作低通或高通滤波，去除或减少图像识别过程中的冗余信息，使得图像的锐度、亮度、突变梯度得到适度调整，进而提高图像质量。图像去噪的方法包括线性平滑方法、邻域平均法、卷积法、插值方法、多图像平均法、中值滤波法等。

中值滤波法是利用中值滤波器来过滤各种噪声，使滤波后的图像变得平滑。传统的滤波器有多级中值滤波器、加权中值滤波器、自适应中值滤波器。但传统的中值滤波器对图像边缘信息的细节处理有缺陷。因此，本书对传统中值滤波算法进行改进，提出一种改进的自适应多级中值滤波器算法对图像进行去噪处理，以达到理想效果。

1. 多级加权中值滤波

把中值滤波与平均加权两种算法有机结合，就是多级加权中值滤波方法。该方法以原始图像某像素点 P 为中心，设置一个矩形窗口，其大小为 $L = 2N+1$（N 为正整数），该像素点 P 在 (x, y) 处的灰度值为 $v(x, y)$，将此矩形窗口分成 4 个区域，可对 4 个区域作如下定义：

$$\left.\begin{array}{l} R_1(x, y) = \left[v(x, y-i); \quad -N \leqslant i \leqslant N\right] \\ R_2(x, y) = \left[v(x-i, y); \quad -N \leqslant i \leqslant N\right] \\ R_3(x, y) = \left[v(x+i, y-i); \quad -N \leqslant i \leqslant N\right] \\ R_4(x, y) = \left[v(x-i, y-i); \quad -N \leqslant i \leqslant N\right] \end{array}\right\} \tag{5.4}$$

$$\left.\begin{array}{l} G_1(x, y) = med\left[v(i, \ j) \in R_1(x, y)\right] \\ G_2(x, y) = med\left[v(i, \ j) \in R_2(x, y)\right] \\ G_3(x, y) = med\left[v(i, \ j) \in R_3(x, y)\right] \\ G_4(x, y) = med\left[v(i, \ j) \in R_4(x, y)\right] \end{array}\right\} \tag{5.5}$$

如图 5.3 所示，式（5.4）、（5.5）中，R_1、R_2、R_3、R_4 分别代表 4 个方向的一维区域，$G_1(x, y)$、$G_2(x, y)$、$G_3(x, y)$、$G_4(x, y)$ 分别代表四个区域内像素点灰度值的中值。由此得出多级加权中值滤波器的输出为：

$$f(x,y) = \sum_{k}^{4} G_k(x,y)/4 \tag{5.6}$$

式（5.6）中，$f(x,y)$ 就是所求像素点的灰度值。综上所述，掩膜滤波区域的大小和形状决定了中值滤波的效果。区域过大，去噪能力强，但图像边缘细节损失大，图像变模糊；区域太小，则去噪效果不好。

2. 改进的自适应多级加权中值滤波

为改善车牌图像预处理效果，针对车牌图像的特点，在对多级加权中值滤波算法进行深入研究的基础上，增加了 3 个大小各异的二维滤波掩膜，使得在图像预处理过程中消除噪声时尽量保留更多的细节特征，以达到提高滤波效果的目的。

改进的自适应多级中值滤波器所采用的滤波区域如图 5.4 所示。以像素点 (x,y) 为中心，增加了 3 个二维区域和 4 个一维区域。对这 7 个区域定义如式（5.7）。

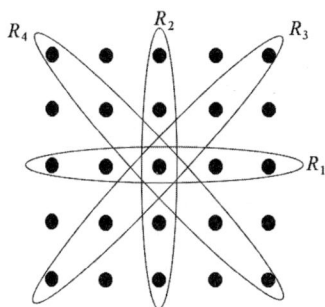

图 5.3　多级加权中值滤波器　　　　图 5.4　改进的自适应多级中值滤波器

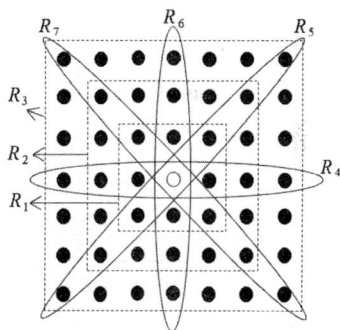

$$\begin{cases}
R_1(x,y) = \left[v(x-i,y-j); \quad -1 \leqslant i \leqslant 1, -1 \leqslant j \leqslant 1 \right] \\
R_2(x,y) = \left[v(x-i,y-j); \quad -2 \leqslant i \leqslant 2, -2 \leqslant j \leqslant 2 \right] \\
R_3(x,y) = \left[v(x-i,y-j); \quad -3 \leqslant i \leqslant 3, \ -3 \leqslant j \leqslant 3 \right] \\
R_4(x,y) = \left[v(x,y-i); \quad -3 \leqslant i \leqslant 3 \right] \\
R_5(x,y) = \left[v(x-i,y); \quad -3 \leqslant i \leqslant 3 \right] \\
R_6(x,y) = \left[v(x+i,y-i); \quad -3 \leqslant i \leqslant 3 \right] \\
R_7(x,y) = \left[v(x-i,y-i); \quad -3 \leqslant i \leqslant 3 \right]
\end{cases} \tag{5.7}$$

式（5.7）中字符代表的含义如表 5.2 所列，具体算法流程如图 5.5 所示。

表 5.2　字符含义

R_1	表示二维掩膜区域的尺寸为 3×3
R_2	表示二维掩膜区域的尺寸为 5×5
R_3	表示二维掩膜区域的尺寸为 7×7
R_4	表示水平方向的一维滤波区域
R_5	表示垂直方向的一维滤波区域
R_6	表示与水平方向成 45°的一维滤波区域
R_7	表示与水平方向成 135°的一维滤波区域

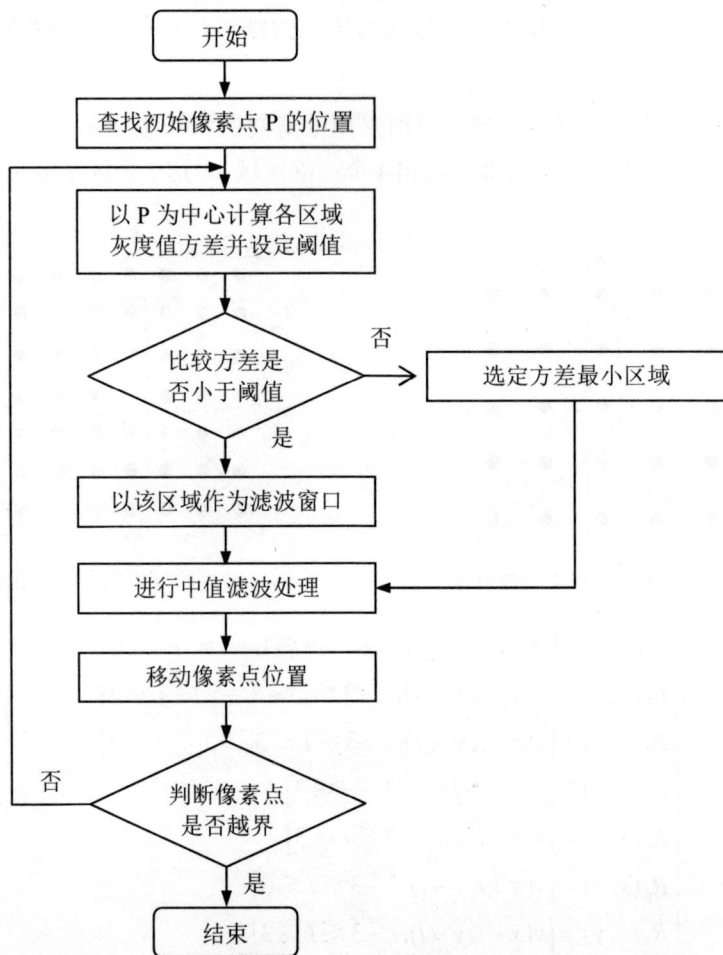

图 5.5　改进的自适应多级中值滤波算法流程图

图 5.6 中的（a）图是原始车牌图像；（b）图是使用直方图均衡化的方法对图像进行了增强后的图像；（c）图是使用多级加权中值滤波处理后的图像；（d）图是本书提出的自适应多级中值滤波器对车牌图像进行滤波处理后的图像。

（a）

（b）

（c）

（d）

图 5.6　图像增强效果对比

5.2　基于多重分形维数的车牌图像二值化

法国数学家 Mandelbrot 在 20 世纪 70 年代提出了分形几何学，用分形维数（Fractal Dimension）D 来度量不规则自然景象复杂程度信息。D 值的大小表示不规则的复杂程度，D 值越大景象越复杂。分形维数算法在图像识别算法中被广泛应用，但其计算精度差和计算量较大等缺点影响了图像识别的效果。本书在研究分形维数算法的基础上，根据动态规划与残差分析的思想提出了改进的差分盒子分形维数算法，并将其应用在车牌图像的二值化及车牌图像分割的应用中。实验结果表明，该算法达到了良好的应用效果。

5.2.1 差分盒子维数算法

实际应用中采取的分形角度不同，就使得分形维数存在不同的定义及测量方法。定义包括相似维数、容量维数、盒子维数、信息维数、关联维数及广义维数等多种。在众多分形算法中，由于差分分形盒子维数算法（differential box counting，DBC）简单、快速而被广泛应用。

定义差分盒子维数：将尺寸为 $K \times K$ 图像的 T 分割成 $s \times s$ 的小块网格 t（$l < s \leqslant K/2$，s 为正整数），令 $r = s/K$。用 $F(x, y, z)$ 表示三维空间曲面，$f(x, y)$ 表示平面位置，z 表示灰度值。$f(x, y)$ 平面就分成很多尺寸为 $s \times s$ 的小块网格，每个网格则是 $s \times s \times s$ 的盒子。假设在这些网格图像中，灰度值最大的像素点排在第 l 个盒子中，最小的排在第 k 个盒子中，则

$$R_n(i, j) = l - k + 1 \tag{5.8}$$

是堆砌在第 (i, j) 网格中的图像所需要的盒子数量。那么完全堆砌图像所需要的盒子数量为 N_r。

$$N_r = \sum_{i, j} R_n(i, j) \tag{5.9}$$

则差分盒子维数 D_B 为：

$$D_B = \lim \frac{\log N_r}{\log(1/r)} \tag{5.10}$$

应用最小二乘法即可求得 D_B，其算法流程如图 5.7 所示。

5.2.2 差分盒子维数改进算法

在上述 DBC 算法中，由于受盒子参数等约束条件限制，计算分形维数的准确程度也受到影响。为使计算结果更准确，本书从不固定窗口 s 大小及动态规划两个方面对 DBC 算法进行改进。

```
┌─────────────────────────────┐
│          图像输入            │
└─────────────────────────────┘
              ↓
┌─────────────────────────────┐
│          分块处理            │
└─────────────────────────────┘
              ↓
┌─────────────────────────────┐
│    对每块进行小格子堆砌处理    │
└─────────────────────────────┘
              ↓
┌─────────────────────────────┐
│  对每个小格子的堆砌结果进行统计  │
└─────────────────────────────┘
              ↓
┌─────────────────────────────┐
│        统计总的堆砌结果        │
└─────────────────────────────┘
              ↓
┌─────────────────────────────┐
│         输出分形维数          │
└─────────────────────────────┘
```

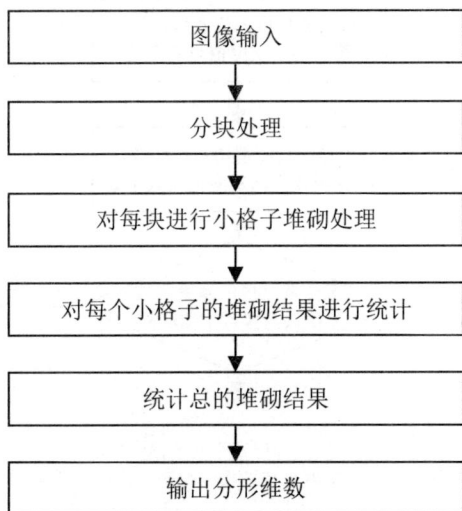

图 5.7　分形维数的计算过程

在上述算法中，大小为 $K \times K$ 的图像 T 被分成 $s \times s$ 的小网格 t，且 $s = \{s \mid s \in Z, 1 \leqslant s \leqslant K/2\}$，通常情况下，$K$ 不能被 s 整除，即图像 T 不能被小网格 t 完全覆盖，这样计算误差就会很大。

改进方法 1：当 K 不能被 s 整除时，则把 $K \times K$ 的图像尺寸变为 $(s \times K) \times (s \times K)$，利用式（5.9）计算 N_r'，则此时的盒子维数为：

$$N_r = N_r' / s^2 \tag{5.11}$$

改进方法 2：计算过程中所设定的小盒子大小为 $s \times s \times s$，实际操作过程中所设定的大小为 $s \times s \times s'$，s' 不是定值，而是一个可变值，可使小盒子对曲面有更紧密的包裹，进而使得分形维数更精确。

5.2.3　基于改进差分盒分形维数的灰度图像二值化

彩色图像被灰度化后，分形维数确定时，可以取 2×2 的模板，在对此模板进行操作时，以某个像素点作为整个模板的主灰度值，这样在遍历后所要操作的图像尺寸就只相当于原来的 1/2，如果粒度发生改变，实际计算也只针对这个 2×2 的模板。图 5.8 是基于改进分形维数的灰度图像二值化过程，取得分形维数特征时所用的阈值为 3/4。

```
┌─────────────────────────┐
│ 以1×1为尺度遍历灰度图像, │
│ 得到各个灰度值点的个数   │
└─────────────────────────┘
```

```
┌─────────────────────────┐
│ 以2×2为尺度遍历灰度图像, │
│ 统计模板内部灰度值及其个数│
└─────────────────────────┘
```

某个灰度值的像素个数≥模板内像素个数的3/4 —— 是

否

模板内像素个数的1/2≤某个灰度值的像素个数≤模板内像素个数的3/4

否   是

将该灰度值的网格个数加1，并用这个灰度值代表2×2模板

计算模板的平均值，用该值代替这个模板

计算平均值

平均值与该灰度值的距离≤ 10?   否

是

将该尺度下该灰度值的网格个数加1，并利用这个灰度值代表模板

是   图像尺寸≥2×2?

否

计算分形维数

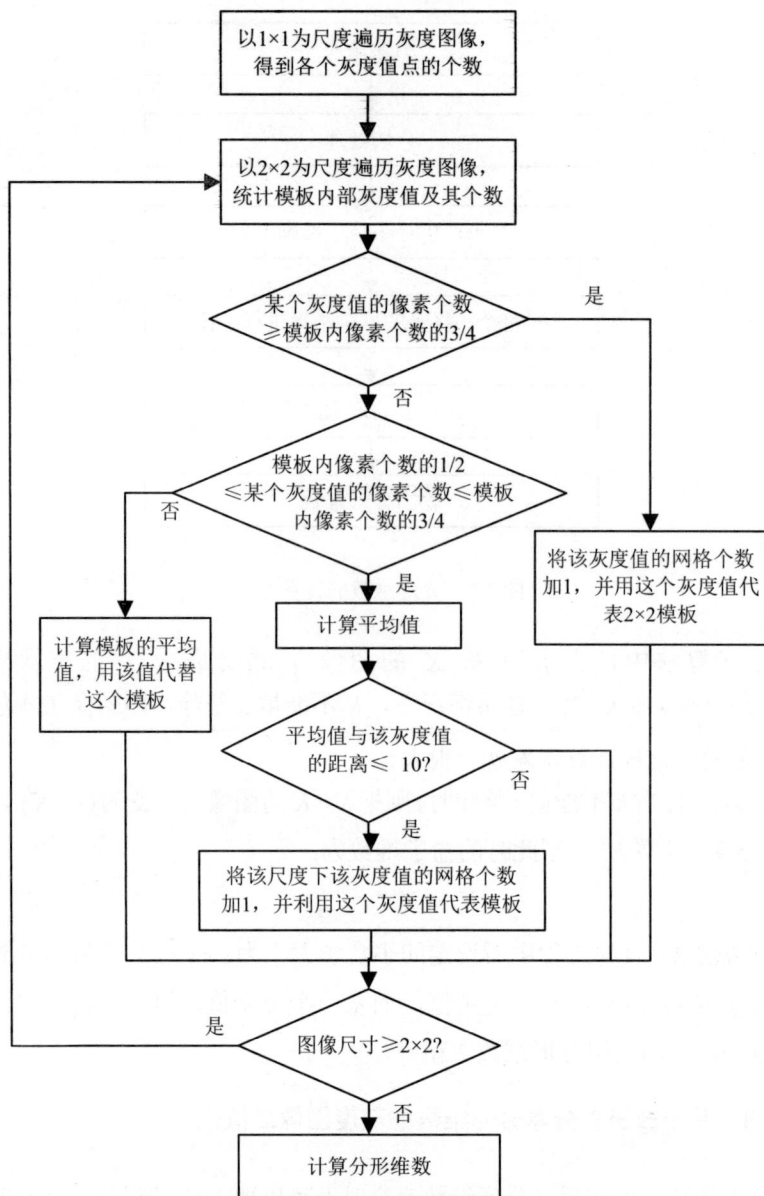

图 5.8 改进分形维数的灰度图像二值化过程

图 5.9 给出了计算分形维数时的常见图像，其中（a）、（b）、（c）图是在不同光强条件下的三幅图像；（d）、（e）、（f）图是分别被添加了 10%、20%、30%高斯噪声的三幅图像。经计算得到，六幅图像的分形维数分别为 2.193、2.224、2.254、

2.289、2.341、2.380。

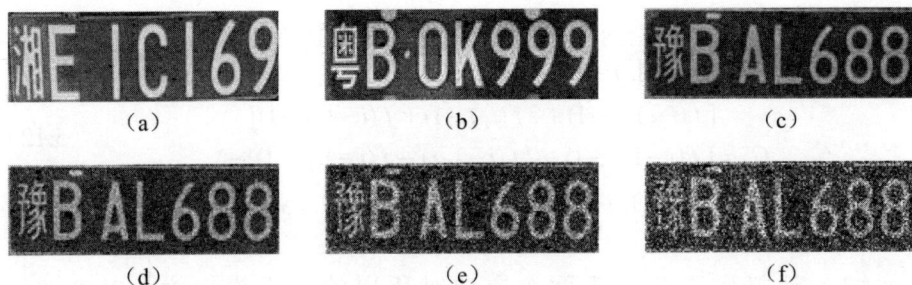

图 5.9   分形维数计算图像

5.3   基于边缘检测精度的车牌定位算法

图像边缘是进行图像特征提取时常用到的特征，它是一些像素点的集合，这些像素具有一个共性，那就是周围的灰度变化明显。汽车牌照中的目标与背景都存在边缘信息，可以通过计算将汽车牌照与周围环境之间、汽车牌照中的字符与背景之间区分开来，对进行车牌的识别有很重要的意义。灰度的导数是边缘标识的依据，所以边缘检测要考虑的主要操作就是梯度峰值计算及其峰值点的方向确定。

车牌准确定位是完成车牌识别的至关重要的步骤，其目的在于根据输入的图像定位车牌位置，并使用分割算法将车牌区域提取出来。本书对传统的 Sobel 算子进行改进，然后利用改进的 Sobel 算子来检测车牌图像的竖直边缘，对经过二值化处理的车牌图像进行腐蚀运算，以获取车牌精确区域。

5.3.1   基于传统 Sobel 算子的图像边缘检测算法

传统的边缘检测方法是检测其像素灰度的变换，通过计算一阶和二阶方向导数来查找并确定边缘像素点。传统的边缘检测算子使用 Prewitt 算子、Sobel 算子、罗盘算子等一阶算子及 Marr-Hildreth 算子、Canny 算子、Laplacian 算子等二阶算子。

由于 Sobel 算子是一种带有方向性的检测算子，可以只对竖直方向检测。因此本书选取使用 Sobel 算子进行边缘检测。传统 Sobel 算子有以下定义：

（1）Sobel 算子检测时所使用的算子规格为 3×3。

（2）计算水平和竖直两个方向时所用的卷积模板为：

$$
\begin{aligned}
G_i = &[f(i-1, j+1) + 2f(i, j+1) + f(i+1, j+1)] - \\
&[f(i-1, j-1) + 2f(i, j-1) + f(i-1, j-1)] \\
G_j = &[f(i-1, j-1) + 2f(i-1, j) + f(i-1, j+1)] - \\
&[f(i+1, j-1) + 2f(i+1, j) + f(i+1, j+1)]
\end{aligned}
\tag{5.12}
$$

（3）计算水平和垂直两个方向时所用的卷积模板为 $\begin{bmatrix} -1 & 0 & 1 \\ -2 & 0 & 2 \\ -1 & 0 & 1 \end{bmatrix}$ 和

$\begin{bmatrix} 1 & 2 & 1 \\ 0 & 0 & 0 \\ -1 & -2 & -1 \end{bmatrix}$。

（4）计算梯度幅度值时，对水平和竖直两个方向的梯度综合，公式为：

$$
G[f(i, j)] = |G_i| + |G_j|
\tag{5.13}
$$

传统的 Sobel 算子的算法过程如下：

（1）水平和垂直两个方向的卷积模板分别从左右及上下方向遍历像素点，使卷积模板中心与图像中心相对应。

（2）将卷积模板内的某点权值与实际图像中对应像素点的灰度值进行卷积。

（3）在卷积中寻找最大值代替对应图像像素点的灰度值，设该值为 t。

（4）设置阈值 T，若 $t \geq T$，则可以判断该像素点处在边缘位置。

由此可知，该算法由于计算量小，所以实现简单、有较强的时效性。因为只对水平和垂直两个方向进行扫描，因此对其他方向的敏感度不强，在实际应用中有一定的局限性。

5.3.2 基于 Sobel 算子的图像边缘检测改进算法

传统 Sobel 算子算法对水平与垂直方向比较敏感，但对斜方向不敏感。为解决此问题，本书对传统 Sobel 算子进行改进，在其基础上增加了 +45° 和 –45° 两个方向的模板，并对权重做重新分配，调整并改变原来水平与垂直方向模板的权值，增加新模板斜向边缘的权值。边缘检测的实验数据表明，与传统 Sobel 算子算法比较，改进的算法改善了检测的精准度，使边缘细节更细腻、更连续。改进算法的四个方向卷积模板如下：

$$
\left.
\begin{bmatrix} 1 & 1 & 1 \\ 0 & 0 & 0 \\ -1 & -1 & -1 \end{bmatrix}
\begin{bmatrix} -1 & 0 & 1 \\ -1 & 0 & 1 \\ -1 & 0 & 1 \end{bmatrix}
\begin{bmatrix} 2 & 1 & 0 \\ 1 & 0 & -1 \\ 0 & -1 & -2 \end{bmatrix}
\begin{bmatrix} 0 & 1 & 2 \\ -1 & 0 & 1 \\ -2 & -1 & 0 \end{bmatrix}
\right\}
\tag{5.14}
$$

5.3.3　基于 Sobel 算子的车牌精确定位改进算法

使用改进 Sobel 算子算法检测边缘信息后，对经二值化处理的图像进行腐蚀和闭运算，分析图像，最终获取车牌区域。在这个过程中，车牌的候选区域容易包含噪声，所以对图像进行腐蚀和闭运算，提高车牌区域定位的精度。

该算法的思想为：先利用 4×1 的结构单元对车牌候选区域进行腐蚀运行，以减少噪声；再利用 18×9 的结构单元对上述图像进行闭运算处理，以将车牌区域变成连通的区域，具体过程如图 5.10 所示。

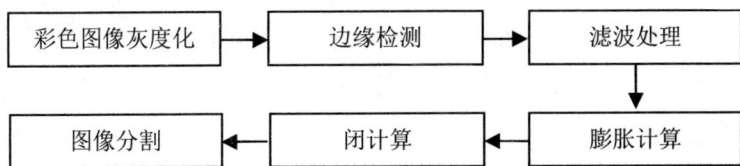

图 5.10　车牌定位过程

（1）由于通过摄像机摄取的图像清晰度很高、随机噪声很少，彩色图像灰度化利用加权平均值法完成。

（2）在使用改进 Sobel 算子进行边缘检测时，需要考虑车牌图像各方向的高密度边缘点与周围环境的某些高密度边缘信息之间的区分，也就是要考虑噪声对垂直方向边缘点的影响。

（3）对图像进行中值滤波处理，可以去除车牌区域周边的噪声干扰。

（4）对图像进行横向膨胀操作，可以恢复因中值滤波滤掉的部分有用信息。

（5）对车牌区域内的图像进行闭运算，可以恢复车牌的外形。

（6）获取车牌外形后，要对车牌图像的连通区域进行标注操作，将图像分割成几个连通区域，并将不同的连通区域矩形化。

图 5.11 为利用传统 Sobel 算子算法与改进算法进行车牌图像边缘检测的实际效果。从图中可以看到，改进算子对噪声的抵抗能力较强，边缘检测效果强于传统 Sobel 算子算法。

（a）原二值化图像　　　（b）Sobel 算子检测图像　　　（c）本书算法检测图像

图 5.11　边缘检测效果对比

5.4　车牌字符校正分割算法

车牌字符分割（License Plate Character Segmentation，LPCS）[278]就是在完成车牌精确定位后，将其中的字符按照一定的规则划分开来，划分的结果将对车牌识别的准确度造成直接影响。

5.4.1　基于 Radon 变换字符校正的改进算法

希望摄像机对车牌拍摄所得到的图像是没有角度倾斜的，但实际上，许多不可避免的外界客观因素都会使得获取的图像存在某种程度的倾斜，或者形状发生改变，这些问题的发生就会给车牌图像中的字符分割带来困难。因此，为了保证字符分割的质量，首先要对车牌图像进行校正。本书对 Radon 变换方法进行改进并应用到字符校正算法中起到了良好的效果。

1. 传统 Radon 变换

图像在一个平面内沿不同的直线作线积分，就得到 Radon 变换，也就是把图像某个角度方向上的投影累加求和。对二维函数 $f(x,y)$ 而言，Radon 变换可以在任意方向上进行，其数学表达式为：

$$R(\mu,v) = \iint f(x,y)\phi(\mu - x\cos v - y\sin v)\mathrm{d}x\mathrm{d}y \tag{5.15}$$

式中，$\phi(x) = \begin{cases} 1, & x=0 \\ 0, & x \neq 0 \end{cases}$；$v \in [0,\pi]$；$\mu \in (-\infty, +\infty)$。

$$\mathrm{Radon}[f(\alpha x,\ \alpha y)] = \frac{1}{\alpha} R_f(\alpha\mu,v) \tag{5.16}$$

$$\mathrm{Radon}[f(x-x',y-y')] = R_f[(\mu - x'\cos v - y'\sin v),v] \tag{5.17}$$

式（5.16）与（5.17）分别是 Radon 变换的缩放性与平移性。

式（5.17）中，坐标系 $x'-y'$ 与坐标系 $x-y$ 之间的变换关系为：

$$\begin{bmatrix} x' \\ y' \end{bmatrix} = \begin{bmatrix} \cos v & \sin v \\ -\sin v & \cos v \end{bmatrix} \begin{bmatrix} x \\ y \end{bmatrix} \tag{5.18}$$

式中：v 为坐标系 $x'-y'$ 与坐标系 $x-y$ 的横轴所成的夹角度数。

2. 改进 Radon 变换

通过上述研究，Radon 变换计算量小、实现简单、抗噪性能强，但平移和缩放后容易改变特性。为解决此问题，本书对传统的 Radon 变换进行改进，改进的 Radon 变换如下：

$$R(v) = \int_{-\infty}^{+\infty} T_R^2(\mu,v)\mathrm{d}\mu \tag{5.19}$$

则改进的 Radon 变换平移与缩放性如式（5.20）、（5.21）。

$$R[f(x-x',y-y')] = \int_{-\infty}^{+\infty} T_R^2[(\mu - x'\cos v - y'\sin v),v]\mathrm{d}\mu = R(v) \tag{5.20}$$

$$R\left[f\left(\frac{x}{\alpha},\ \frac{y}{\alpha}\right)\right] = \frac{1}{\alpha^2} \int_{-\infty}^{+\infty} T_R^2(\alpha\mu,v)\mathrm{d}\mu = \frac{1}{\alpha^3} R(v) \tag{5.21}$$

3. 改进的字符校正算法

本书在进行车牌图像倾斜校正时，先通过直线拟合的方法确定车牌图像中的车牌边框线，再综合利用改进的 Radon 变换完成倾斜校正。具体算法如下：

（1）将二值化处理后的车牌图像分为 5 个区域，如图 5.12 所示。

图 5.12　倾斜车牌的区域划分

（2）对车牌图像的 5 个区域自下而上进行逐行扫描，统计每一行白色像素点的数量，出现第一个大于阈值 T 的行 r_i 后停止扫描；在行 r_i 中从左至右扫描，找到第一个白色像素点，记为 (x_i, y_i)；最后根据这 5 个点的坐标拟合出一条直线，这条直线就是车牌的下边界。

（3）找到车牌的边界后，使用改进的 Radon 变换进行车牌倾斜校正，校正结果如图 5.13 所示。

图 5.13　倾斜车牌校正后的图像

实验结果显示，该方法运算速度快、效果较好、抗干扰能力强，在车牌边界部分缺失、图像模糊等问题存在的情况下，仍能得到较好的结果。

5.4.2　基于垂直投影法的车牌单字符分割改进算法

很显然，车牌字符分割的目的是将组成汽车牌照的字符一个一个分割开来，以方便后续识别，但车牌图像中会有噪声、汉字不连通、车牌定位不准确等问题，这些都会对车牌字符分割带来一定的影响。本书在研究垂直投影算法的基础上，对其进行改进，加入适当的参数，改进后的算法计算速度快、鲁棒性强，可以有效减少上述问题造成的影响，能够比较准确地分割出车牌中的每一个字符，结果对比如图 5.14 所示。

（a）直接垂直投影的效果图　　　　　　（b）改进垂直投影的效果图

图 5.14　两种算法的效果图对比

在二值化图像（图 5.14）中，黑色像素点的值设为 1，白色像素点的值设为 0。从图中可以看出，字符之间的空隙的投影值为 0 且处于低谷位置，根据此特点可确定字符的切割点。满足式（5.21）中 y 为投影值是 0 的列。

$$\sum_{i=1}^{H} f(x, y) = 0 \qquad (5.22)$$

式中：H 表示文字行的高度。

由于经过处理的二值图像仍可能有一些噪声点，会导致车牌图像中文字边界被误认的情况发生。因此，经过分析和计算，决定引入参数 M，只有当该列字符的累加和大于 M 和累加和的乘机时，才可判断 y 为字符的边界。

$$\sum_{y=1}^{H} f(x, y) > M \sum_{y=1}^{H} f(x \pm 1, y) \qquad (5.23)$$

本书对垂直投影算进行改进，具体步骤如下：

（1）对二值化的子图像块剔除噪声，根据实验分析设定系数 M。

（2）对每一列的字符的黑色像素点进行累加求和 $\sum_{y=1}^{H} f(x, y), y = 1, 2, \ldots, L$，$y$ 为当前列号；L 为列的宽度。

（3）从左至右进行扫描，计算出字符的边界：

$$\sum_{x=1}^{L} f(x, y) > M \sum_{x=1}^{L} f(x, y-1) \cap \sum_{x=1}^{L} f(x, y+1) > M \sum_{x=1}^{L} f(x, y-1) \cap$$
$$\sum_{x=1}^{L} f(x, y+2) > M \sum_{x=1}^{L} f(x, y-1) \cap \sum_{x=1}^{L} f(x, y+3) > M \sum_{x=1}^{L} f(x, y-1) \qquad (5.24)$$

若第 y 列符合上式，可确定该列字符的边界。

$$\sum_{y=1}^{L} f(x,y) > M\sum_{y=1}^{L} f(x,y-1) \cap \sum_{y=1}^{L} f(x,y) > M\sum_{y=1}^{L} f(x,y-2) \cap$$
$$\sum_{y=1}^{L} f(x,y) > \sum_{y=1}^{L} f(x,y-3)$$

(5.25)

（4）对每一列字符进行垂直方向投影，计算出该区域的黑色素累加和，第 y 列的值为：

$$\text{PixVSum}(y) = \sum_{x=0}^{H-1} f(x,y), \quad y \in [0,L]$$

(5.26)

然后本书将改进的垂直投影算法应用到二值化后的车牌图像单字符分割中，基本思路：首先对车牌图像做垂直投影操作，然后依投影结果将投影峰值出现集中的几个子图区域划分开来，最后得到车牌图像上的每个字符区域。具体算法如下：

（1）确定车牌字符的上下边界，除去边界外区域。将灰度化的车牌图像自下而上进行逐行扫描，统计每行的白色像素点的数量，白色像素点的数量大于 7 时，则为车牌字符的下边界。同理，自上而下进行逐行扫描，即可确定车牌字符的上边界。得到车牌的上下边界后，除去边界外区域，求出车牌的高度 *Height* 和宽度 *Width*。

（2）统计每列的白色像素点的个数。将灰度化的车牌图像自左而右逐列扫描，统计每列的白色像素点的个数，并将其存储在数组 $count[width+1]$ 中，$count[i]$ 表示第 i 列的白色像素点的数量。

（3）确定汉字字符区域。中国汽车牌照的第一个字符均为汉字，识别汉字区域可以通过设置 *threshold*1 和 *threshold*2 两个阈值对图像进行分割。首先自左而右扫描灰度化的车牌图像，找到第一个大于阈值 *threshold*1 的列，即为汉字字符的起始位置，记作 S；然后，继续扫描车牌图像，找到小于阈值 *threshold*1 的列，记为 H，如果 $H-S > threshold2$，则扫描结束；如果 $H-S < threshold2$，则继续扫描，直到找到满足白色像素点的数量小于阈值且 $H-S > threshold2$ 的列为止，此列即为车牌汉字字符的结束位置。这种方法无论汉字字符是否连通都能起到很好的作用。

（4）确定其他字符区域。英文字符和数字字符都是连通的，只需利用阈值 *threshold*1 就可以完成分割。完成汉字字符分割后，继续向右扫描车牌图像，当某列白色像素的数量开始大于阈值 *threshold*1 时，即为某字符的起始位置；当某列白色像素的数量开始小于阈值 *threshold*1 时，即为相应字符的结束位置。这样一直扫描到图像右端，可以将车牌的所有字符分割出来。图 5.15 是车牌字符分割的效果图。

图 5.15　车牌字符分割的效果

5.4.3　基于车牌字符边框归一化的改进算法

由于摄取车牌图像时的状态不同，分割后每个字符图像的大小也不相同，在识别尺寸不一的字符图像时准确率必然会受到很大影响，所以需要将分割后的字符尺寸标准统一，使其以相同的分辨率存在，也就是对车牌字符做归一化处理。字符归一化能够保持字符的原有拓扑结构、减少字符的失真问题、提高字符的识别率。

传统的车牌字符归一化算法是先通过计算二值灰度图像中字符的质心，然后计算水平和垂直方向的散度，最后将字符进行按比例缩放，生成规定散度的点阵。具体算法如下：

（1）计算二值灰度图像中字符的质心，先计算文字的：

$$k(x,y) = f(x,y) / \sum_{x=H}^{B} \sum_{y=L}^{R} f(x,y) \tag{5.27}$$

$f(x,y)$ 表示的意义如下：

- $f(x,y) = 1$，表示表示该像素点是字符像素点；
- $f(x,y) = 0$，表示该像素点是背景像素点。A, B, L, R 分别表示字符的四周边界。则质心式为：

$$\left.\begin{array}{l} M_x = \sum_{x=H}^{B}\sum_{y=L}^{R} x \cdot f(x,y) \Big/ \sum_{x=H}^{B}\sum_{y=L}^{R} f(x,y) \\[3mm] M_y = \sum_{x=H}^{B}\sum_{y=L}^{R} y \cdot f(x,y) \Big/ \sum_{x=H}^{B}\sum_{y=L}^{R} f(x,y) \end{array}\right\} \tag{5.28}$$

（2）计算方向散度。

$$\left\{\begin{array}{l} D_x = \sum_{x=H}^{B}\sum_{y=L}^{R} f(x,y)(x-M_x)^2 \Big/ \sum_{x=H}^{B}\sum_{y=L}^{R} f(x,y) \\[3mm] D_y = \sum_{x=H}^{B}\sum_{y=L}^{R} f(x,y)(x-M_y)^2 \Big/ \sum_{x=H}^{B}\sum_{y=L}^{R} f(x,y) \end{array}\right. \tag{5.29}$$

（3）生成散度点阵。

传统的二值图像字符归一化方法计算量大、涉及参数较多，因此有计算速度慢、误差大的缺点。本书提出一种改进的二值图像字符边框的归一化方法，解决了传统算法的弊端。具体算法如下：设定原图像为 $f(x,y)$，归一化后的图像为 $g(x',y')$，原图像上的点记作 (x_k,y_k)，归一化后图像的对应点记作 (x_k',y_k')，则其映射关系为：

$$\left\{\begin{array}{l} x_k = \eta x_k' \\ y_k = \varepsilon y_k' \end{array}\right. \tag{5.30}$$

式中：$\eta = width/width'$；$\varepsilon = height/height'$；$width$ 与 $width'$ 分别为原图像与归一化后图像的宽度；$height$ 与 $height'$ 分别为原图像与归一化后图像的高度。经归一化处理后，点 (x_k',y_k') 的灰度值为：

$$g(x_k',y_k') = f(x_k,y_k) \tag{5.31}$$

（a）二值化原图 　　　　　　（b）传统归一化算法的效果图

（c）二值化原图 　　　　　　（d）改进归一化算法的效果图

图 5.16　两种车牌字符归一化效果对比

图 5.16 是车牌图像中的字符经两种方法归一化处理的效果对比图,(b)图为传统归一化算法的结果图,(d)图为本书改进的归一化算法的结果图。从图 5.16 可以看出,本书提出的算法优于传统算法的效果。

5.5 基于改进隐马尔科夫模型的车牌字符识别算法

车牌识别系统中的识别对象是车牌中的 7 个字符,对这 7 个字符的准确识别是车牌识别系统运行效率的关键。车牌中的字符数量较少,仅包含汉字、英文字母和数字,字体一致,比汉字识别和中英文混排识别容易;但车牌识别系统是实时系统,对识别算法的运行时间有较高的要求,也就是在正确识别的同时要求算法时间复杂度较低,保证算法运行的快速、实时。

字符识别从属于模式识别领域,溯其根本在于匹配判别,常用的方法很多,如基于模板匹配、基于特征统计、基于神经网络等。本书基于分形维数完成灰度图像二值化后,提出了基于改进隐马尔科夫特征的车牌字符识别算法。该算法以改进隐马尔科夫特征作为字符特征提取依据,结合多重分类器,最终完成车牌字符识别。

5.5.1 隐马尔科夫模型

马尔科夫性表明:当前状态已知的前提下,过去事件与未来事件无论从时域角度还是空域角度,或者其他关系都相互独立。据此建立的马尔科夫模型反应了状态与事件的对应,但此模型的约束条件严格,在模式识别领域通常使用隐马尔科夫模型(hidden Markov model,HMM)[279]。HMM 模型包含两个随机过程,一个是有限状态,另一个是随机函数集,每一个状态对应一个函数。之所以被叫作隐马尔可夫模型,是因为在这个模型中只能看到随机函数的输出值,而看不到马尔科夫链状态。HMM 一般情况由以下 5 个元素组成。

(1)隐藏状态集 $S = \{s_1, s_2, ..., s_N\}$,$t$ 时刻的状态为 q_t,$q_t \in \{s_1, s_2, ..., s_N\}$。

(2)观测符号集 $V = \{v_1, v_2, ..., v_M\}$,$M$ 表示不同观测值数。

(3)状态转移概率分布 $A = \{a_{ij}\}$,其中

$$a_{ij} = P(q_{t+1} = s_j \mid q_t = s_i), \quad \sum_{j=1}^{N} a_{ij} = 1, \quad a_{ij} \geqslant 0, \quad 1 \leqslant i \leqslant N \qquad (5.32)$$

（4）状态 i 中观测值的概率分布：$B = \{b_i(k)\}$，其中

$$b_i(k) = P(o_t = v_k \mid q_t = s_i), \quad 1 \leqslant i \leqslant N, \quad 1 \leqslant k \leqslant M \qquad (5.33)$$

（5）初始状态分布：$\pi = \{\pi_i\}$，其中

$$\pi_i = P(q_1 = s_i), \quad \sum_{i=1}^{N} \pi_i = 1, \quad \pi_i \geqslant 0 \qquad (5.34)$$

综上，HMM 模型可由五元组 (S, V, A, B, π) 定义。由式（5.32）和式（5.33）可以看出，A 和 B 中含有 S 和 V 的信息，所以 HMM 模型又可写成 $\lambda = (\pi, A, B)$。

5.5.2 改进隐马尔科夫模型

通过 5.5.1 节对隐马尔科夫模型的研究，得出 HMM 作了以下两种假设：

（1）状态变化的马尔科夫假设：t 到 $t+1$ 时刻状态发生变化的概率只与 t 时刻相关，与其他无关。

（2）出现观测值的马尔科夫假设：t 时刻出现观测值的概率只与 t 时刻相关，与其他无关。

但在实际系统中，某一时刻输出观测矢量的概率和该时刻系统所处状态以及前一时刻状态都相关。因此，经典的隐马尔科夫模型假设不完全正确。

本书改进了 HMM 的状态变化以及出现观测值的马尔科夫假设条件，使得假设趋于合理。

假设二维马尔科夫链中隐藏状态在 t 时刻向 $t+1$ 时刻发生变化及出现观测值的概率和 t 及 $t-1$ 时刻都相关，即

$$\begin{aligned} a_{ijk} &= P(q_{t+1} = s_k \mid q_t = s_j, q_{t-1} = s_i, q_{t-2} = \ldots) \\ &= P(q_{t+1} = s_k \mid q_t = s_j, q_{t-1} = s_i) \end{aligned} \qquad (5.35)$$

式中：$\sum_{k=1}^{N} a_{ijk} = 1, a_{ijk} \geqslant 0, 1 \leqslant i, j \leqslant N$。

$$b_{ijl} = P(u_t = v_l \mid q_t = s_j, q_{t-1} = s_i), \quad 1 \leqslant i, j \leqslant N, \quad 1 \leqslant l \leqslant M \qquad (5.36)$$

由此得到改进的扩展隐马尔科夫模型。

由式（5.35）：在给定条件 λ，产生某状态序列 Q 的概率为：

$$P(Q|\lambda) = P(q_1|\lambda)P(q_2|q_1,\lambda)P(q_3|q_1,q_2,\lambda)\ldots P(q_T|q_{T-2},q_{T-1},\lambda)$$

$$= \pi_{q_1}\alpha_{q_1 q_2}\prod_{t=3}^{T}\alpha_{q_{t-2}q_{t-1}q_t} \tag{5.37}$$

由式（5.36）：在给定条件 λ，产生某观测序列 U 的概率为：

$$P(U|Q,\lambda) = P(u_1|q_1,\lambda)P(u_2|q_1,q_2,\lambda)\ldots P(u_T|q_{T-1},q_T,\lambda) =$$

$$b_{q1}(u_1)\prod_{t=2}^{T}b_{q_{t-1}q_t}(u_t) \tag{5.38}$$

由式（5.37）和式（5.38）可得某状态序列 Q 与某观测序列 U 同时发生的概率为：

$$P(U,Q|\lambda) = P(U|Q,\lambda)P(Q|\lambda) =$$

$$\pi_{q_1}b_{q_1}(u_1)\alpha_{q_1 q_2}b_{q_1 q_2}(u_2)\prod_{t=3}^{T}\alpha_{q_{t-2}q_{t-1}q_t}b_{q_{t-1}q_t}(u_t) \tag{5.39}$$

因此得到，在给定 λ 条件下，所出现的某序列 U 的概率为：

$$P(U|\lambda) = \sum_{Q}P(U,Q|\lambda) = \sum_{Q}\pi_{q_1}b_{q_1}(u_1)\alpha_{q_1 q_2}b_{q_1 q_2}(u_2)\prod_{t=3}^{T}\alpha_{q_{t-2}q_{t-1}q_t}b_{q_{t-1}q_t}(u_t) \tag{5.40}$$

由于式（5.40）复杂并且计算量大，可利用动态规划原理来降低计算复杂性。本书采用的是前向和后向向量算法。

1. 前向向量算法

（1）定义前向向量。

$$\alpha_t(i,j) = P(u_1,u_2,\ldots,u_t,q_{t-1}=s_i,q_t=s_j|\lambda) \tag{5.41}$$

（2）初始化。

$$\alpha_t(i,j) = P(u_1,u_2,q_1=s_i,q_2=s_j|\lambda)$$

$$= \pi_i b_i(u_1)\alpha_{ij}b_{ij}(u_2),\ 1\leqslant i,j\leqslant N \tag{5.42}$$

（3）迭代计算。

$$\alpha_{t+1}(i,k) = P(u_1,u_2,\ldots,u_t,u_{t+1},q_t=s_j,q_{t+1}=s_k|\lambda) =$$

$$\sum_{i=1}^{N}\alpha_t(i,j)\alpha_{ijk}b_{jk}(u_{t+1}),\ 2\leqslant t\leqslant T-1,\ 1\leqslant j,\ k\leqslant N \tag{5.43}$$

2. 后向向量算法

（1）定义后向向量。

$$\phi_t(i,j) = P(u_{t+1},u_{t+2},\ldots,u_t|q_{t-1}=s_i,\ q_t=s_j|\lambda) \tag{5.44}$$

（2）初始化。

$$\phi_t(i,j)=1,\ \ 1\leqslant i,\ j\leqslant N \tag{5.45}$$

（3）迭代计算。

$$\phi_t(i,j)=P\big(u_{t+1},u_{t+2},\dots,u_t\,|\,q_{t-1}=s_i,q_t=s_j\,|\,\lambda\big)=$$

$$\sum_{k=1}^{N}\alpha_{ijk}b_{jk}(u_{t+1})\,\phi_{t+1}(j,k),\ t=T-1,\ T-2,\dots,2;\ 1\leqslant i,\ j\leqslant N \tag{5.46}$$

根据式（4.41）和式（4.42）可得：在设定 λ 条件下，出现观测序列 U 的概率：

$$P(U\,|\,\lambda)=P(u_1,u_2,\dots,u_T,\,|\,\lambda)=\sum_{i=1}^{N}\sum_{j=1}^{N}\alpha_t(i,j)\phi(i,j) \tag{5.47}$$

其中 $2\leqslant t\leqslant T-1$，特别地：

$$P(U\,|\,\lambda)=\sum_{i=1}^{N}\sum_{j=1}^{N}\alpha_T(i,j) \tag{5.48}$$

以上改进算法可将预测模型应用到高阶隐马尔科夫模型，同时避免了只考虑当前状态而不考虑以前状态的简单假设，在解决问题时更加合理，符合实际需要。

5.5.3　基于隐马尔科夫模型的鲁棒性特征提取

实践证明，改进隐马尔科夫模型阶数越高，其检测的精度越准确。由于车牌图像中只包含汉字、英文字母和数字信息，颜色只有蓝、黑、红、白、黄五种，数据信息量不大，而且车牌图像中各字符的相关性与马尔科夫性吻合[162]。所以，采用改进的隐马尔科夫特征完成字符提取。基本过程如图 5.17 所示。

（1）光强数据到频率数据转换时，使用离散余弦变换（discrete cosine transform，DCT），对原车牌图像信息以 8×8 大小为单元矩阵进行划分。

（2）在对车牌图像信息进行预处理时，其结果为非负整数。

（3）差异矩阵从条件属性集和个体子集两个角度分别进行计算，公式为：

$$Fh(u,v)=F(u,v)-F(u+1,v)$$
$$Fv(u,v)=F(u,v)-F(u,v+1) \tag{5.49}$$

式中：$F(u,v)$ 表示在点 (u,v) 所拥有的能量值。

（4）训练 T 阈值处理的作用一方面在于将维数降低，另一方面在于将无意义的拥有高能量的像素剔除。对于阈值 T 处理的公式为：

$$F_T(u,v) = \begin{cases} T & F(u,v) > T \\ F(u,v) & \hat{u}F(u,v) < T \\ -T & F(u,v) < -T \end{cases} \quad (5.50)$$

本书设定的阈值 $T=3$。

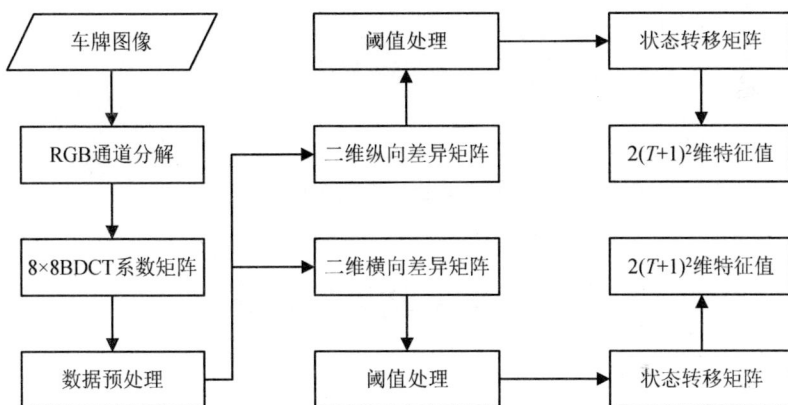

图 5.17　EHHM 特征提取过程

5.5.4　分类器的构造和实施

分类作为模式识别的核心，要依据具体情况采用不同的分类器。本书采取联合策略进行分类，即将适用于一类样本的单类支持向量机（one-class support vector machine，OC-SVM）和适用于多类样本的多类支持向量机（multi-class support vector machine，MC-SVM）联合作用进行分类[281]，操作方式如图 5.18 所示。

联合分类器工作时，先通过 OC-SVM 分类器考察待识别车牌图像，用以确定该图像是否是分类器中的某类，若是，即可确定其类别；若不是，则将其划为其他类。然后，通过 MC-SVM 分类器进行训练，再使用 MC-SVM 进行检测确定类别。

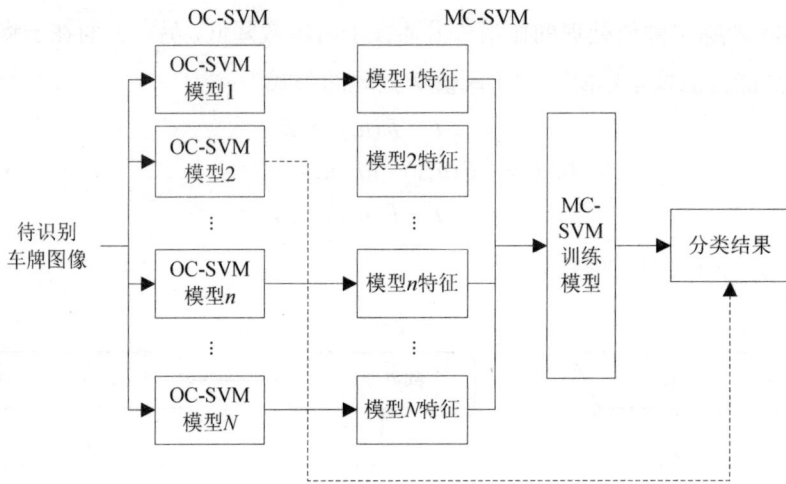

图 5.18　联合分类的操作方式

5.6　实验结果与分析

5.6.1　基于改进分形维数方法的二值化测试

本书基于分形维数进行的灰度图像二值化，车牌图像的二值化处理结果如图 5.19 和图 5.20 所示。图 5.19 的（a）、（b）、（c）图是不同光照环境下的图像，（d）、（e）、（f）图是对应的二值化后的图像。图 5.20 的（a）、（b）、（c）图是加入 10%、20% 和 30% 高斯噪声的图像，（d）、（e）、（f）图是对应的二值化后的图像。

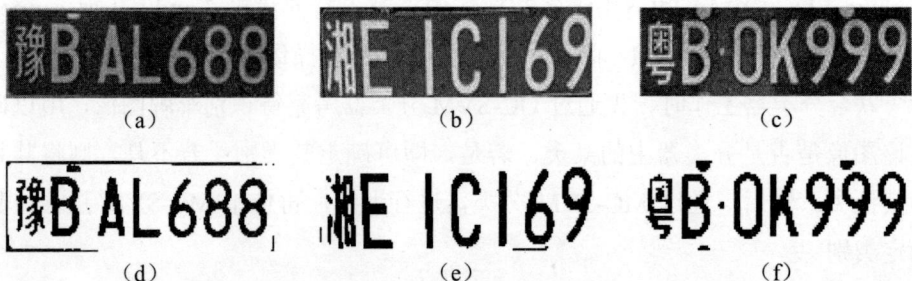

图 5.19　不同光照的二值化图像

图 5.20 不同噪声比的二值化图像

从图 5.19 和图 5.20 的显示结果可以看到,本书所采取的灰度图像二值化算法的效果较好。

5.6.2 基于 EHMM 车牌字符的识别测试

在字符识别的实验中,对汉字、英文字母和数字三类字符中每类的 320 幅图像进行训练,使用 OC-SVM 算法和 MC-SVM 算法构成联合分类器,得到训练模型。测试时,汉字、英文字母和数字三类字符分别取 600、600 和 1200 幅图像进行测试,结果如表 5.3 所列。

表 5.3 车牌字符的识别结果

字符种类	样本数	正确数	错误数	正确率
汉字	600	586	14	97.7%
字母	600	590	10	98.3%
数字	1200	1185	15	98.8%

从表 5.3 显示的数据结果可以看到,本书提出的算法对车牌图像中的三类字符均有较高的识别率。根据表 5.3 中的识别率结果,能够计算实际车牌的识别率,结果如表 5.4 所列。

从表 5.4 显示的数据结果可以看到,本书提出的算法对实际车牌的识别率也是很高的,能达到应用的要求。

表 5.4 车牌识别率

汽车牌照构成			正确率
汉字（个）	字母（个）	数字（个）	
1	1	5	90.34%
1	2	4	90.94%
1	3	3	90.52%

5.6.3 多种车牌识别算法的测试结果比较

为全面考察本书提出算法的运行效果，分别以基于模板匹配的、基于车牌特征的、基于神经网络的车牌字符识别算法为比照对象，进行了正确率及错误率比对，参与测试的车牌图像样本数为 1000 个，结果如表 5.5 所列。

表 5.5 正确率比较

车牌字符识别算法	正确数	正确率	错误数	错误率
基于模板匹配	897	89.7%	103	10.3%
基于车牌特征	887	88.7%	113	11.3%
基于神经网络	902	90.2%	98	9.8%
本书算法	906	90.6%	94	9.4%

从表 5.5 显示的数据结果可以看到，本书提出的算法识别的正确率是 4 种算法中最高的，证明该算法具有实际应用价值。

5.6.4 本书算法评估

受试者工作特征曲线（receiver operating characteristic curve，ROC 曲线）[282]是一种试验评价方法，该曲线从敏感性和特异性两个角度体现受试结果，可以有效评测算法的稳定性和有效性。该曲线的横坐标表示敏感度，纵坐标表示异度，评定结果通过比较曲线下方的面积大小给出。图 5.21 是以 5.6.3 小节中的测试样本生成 ROC 曲线的。曲线生成后，计算曲线下方的面积值，若面积值能达到 1 则是最佳状态，但通常情况下无法达到最佳状态。本书算法所生成的 ROC 曲线下方面积值为 0.9446，结合实际经验，该数值已经是一个较好状态值，说明本书提出的算法具有实际可行性。

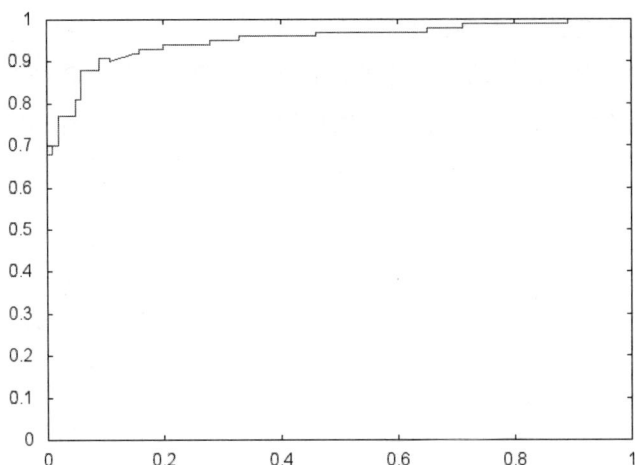

图 5.21　本文算法的 ROC 曲线

5.7　本章小结

　　本章从车牌图像预处理的过程入手，在第 2 章中图像识别技术的原理介绍的基础上，针对车牌二值化和车牌字符识别效率不高的问题，将车牌识别分为三个步骤进行研究。①在车牌图像预处理及二值化过程中，提出一种改进的自适应多级中值滤波器算法，对图像进行去噪处理；随后提出一种基于改进差分盒分形维数的灰度图像二值化方法进行图像二值化。②在车牌定位、字符分割校正过程中，首先通过在传统的 Sobel 图像边缘检测算法中增加两个方向的模板，并对权重作出重新分配的基础上，提出了基于 Sobel 算子的车牌精确定位改进算法；随后通过对 Radon 变换的平移和缩放性进行改进，提出了基于 Radon 变换的字符校正改进算法；最后通过对垂直投影算法加入适当的参数进行改进，提出了基于垂直投影算法的车牌单字符分割改进算法。经过上述算法的优化处理，提高了车牌图像检测的精准度，使边缘细节更细腻、连续，定位更准确，同时保持字符原有的拓扑结构，减少了字符的失真。③在字符识别过程中，本书提出了基于改进隐马尔科夫特征的车牌字符识别算法。该算法使用离散余弦变换实现光强数据到频率数据的转换，并从条件属性集和个体子集两个角度计算差异矩阵，获得最佳阈值，最后利用多重分类器（OC_SVM 和 MC_SVM）进行字符识别。经过仿真实验测试，结果表明，本书提出的基于改进分形维数和隐马尔科夫特征的车牌识别系统具有实际应用价值，与相关的其他算法相比，识别准确率更高，ROC 曲线也提供了本书算法在稳定性和有效性更好的证据。

第6章　车辆识别关键技术研究

在智能交通系统中，基于图像识别的交通管理主要实现智能收费功能。我国现行的公路收费系统还是以人工半自动收费（manual toll collection system，MTC）[283]为主，需要通过的车辆首先经过汽车自动分类系统进行类别区分，然后确定收费金额，缴费结束后，自动栏杆听从系统所发生的命令将车辆放行。在这一过程中，汽车自动分类系统的区别速度对汽车驶离收费口的时间有很大程度的影响。目前常用的识别区分方式有两种：一种是在汽车电子设备与地面基站设备间建立识别系统完成；另一种是以汽车自身所具备的参数作为识别依据完成。

车标作为一种标志，其主要功能就在于信息传达，它是汽车本身的 Logo，具有相关的法律意义，其特点鲜明、可识别性强、易于区别于其他品牌。目前常见的车标识别算法中，基于边缘直方图的车标识别容易受光照的影响，导致不同车系的直方图相似，影响判断结果；结合 2DPCA-ICA 和 SVM 的方法中，易受车标周边复杂环境带来的噪声；基于 Hu 不变矩的方法计算量较大，对识别效率有一定影响；基于 SIFT 描述子的方法计算量过大，在实际应用中仍具有一定的限制；基于模板匹配的方法若在全局范围内移动模板，计算量过大，运行效率较低。

为了改善上述缺陷，本书在对 SIFT[285]算子及 HOG（histogram of oriented gridients）特征进行深入研究的基础上，提出了基于 BP 神经网络与 HOG 特征提取相结合的车辆识别改进算法。该算法首先对车标识别和车型识别分别进行研究，然后将二者的识别结果综合起来作为车辆识别的依据。

（1）在车标识别算法中，提出了基于改进 SIFT 算子与 BP 神经网络相融合的车标识别算法。该方法利用车牌和车标的相对位置关联关系，对车标位置进行定位，并采用非固定环数及增加权重系数的方法解决了传统 SIFT 特征描述子因维数过高而产生计算量及时间复杂度过大的问题，最后融合 BP 神经网络算法，对提取的车标 SIFT 特征描述子进行识别。

（2）在车型识别算法中，提出了基于改进的 HOG 特征与 SVM 分类器相结合的车型识别算法，根据车型确定轮廓特征，提取改进的 HOG 特征，采用 SVM 分类器进行训练，实现高效准确地车型识别。实验结果表明，改进后的识别算法具有较高识别率，并且对光线、部分遮挡、噪声有较强的鲁棒性。为方便车辆识别系统的使用进行了系统移植，将其置于 Android 系统中，方便地利用智能终端完成车辆识别。

6.1 基于改进 SIFT 算子与 BP 网络相融合的车标识别算法

车标识别系统是智能交通系统的一部分，车标的识别对车辆的识别起着重要的作用，其基本工作过程如图 6.1 所示。

```
┌──────────┐      ┌──────────┐      ┌──────────┐
│ 正面图像采集 │ ───→ │  计算机   │ ───→ │ 定位、识别 │
└──────────┘      └──────────┘      └──────────┘
```

图 6.1　车标识别的工作过程

按照上述工作过程所建立的车标识别系统的基本组成如图 6.2 所示。这 5 个模块中，车标定位模块和车标识别模块是两个核心模块。图像采集模块完成车辆的数据采集，由于它受光照等外界环境因素所影响，虽经预处理模块处理后进行车标定位，车标定位仍存在较大难度。车标识别模块是在车标定位的前提下进行的在一定背景下的目标识别。

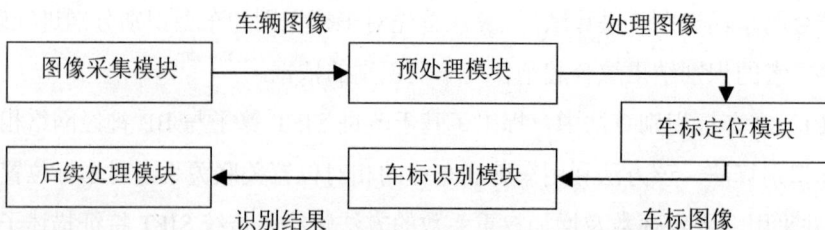

```
                车辆图像                        处理图像
┌──────────┐            ┌──────────┐            
│ 图像采集模块 │ ───────→ │ 预处理模块 │ ──────────┐
└──────────┘            └──────────┘           │
                                          ┌──────────┐
                                          │ 车标定位模块 │
                                          └──────────┘
┌──────────┐            ┌──────────┐           │
│ 后续处理模块 │ ←─────── │ 车标识别模块 │ ←─────────┘
└──────────┘            └──────────┘
     识别结果                              车标图像
```

图 6.2　车标识别系统的框架

6.1.1　车标识别技术概述

在车标识别系统中，首先要建立适合的车标定位方法。车标定位就是指在所采集的图像中确定车标所在的位置。由于对车辆采集的图像存在大量的不可预知因素，可能会造成图像质量不高，从而导致车标定位困难。现在的车标定位方法一般以其他参考物作为车标定位的基准，参考物主要是汽车牌照。虽然不同车型的汽车车牌安装的位置高度不尽相同，但基本有一个大概的空间范围，可以以它为参照进行车标定位的范围确定，然后在此范围内进行定点扫描，进而完成车标识别。

车标识别是目标识别的一个研究方向，是进行图像匹配的过程，众多研究者从不同角度作出发点。给出了不同的实现方法。

1. 模板匹配算法

模板匹配（template matching）[284]过程并不复杂。模板图像库中包含着所要匹配图像在内的大量图像，匹配的目标在于完成在大量图像中寻找到所需的待匹配图像。寻找过程从模板的中心开始，以像素点为单位进行计算，以计数值为相似度依据，得到最佳匹配点。模板匹配通过参数估计来完成，其最大似然估计等效于选择具有最小化平方差的模板位置。

$$\min e = \sum_{(x,y) \in W} (I_{x+i,y+j} - T_{x,y})^2 \qquad (6.1)$$

对于式（6.1），二值图像是它的特例，当 $I_{x+i,y+j} = T_{x,y}$ 时，值为 1；否则为 0。很明显，若是进行二值图像计算，其计算量大大被减少。因为式（6.1）中的每一项只取两个值，则结果为：

$$\max e = \sum_{(x,y) \in W} \overline{I_{x+i,y+j} \oplus T_{x,y}} \qquad (6.2)$$

模板匹配算法的主要优势在于噪声和遮挡方面的影响，然而直接实现时速度慢，尤其是当处理那些旋转或者缩放后的形状时，识别程度会受到影响。

2. 边缘直方图算法

边缘直方图关注图像的边缘，它基于不同模板之间较大差异的边缘直方图完成目标识别，其算法流程如图 6.3 所示。

边缘直方图的主要优势在于其简单、快速，但其特征点不显著，容易造成背景与目标之间的混淆，对识别程度也会造成一定的影响。

```
┌─────────────────────────────────────┐
│              图像灰度化               │
└─────────────────────────────────────┘
                   │
                   ▼
┌─────────────────────────────────────┐
│    通过边缘算子运算，得到 dx 和 dy      │
└─────────────────────────────────────┘
                   │
                   ▼
┌─────────────────────────────────────┐
│ 计算各像素的边缘方向 θ(x,y)=arctan(dx/dy) │
└─────────────────────────────────────┘
                   │
                   ▼
┌─────────────────────────────────────┐
│   将边缘方向值从 0°～180°量化到 0°～360°  │
└─────────────────────────────────────┘
                   │
                   ▼
┌─────────────────────────────────────┐
│   将边缘方向值 θ 进行直方图统计并归一化    │
└─────────────────────────────────────┘
```

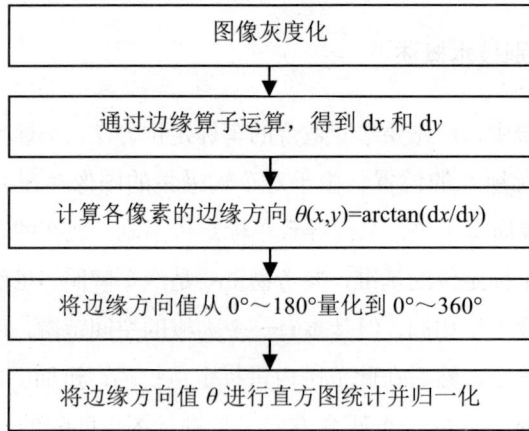

图 6.3　基于边缘直方图的车标识别

3. 神经元网络

神经元网络识别是对人脑神经元经细胞工作的模拟，有容错性好、自适应学习能力强、识别和预处理的一体融合等优点。有研究者使用 PCA 和 BP 神经元网络进行目标识别，识别过程为如图 6.4 所示。

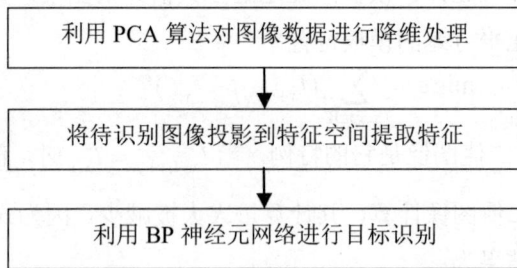

```
┌─────────────────────────────────────┐
│    利用 PCA 算法对图像数据进行降维处理    │
└─────────────────────────────────────┘
                   │
                   ▼
┌─────────────────────────────────────┐
│     将待识别图像投影到特征空间提取特征     │
└─────────────────────────────────────┘
                   │
                   ▼
┌─────────────────────────────────────┐
│      利用 BP 神经元网络进行目标识别       │
└─────────────────────────────────────┘
```

图 6.4　PCA BP 神经元网络识别过程

神经元网络的主要优势在于其快速、高效，但存在局部极小化、锯齿形现象、麻痹现象，使得噪声对其有一定程度的影响，所以在使用神经元网络识别技术的过程中需解决噪声问题。

6.1.2　车标特征描述子的构造

特征作为不同物体之间的明显区别体现，从图像处理前后所在的不同空间对图像特征进行分类，可以分为低层特征和高层语义特征。

局部特征提取方法旨在放开早期局部特征提取所设的一些限制，这样可以处理有尺度的问题：识别一个目标不受其外观大小影响。该目标可以由一组点表示，在视角发生变化的情形下也能被识别。利用多个点的排列，甚至在有些图像点模糊不清的情况下进行识别。通过这些方法，利用局部相邻特性可以得到一种表达，从而直接通过图像识别目标和场景。不过，这些方法依赖于尺度空间的概念：兴趣特征是那些存留在所选尺度上的特征。这个尺度空间利用经过高斯滤波平滑处理过的图像进行定义，如式（6.3）所示，然后使采样形成不同尺度的图像金字塔，如图 6.5 所示。

$$\nabla_W(P_{x,y}) = P_{x+1,y} - P_{x,y} \tag{6.3}$$

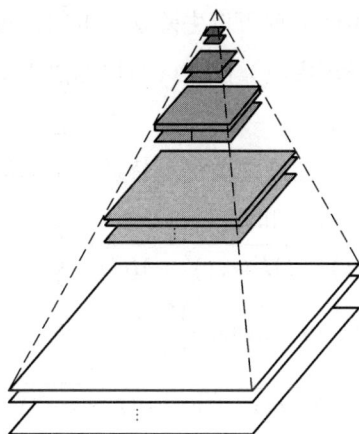

图 6.5　不同尺度的图像金字塔

尺度不变特征变换 SIFT 是一种面向局部特征的变换，旨在通过底层特征的提取完成相应任务。实现分为两个过程，即特征向量确定和特征向量比对。SIFT 算法中所倾向的特征均是具有显著性且抗噪能力较强的特征，目的在于保障特征提取质量，完成过程如图 6.6 所示。

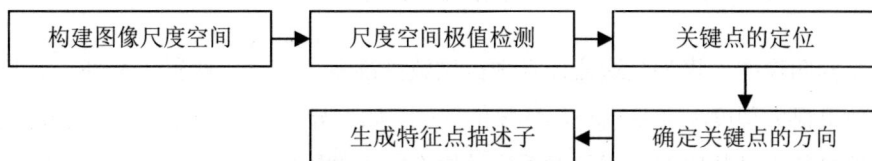

图 6.6　SIFT 算法特征的提取过程

首先，利用式（6.4）计算图像 P 的高斯差值，得到式（6.5）。

$$\sigma \nabla^2 g(x,y,\sigma) = \frac{\partial g}{\partial \sigma} \approx \frac{g(x,y,k\sigma) - g(x,y,\sigma)}{k\sigma - \sigma} \tag{6.4}$$

$$\begin{aligned} D(x,y,\sigma) &= [g(x,y,k\sigma) - g(x,y,\sigma)]P \\ &= L(x,y,k\sigma) - L(x,y,k) \end{aligned} \tag{6.5}$$

式中：函数 L 是一个尺度空间函数，可以用来定义不同尺度的平滑图像。这些特征是该函数的最大值和最小值，而不是过零点定位那样的难题。候选关键点可以通过比较每个函数点与其中间相邻点来确定。

为了对这些候选关键点进行滤波，以去除那些局部对比度很低或者边缘上定位不准确的点，需要利用局部曲线拟合推导出一个函数，该函数确定局部边缘强度、稳定性和位置。均一阈值处理可以去除那些低对比度的关键点。而那些定位不准确（即位置可能受到噪声影响）的点，可以通过考虑边缘上的曲率与垂直于边缘的曲率之间的比来进行滤波。

为了描述每个尺度上经过滤波的关键点特征，可以通过式（6.6）和式（6.7）计算梯度幅度，结果如式（6.8）和式（6.9）所示。

$$M(x,y) = \sqrt{Mx(x,y)^2 + My(x,y)^2} \tag{6.6}$$

$$\theta(x,y) = \arctan\left[\frac{My(x,y)}{Mx(x,y)}\right] \tag{6.7}$$

$$M_{\text{SIFT}}(x,y) = \sqrt{[L(x+1,y) - L(x-1,y)]^2 + [L(x,y+1) - L(x,y-1)]^2} \tag{6.8}$$

$$\theta_{\text{SIFT}} = \arctan\left[\frac{L(x,y+1) - L(x,y-1)}{(L(x+1,y) - L(x-1,y))}\right] \tag{6.9}$$

为保证描述子自身所该具有的旋转不变性，局部方向通过方向直方图的峰值来确定。这样，通过分析固定视点下的区域，对那些旨在减少摄像机视点影响以及图像亮度非线性变化影响的处理非常有效。

6.1.3 基于改进 SIFT 算法的车标特征提取

车标图像的采集为交通监控管理提供数据准备，车辆一般置于室外，对其采集的效果很大程度上会受到外界环境的限制，如差异性角度拍摄、不同气候状态、区别性参数摄录装置等，都将对采集结果有较大的影响，从而造成不尽相同的匹配结果。故而很多特征描述子由于其自身对噪声的敏感，很难准确识别车标。本书在结合先验知识的基础上，借助于 SIFT 算子具有较强抗噪声的能力完成车标图像的特征提取。

本书首先对尺度不变特征变换 SIFT 算子算法进行深入研究，由于 SIFT 具有 128 维高维度，所以其计算的复杂性增加而实时性减弱。针对上述缺点，本书对 SIFT 算法进行改进，在保持其优良特性的基础上降低维度，并将其应用到车标特征提取中，提出了基于改进 SIFT 算法的车标特征提取算法，达到了良好的应用效果。改进 SIFT 算法的车标特征提取过程如图 6.7 所示。

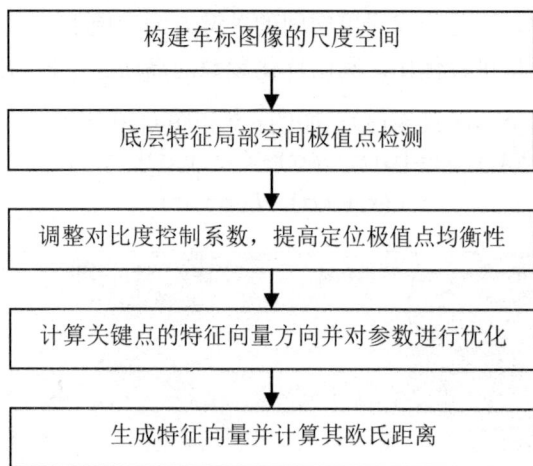

图 6.7 改进 SIFT 算法的车标特征提取过程

1. 构建车标图像的尺度空间

尺度空间理论是偏微分方程与图像之间的一种因果作用体现。单一尺度下很难摆脱噪声和冗余细节的干扰，多尺度下的特征融合在一起，可以增强特征信息，抵制噪声干扰。尺度空间的建立基于尺度参数的调整，从不同尺度空间中提取目标的根本特征。在这个调整过程中，首先要定义尺度空间内核：

$$f_{\text{out}} = K f_{\text{in}} \tag{6.10}$$

式（6.10）是卷积运算，观察输出结果，若输出结果的极值不大于采值图像的极值，就定义 K 为尺度空间内核。如何选择尺度空间内核是构建尺度空间的关键，在一系列的研究成果中，高斯卷积核被认定为是可选择的线性核，即：

$$G(x, y, \sigma) = \frac{1}{2\pi\sigma^2} e^{-(x^2+y^2)/2\sigma^2} \tag{6.11}$$

图 6.8 尺度参数递增时一组尺度空间

$$L(x,y,\sigma) = G(x,y,\sigma)I(x,y) \tag{6.12}$$

式中：$I(x,y)$ 是输入的二维图像；$I(x,y)$ 是二维图像与线性核卷积输出的尺度空间；σ 是尺度参数，也是建立尺度空间的关键。为方便下一步对极值点的检测，本书对尺度参数模型进行优化，利用优化参数的高斯差分核与图像 $I(x,y)$ 卷积得到了高斯差分尺度空间（式 6.13）。如图 6.9 和图 6.10 所示。

$$\begin{aligned}D(x,y,\sigma) &= [G(x,y,k\sigma) - G(x,y,\sigma)]I(x,y)\\ &= L(x,y,k\sigma) - L(x,y,\sigma)\end{aligned} \tag{6.13}$$

图 6.9 一组高斯差分尺度空间

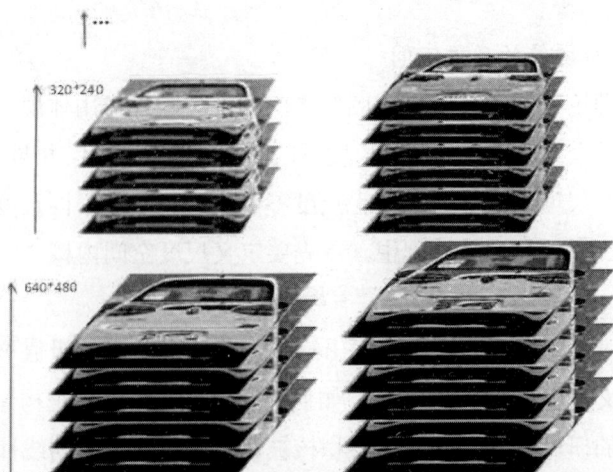

图 6.10 DOG 算子构建

2. 底层特征局部空间极值点检测

在不同尺度空间建立的基础上，需要确定极值点的检查范围。一般以 3×3 关系网格为基准。为此，需要对相邻尺度空间的所有像素点进行比较，除去当前像素点，本尺度空间及相邻尺度空间共计 26 个像素点，如图 6.11 所示。比较结束后，若其满足灰度值在当前范围最大或最小，则记录。

图 6.11　极值点检测

3. 定位极值点

为使细节清晰、屏蔽低对比度关键点所产生的噪声，要通过三维二次函数的拟合来完成图像增强。

（1）与高斯函数相对应的泰勒展式为：

$$D(x) = D + \frac{\partial D^T}{\partial x} x + \frac{1}{2} x^T \frac{\partial^2 D}{\partial x^2} x \qquad (6.14)$$

（2）对于备选点 D 和 D'，$D' = 0$，计算 $\hat{x}$：

$$\hat{x} = -\left(\frac{\partial^2 D}{\partial x^2} \right)^{-1} \frac{\partial D}{\partial x} \qquad (6.15)$$

（3）计算与 $\hat{x}$ 所对应的 $D(\hat{x})$，同时进行阈值设定。

$$D(\hat{x}) = D + \frac{1}{2} \frac{\partial D^T}{\partial x} \hat{x} \qquad (6.16)$$

接下来，对边缘响应点进行处理，从而达到降噪的目的。

（1）求解 2×2 维 Hessian 矩阵 $\begin{pmatrix} D_{xx} & D_{xy} \\ D_{xy} & D_{yy} \end{pmatrix}$ 的迹和行列式：

$$\mathrm{Tr}(H) = D_{xx} + D_{yy} = \alpha + \beta \qquad (6.17)$$

$$\mathrm{Det}(H) = D_{xx}D_{yy} - (D_{xy})^2 = \alpha\beta \qquad (6.18)$$

（2）筛选边缘响应点：

设 γ 为两个特征值之比，$\alpha = r\beta$，有：

$$\frac{\mathrm{Tr}(H)^2}{\mathrm{Det}(H)} = \frac{(\alpha+\beta)^2}{\alpha\beta} = \frac{(r\beta+\beta)^2}{r\beta^2} = \frac{(r+1)^2}{r} \tag{6.19}$$

通过式（6.20）进行阈值判断：

$$\frac{\mathrm{Tr}(H)^2}{\mathrm{Det}(H)} < \frac{(R+1)^2}{R} \tag{6.20}$$

式中 R 值的选取视具体情况而定，此时，将无意义的边缘响应点筛出，留存下来的就是所需要的关键点。极值点的定位过程如图 6.12 所示。

（a）原始图像　　　　　　（b）初步检测极值点　　　　　　（c）精确定位极值点

图 6.12　极值点的定位过程

4. 确定关键点的特征方向

旋转会对待匹配图像带来一定的影响，为最大限度地避免这种影响，本书采用自动调整 SIFT 算法中对比度的权重，改善确定关键点的均衡性，为此采取两步法。

第一步：产生关键点的特征方向，即计算其梯度模值。

$$m(x,y) = \sqrt{[L(x+1,y)-L(x-1,y)]^2 + [L(x,y+1)-L(x,y-1)]^2} \tag{6.21}$$

$$\theta(x,y) = \arctan[L(x,y+1)-L(x,y-1)]/[L(x+1,y)-L(x-1,y)] \tag{6.22}$$

式（6.21）和式（6.22）中，$L(x,y)$ 是关键点 (x,y) 的尺度函数。

第二步：产生梯度直方图。在 $0°\sim360°$ 的取值范围内，将其以 $10°$ 为单位平均对应给 36 个特征向量。关键点的主方向由该方向上的较高特征值所决定，如图 6.13 所示。

5. 特征向量的生成

将正在操作的特征点邻域所在尺度空间中的每个窗口等分成 16 个小窗口，每个小窗口内包含 8 个方向信息，则得到特征向量的维数为$16 \times 8 = 128$，记为 SIFT128，如图 6.14 所示。

图 6.13　关键点方向分配结果

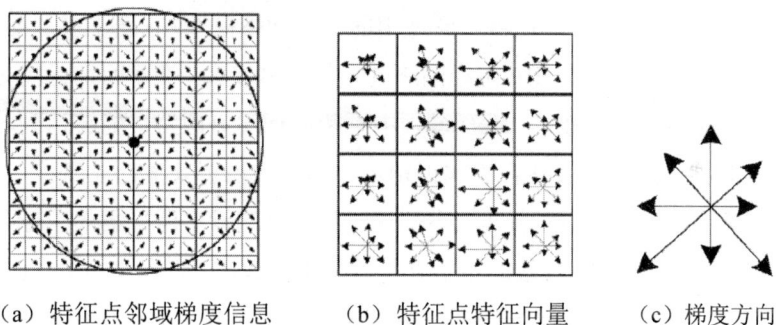

（a）特征点邻域梯度信息　　（b）特征点特征向量　　（c）梯度方向

图 6.14　SIFT 特征描述子构造示意图

但 SIFT128 维数过高，使得计算量及时间复杂度过大。为解决上述问题，本书提出采用非固定环数 h 及增加权重系数 w 的方法。首先用环数变化的圆形区域代替方形区域，由于圆形有旋转不变形，可减少计算量、降低复杂度，如图 6.15 所示。本书采用的环数 h 从内到外分别为$(4,4,3,3,2,2,1,1)$，共计 20 环。其次，增加一个距离中心点的权重系数 w，当靠近中心点时，权重增大；远离中心点时，权重减小，以此加强圆环对中心点的辐射作用。

最后，为避免光照和大梯度对待匹配图像的影响，进行归一化处理。

$$\overline{D} = \frac{D}{\sqrt{\sum\limits_{i=1}^{88} d_i^2}} = (\overline{d}_1, \overline{d}_2, \ldots, \overline{d}_{88}) \tag{6.23}$$

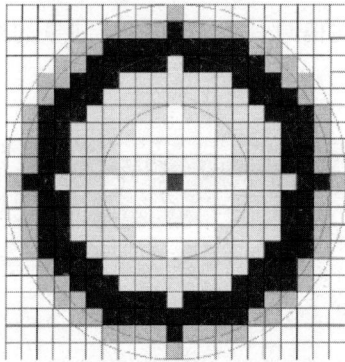

图 6.15　改进特征描述子环构造示意图

6.1.4　基于神经网络的车标识别算法

BP 神经网络[286]是一个已被广泛使用的神经网络模型,它属于多层前馈网络,其训练方式是误差逆传播。BP 神经网络的存储容量较大,在学习前无需更多的先验知识,更不需要关系确定,运行过程中不断进行阈值调整,能够达到较优的分类结果。BP 神经网络比较适合模式识别,对车标的识别效率也很高。

SIFT 算法作为一种特征提取算法,在对移动终端设备所采集的车标图像进行特征提取后,生成了一定数量的用于分类器分类的数据,在此结点处,BP 神经网络接收此部分数据。BP 神经网络通过数学统计学的方式完成优化任务,模仿大脑的与数学类似的非线性关系,容量大、容错性强;众多神经元之间相互联结,模仿大脑的非局限性;演化过程中,不断改变自身的适应性、学习能力,展现其非常定性;神经元随同演化方向的调整,因其非凸性,使得神经网络多种多样。

BP 神经网络是对人的思维模拟,属非线性动力学系统。模拟过程中,将每个神经元上承载的信息网络化,达到存储的分布式、处理的并行性。BP 神经网络是建立在一定的学习准则基础上的,这种学习准则要求:随着学习时间的增加,网络作出误判的概率减小,即最速下降法。学习过程中,首先给各神经元之间的连接赋权值,这个权值的取值范围为（0,1）。与此同时,网络接收图像模式,进行求和、比较及非线性运算,然后进行随机输出并调整权值。经过反复对大量神经元的学习后,网络记忆、识别能力增强,对问题判断的准确率逐渐提高。

BP 神经网络是一个三层感知器,由输入层、隐层和输出层组成。SIFT 算法所确定的关键点作为输入层的输入数据；隐层是一个过渡的中间层，其输出是输出层的输入，具体的输出数据由实验结果确定；输出层的输出结果就是学习的结果，也就是分类结果。BP 神经网络只有相邻的两层之间的连接，不存在越层连接，也不存在反馈连接，最终的分类信息与隐层关系密切，当然，分类的效果也受此影响。另外，对分类效果造成影响的还有权值及阈值的选择。BP 神经网络拓扑结构如图 6.16 所示。

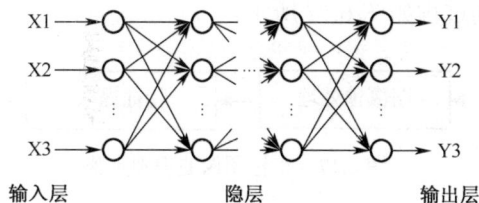

图 6.16　BP 神经网络

为进行车标识别测试，建立了车标图像库，采集以产地为分类标准，共选取了 7 个国家的 49 个品牌。具体内容如表 6.1 所示。

表 6.1　车标图像库

产地	品牌	产地	品牌	产地	品牌	产地	品牌	产地	品牌
中国	长安	德国	欧宝	意大利	菲亚特	日本	光冈	美国	悍马
	红旗		Smart		兰博基尼		丰田		Jeep
	海马		劳斯莱斯		玛莎拉蒂		铃木		雪佛兰
	福田		宝马		帕加尼		马自达		别克
			大众		阿尔法罗密欧		讴歌		林肯
法国	雷诺		迈巴赫		法拉利		英菲尼迪		克莱斯勒
	雪铁龙		保时捷				本田		福特
	布加迪		劳伦士	韩国	双龙		斯巴鲁		GMC
	标致		奔驰		起亚		雷克萨斯		道奇
			奥迪		现代		三菱		凯迪拉克
							日产		Rossion

采集车标图像时，由于采集环境不同，尺寸、灰度级存在一定差距，为保证算法的识别效果，完成图像采集后要先对图像进行预处理，主要完成统一尺

寸及二值图像的灰度处理。本书的尺寸处理标准为 400×600，二值图像的灰度处理标准为[0,255]。对待匹配的车标图像进行识别时，首先要按照上述标准检测其尺寸及灰度是否在限定范围之内，如果超出范围，则认为是无效样本，重新采集识别。

另外，为使识别车标图像时具有一定的容错性，车标图像库中的样本学习时，充分考虑了光照、角度等各种不同情况对样本的影响，而且样本集与测试集是不同的集合。具体识别过程如图 6.17 所示。

```
┌──────────┐    ┌──────────┐    ┌──────────┐    ┌──────────┐
│ 车标图像获取 │──▶│ 图像预处理 │──▶│ 特征提取  │──▶│ 车标分类  │
└──────────┘    └──────────┘    └──────────┘    └──────────┘
```

图 6.17　车标图像的识别步骤

本书所设置的 BP 神经网络与典型 BP 神经网络的拓扑结构一致，其输入层的输入由 SIFT 算法中得到的关键点确定，即 $16 \times 8 = 128$。输出层的输出不单纯是数量的确定，一方面要考虑数据的类型，另一方面要考虑数据的宽度。根据所建立的车标图像库，算法执行过程中的待匹配车标数量为 77。隐层的层数一般都要超过 1，它完成相关内部信息的处理，所关注的操作是数据的正向传递，各层的神经元数量也同样都要超过 1，通常用下式计算神经元数量：

$$H_{\text{num}} = \sqrt{I_{\text{num}}(O_{\text{num}} + 4)} + a \qquad (6.24)$$

式中：I_{num} 表示由 SIFT 算法中所确定的关键点维数；O_{num} 表示 BP 神经网络最终的输出数量；a 的取值限定在[1,10]的区间之内，隐层中所包含的神经元数为 102。

进入 BP 神经网络，开始车标类型分类的初始输入由 SIFT 算法输出的关键点维数决定，为方便在 BP 神经网络的统一处理，需要对输入数据作归一化处理，并对输入和输出数据作统一的取值区间限制，即[-1,1]，从而保证分类快速完成。

BP 神经网络在进行学习之初，要先完成系统的初始化，初始化既包括新的神经网络对象创建，也包括学习过程中所需调节的参数创建。以连接权值及阈值为调节参数的初始化使用缺省参数值，修改时使用梯度最陡下降法；系统运行过程中的参数调节使用 initff 函数，初始化值为 0.85；学习过程使用 trainbp 函数。这两个函数是 BP 神经网络实现时的常用函数，但由于 BP 神经网络收敛速度慢，实际运行过程中，从效率及可靠性两个角度考虑，可将函数调整为 trainbp，学习策略调整为动量法和学习速度自适应法。

BP 神经网络的学习过程中，激活函数的选定对整个学习过程有很大影响，它要求所选定的函数必须满足处处可微，对于不能达到此要求的函数会造成学习结果的片面，所以，选定 sigmoid 型函数作为激活函数。

$$f(x) = \frac{1}{1 + e^{-x}} \tag{6.25}$$

6.1.5 实验结果及分析

本书以自行建立的车标图像库为基础，对于车标识别选择具有旋转不变性和尺度不变性的特征提取方式，也就是改进的 SIFT 特征提取。由于车型识别在捕获图像时要受到自然环境、雨雪天气的影响，因此要去除图像的干扰项。同时，图像的捕获是在无线客户端进行，就要求图像对自身的旋转和缩放有一定的自适应性，而改进的 SIFT 特征很好地满足了这些性能要求。实验结果显示如图 6.18 所示。

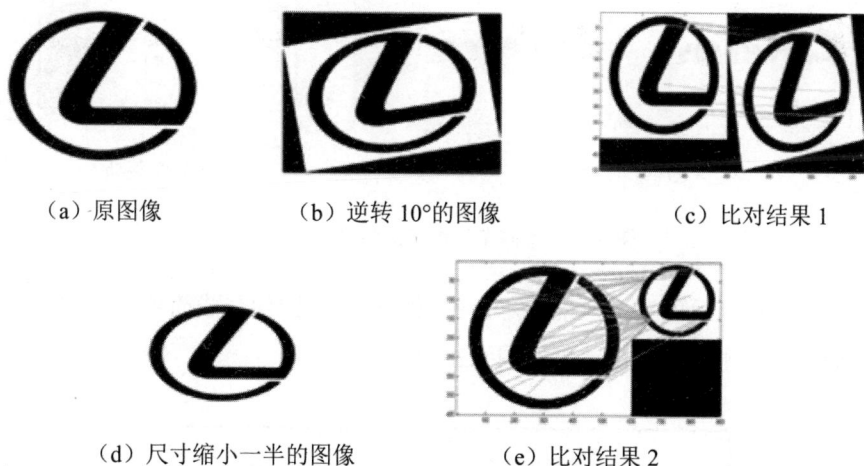

(a) 原图像   (b) 逆转 10°的图像   (c) 比对结果 1

(d) 尺寸缩小一半的图像   (e) 比对结果 2

图 6.18   缩放、旋转图像匹配

由于不同车标受到自身形状的限制，提取到的特征关键点个数也不相同，简单的车标特征关键点个数相对比较少，而复杂车标的特征关键点个数就会比较多。图 6.19 的实验结果表明，像大众、欧宝、雪铁龙这样简单的车标，SIFT 特征向量提取到的关键点个数相对较少；而像兰博基尼、劳伦士、劳斯莱斯这样复杂的车标结构，提取到的特征关键点个数就比较多。

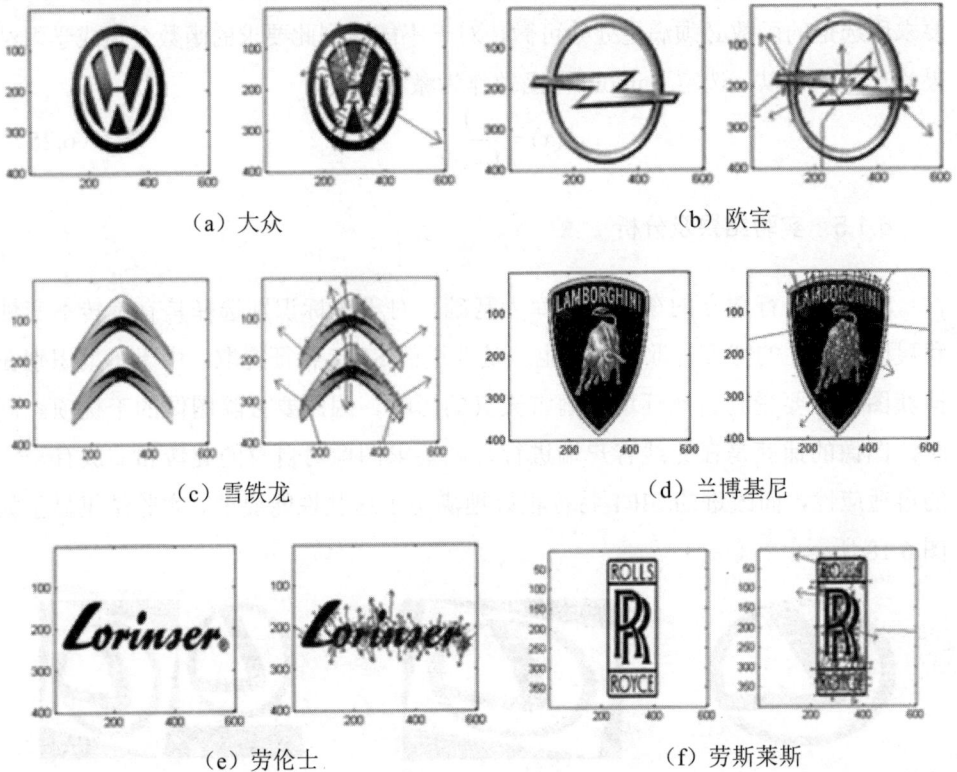

（a）大众　　　　　　　　　　（b）欧宝

（c）雪铁龙　　　　　　　　　（d）兰博基尼

（e）劳伦士　　　　　　　　　（f）劳斯莱斯

图 6.19　不同车标图像的特征关键点提取

为满足更广泛的实际匹配标示，本书将待匹配图像分成简单图像和复杂图像两类进行实验测试。测试结果如图 6.20 所示。

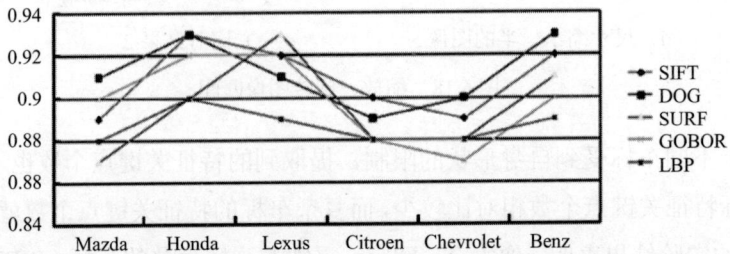

图 6.20　简单车标的不同特征向量提取

通过上述实验结果可以发现，在对几种简单车标图像进行特征提取时，各种特征提取方式对车标的正确识别率基本都能达到 85% 以上，在对马自达、本田、雷克萨斯、雪铁龙、雪佛兰、奔驰这几种结构相对简单的车标进行特征提取时，SIFT 的优势并不是很明显，但是总体性能还是优于其他几种特征向量提取方式。为作出整体性能评判，还对相对复杂的车标结构进行了性能对比，实验结果如图 6.21 所示。

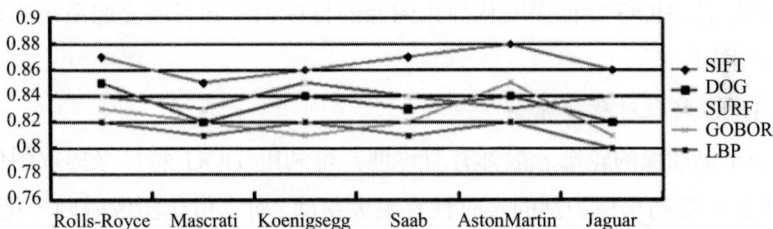

图 6.21　复杂车标的不同特征向量提取

通过上述实验结果可以清楚地看到，在对复杂结构的车标进行识别时，效率明显优于其他几种特征提取方式。实验过程中选择了劳斯莱斯、玛莎拉蒂、柯尼塞格、萨博、阿斯顿马丁、捷豹这几种相对复杂的车标进行实验结果对比。可以看到，尽管在最后的识别率上各种类型的特征提取方式都达到了 80% 以上，但复杂车标的识别正确率相对于简单车标而言要有一定程度上的下降，但是 SIFT 特征提取方式的下降率是最小的，因此 SIFT 的识别效果是最优秀的。

6.2　基于改进 HOG 特征与 SVM 分类器结合的车型识别算法

车型识别注重的是车辆的外形轮廓，而对于车辆所在的背景，即外界环境信息并不关注，只要能将区分车辆与背景的轮廓提取出来，就能保证对车型的识别。所以，本书的车型识别就是以对车辆的轮廓特征进行准确提取为目标。为了提高车型识别的实时性与准确度，本书对 HOG 特征算法进行改进，提出分层 HOG 对称特征算法，利用多层低维 HOG 特征代替高维 HOG 特征，并对低维的 HOG 特征做对称化操作，获得分层的 HOG 对称特征；然后将其用于 SVM 分类器的训练；最后用 SVM 分类器对车辆轮廓进行识别验证，获得识别结果。实验数据表明，该算法使得车型识别的实时性和准确率都得到了提高，处理速度均值为 26.2 帧/s，准确率均值达到 98.75%，比传统的 HOG 特征提高了 2.32%。

6.2.1 对 HOG 特征算法改进

HOG 特征[287]由 Dalal 和 Bill Triggs 提出，最开始融于 SFIT 算法中使用。该特征由待匹配图像的局部区域梯度方向直方图组成，特征集合中的内容主要是边缘的梯度信息，HOG 特征提取从静止图像的目标识别到智能交通系统的目标识别均被广泛采用。

1. HOG 特征对称处理

由于车辆图像的轮廓一般都有对称性，可利用 HOG 特征来提取图像的对称性，此方法对提高车型识别的实时性有很大帮助。对二值化图像做归一化（64×64 像素）处理后，可分成 2×2 的 4 个核区域，如图 6.22 所示。

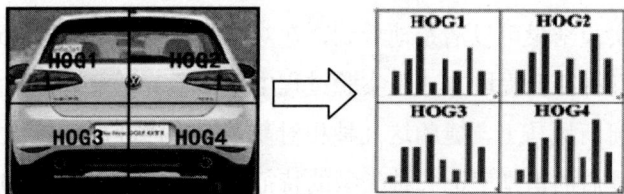

图 6.22　图像 HOG 特征的对称性

由图 6.22 可以得到各核区域的对称关系，即 HOG1 和 HOG2、HOG3 和 HOG4 分别对称。由此可设 S_1 为 HOG1 和 HOG2 的对称向量，S_2 为 HOG3 和 HOG4 的对称向量，S_1 和 S_2 也是对称关系。

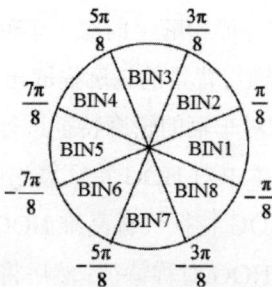

图 6.23　通道变化范围

在本书使用 8 个 BIN 通道来计算 HOG 特征，如图 6.23 所示。从该图可以看出，HOG 特征的对称关系与 HOG 向量并不是对应的，需要调整维数，调整过程如下：

$$H_L = \begin{bmatrix} h_{l1} & h_{l2} & h_{l3} & h_{l4} & h_{l5} & h_{l6} & h_{l7} & h_{l8} \end{bmatrix}^T \tag{6.26}$$

$$H_R = \begin{bmatrix} h_{r1} & h_{r2} & h_{r3} & h_{r4} & h_{r5} & h_{r6} & h_{r7} & h_{r8} \end{bmatrix}^T \tag{6.27}$$

$$\begin{aligned} \bar{H}_R &= \begin{bmatrix} h_{r5} & h_{r4} & h_{r3} & h_{r2} & h_{r1} & h_{r6} & h_{r7} & h_{r8} \end{bmatrix}^T \\ &= \begin{bmatrix} \bar{h}_{r1} & \bar{h}_{r2} & \bar{h}_{r3} & \bar{h}_{r4} & \bar{h}_{r5} & \bar{h}_{r6} & \bar{h}_{r7} & \bar{h}_{r8} \end{bmatrix}^T \end{aligned} \tag{6.28}$$

式中：H_L 表示左侧 HOG 特征向量，H_R 表示右侧 HOG 特征向量，$\bar{H}_R$ 表示调整后的右侧 HOG 特征向量。此时 H_L 与 $\bar{H}_R$ 对称。由此可以利用调整后的对称关系计算对称向量 S_1 和 S_2。

$$S_1 = \begin{bmatrix} s_{11} & s_{12} & s_{13} & s_{14} & s_{15} & s_{16} & s_{17} & s_{18} \end{bmatrix} \tag{6.29}$$

$$S_{1j} = \begin{cases} \dfrac{h_{li}}{\sum\limits_{k=1}^{8} h_{lk}} \Big/ \dfrac{h_{rj}}{\sum\limits_{k=1}^{8} h_{rk}}, & \dfrac{h_{li}}{\sum\limits_{k=1}^{8} h_{lk}} < \dfrac{h_{rj}}{\sum\limits_{k=1}^{8} h_{rk}} \\ \dfrac{h_{rj}}{\sum\limits_{k=1}^{8} h_{rk}} \Big/ \dfrac{h_{lj}}{\sum\limits_{k=1}^{8} h_{lk}}, & \text{Other} \end{cases} \tag{6.30}$$

式中：S_{1j} 表示图像中左右像素 h_{lj} 与 $\bar{h}_{rj}$ 的对称关系。将 S_1 和 S_2 向量组合在一起，就能计算出图像对称特征的对称向量。

2. HOG 对称特征进行分层处理

通过对 HOG 特征作对称处理，使识别的准确率有所提高，但改善不太明显。为此，本书在 HOG 特征作对称向量处理的基础上，再加上 1 层作细化处理的第 2 层特征，获得分层 HOG 对称特征。这种分层的处理方法使得 HOG 特征更加适合环境的变化，使识别的准确率有明显的提高。分层算法如下：

（1）首先将第 1 层 HOG 特征的 32 维向量作对称处理，可得到 16 维对称向量。

（2）然后将灰度图像平均分成 2×2 的 4 个单元，再将每单元平均分成 8 个 BIN 通道，这样便可得到第 1 层的 32 维向量。

（3）再将灰度图像分成 4×4 个单元，每个块区域为 2×2 个单元，块步长为 1 个单元长度，共计(4–1)×(4–1)=9 个块区域，得到 9×32=288 维向量。

（4）最后将以上三个步骤获得的向量串接，得到 336 维分层 HOG 对称向量。详细过程如图 6.24 所示。

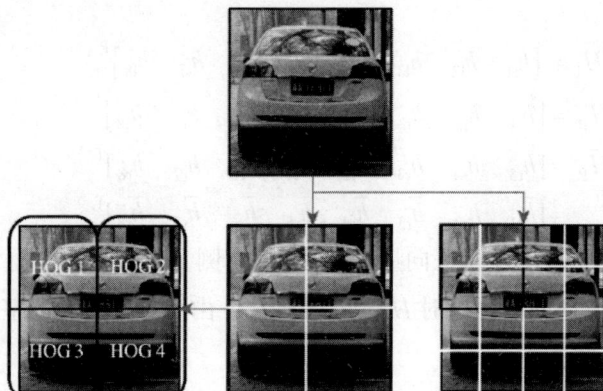

图 6.24　HOG 对称特征分层过程

6.2.2　基于改进 HOG 算法的车型图像特征提取

HOG 特征提取的操作区域是被称作细胞单元的若干个连通区域，提取连通区域中所有特征点的梯度构成特征描述子集合。由于 HOG 特征的提取在相对比较小的空间完成，而类似于形变等的影响都发生在较大的空间，这样 HOG 特征就具有较强的抵抗形变的能力。对车辆的车型图像进行拍摄时，其拍摄效果与诸多客观因素相关，这就势必导致形变，所以在进行车型识别时，将改进的 HOG 特征提取算法融合进来将会有较高的识别效率。图 6.25 给出了基于改进 HOG 特征的提取过程。

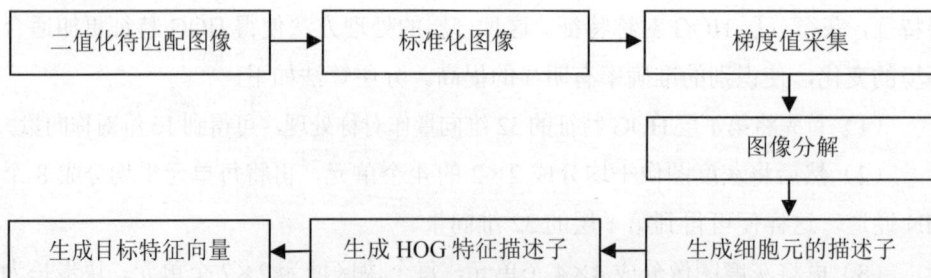

图 6.25　基于改进 HOG 特征的提取过程

1. 二值化待匹配图像及标准化

二值化待匹配图像的原因在于进行车型识别时不必关注颜色变化,经二值化后信息量减少,能有效提高运行速度。标准化的目的在于弱化光照等因气候原因对所采集图像的影响,尽可能地剔除噪音干扰。标准化的公式为:

$$I(x,y) = I(x,y)^{gamma} \tag{6.31}$$

式中:$gamma = \dfrac{1}{2}$。

2. 梯度值采集

梯度计算以坐标系的两个维度为依据分别计算,同时通过导数运算获得部分信息,并进一步减轻光照影响。具体计算方法为:

$$gradientX = I(X+1,Y) - I(X-1,Y) \tag{6.32}$$

$$gradientY = I(X,Y+1) - I(X,Y-1) \tag{6.33}$$

$$R(X,Y) = \sqrt{gradientX^2 + gradiedntY^2} \tag{6.34}$$

$$\theta(X,Y) = \arccos\left[\frac{I(X+1,Y) - I(X-1,Y)}{R}\right] \tag{6.35}$$

式中:$gradientX$ 为点 (X,Y) 在 X 轴方向梯度;$gradientY$ 为点 (X,Y) 在 Y 轴方向梯度;$R(X,Y)$ 为点 (X,Y) 梯度值;$Ang(X,Y)$ 为梯度方向。

3. 生成细胞元描述子

要想生成细胞元的描述子,需要完成对每个细胞元的直方图统计,不同的细胞元被划分在不同的小区域内。本书为完成车型识别,设定的区域为 8×8,具体表示如图 6.26 所示。

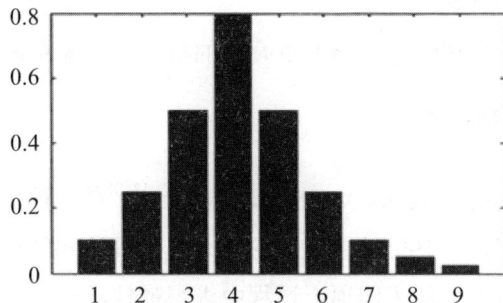

图 6.26 细胞元直方图

图 6.26 中对梯度方向进行平均分配，分成了 9 个方向，即特征向量的维数为 9。梯度值通过投影的权值确定，即对每个像素点梯度值加权计算生成。

4. 生成 HOG 特征描述子

为进一步弱化光照等气候原因对所采集图像的影响，尽可能地剔除噪音干扰，在此过程中会再次进行归一化处理。对细胞元进行划分并生成了细胞元描述子后，需要把各个小区域（本书中每个小区域设置为 2×2）连成一个大块（记作 Block），从而形成 HOG 特征描述子，维数为 $9\times2\times2=36$。本书中 Block 以矩形形状存在，所涉及的参数包括细胞元个数、与细胞元对应的像素点个数及细胞元描述子维数。以 64×128 的图像为对象，每个细胞元大小为 $8\times8=64$ 个像素点，每个 Block 的大小为 $2\times2=4$ 个细胞元，则每个 Block 的特征个数为 $4\times9=36$，若步长值设为 8，分别从横向和纵向两个方向进行扫描，就可以得到窗口维数为 $36\times7\times15=3780$。

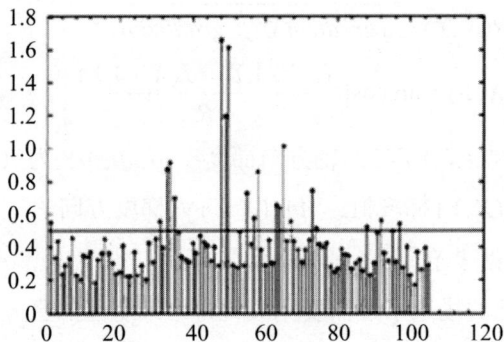

图 6.27　Block 的二次划分及提取

5. 生成目标特征向量

目标特征向量的生成通过对所有重叠块的特征采集来实现。

6.2.3　SVM 模型训练

支持向量机（Supper Vector Machine，SVM）[288]是一种机器学习算法，是对实际问题的一种仿真，于 1995 年提出，它以 VC 维理论和结构风险最小原理为依据建立，希望在对真实解的无限逼近过程中求得最佳结论。在这个逐渐逼近的过程中，发生着低维到高维的转变、不可分到可分的转变、线性到非线性的转变。

它在经验风险与结构风险所构建的结构风险中寻求最小值，能较好地完成两类目标的区分，对边界有较强的感知，具有很好的学习能力。

从维数角度看，支持向量机关心的是 VC 维，而对于样本维数并不关心，样本维数再高，也不体现问题的复杂程度。因为与问题的复杂程度真正相关的是 VC维，在运算过程中融入了适当的核函数更加远离样本的维数问题。在非线性可分向线性可分过渡的过程中，承担任务的是非线性函数，它将低维向高维过渡来解决可分性的转化，从而完成分类器的作用。只是这种通过维度改变对问题的求解方式在某种程度上会造成维数危机，使得分类时间难以控制。不过，面对这一问题，核函数发挥了其应有的作用，建立了差异性的分类器完成分类任务。常用的核函数包括：

$$K(x,y) = \tan[a(x.y) + b] \tag{6.36}$$

$$K(x,y) = [(x.y) + 1].d \tag{6.37}$$

$$K(x,y) = \exp\left(\frac{-|x-y|^2}{d^2}\right) \tag{6.38}$$

$$K(x,y) = x.y \tag{6.39}$$

机器学习的宗旨在于通过分类样本的学习训练，达到完成分类的目的。初始的分类样本数量并不很多，但需要分类器对不多的样本训练也能保证以后的正确分类。支持向量机分类思想的最终目标是将样本集进行正负两面的分类，中间存在分割面。线性函数运算后所输出的函数值是千差万别的数值，而分类器只要求进行类别的划分。所以，要对函数输出的函数值进行阈值比较，根据比较结果划分所在类别。

分类过程中使用的函数，其自变量值的取值对象是向量，所以此种分类可以在任意维数的空间中进行，因变量的输出结果与所设定的阈值相符时得到的结果就是分类器的分类面，如图 6.28 所示。

从直观角度看，评价分类器的性能好坏在于分类结果的实际意义；从客观角度看，评价分类器的性能是通过定义分类间隔来完成的。分类间隔标明分类面到正负两种类别属性样本中的最近样本之和。所得和值越大，就意味着间隔越远，也就说明该分类器的推广能力越强。分隔间隔的具体表示为：

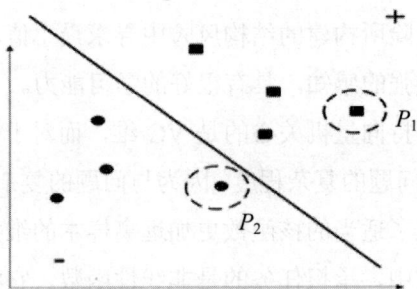

图 6.28 分类器分类结果

$$\delta_{间隔} = y_i(wx_i + b) \tag{6.40}$$

式中：y_i 表示所属类别，取值范围为 $\{-1,1\}$；x_i 是针对样本的特征向量。样本的具体描述为：

$$D_i = (x_i, y_i) \tag{6.41}$$

分类器用于分类的函数具体描述为：

$$f(x) = w.x + b \tag{6.42}$$

在对样本类别属性的判断操作中，若样本所在类别确定，预设阈值 0，很容易知道 $w.x + b > 0, y_i > 0$，即 $f(x_i) > 0$；反之，有 $w.x + b < 0, y_i < 0$，即 $f(x_i) > 0$。这两种情况说明 $y_i(w.x_i + b)$ 的值始终是正的，就可以用 $|f(x_i)|$ 来表示。如果对 w、b 的值标准化处理，则分类间隔就可以表示几何间隔，其具体表示为：

$$\delta_{几何间隔} = \frac{1}{\|w\|}|f(x)| \tag{6.43}$$

在对分类间隔进行调整后，得到最优分类面，如图 6.29 所示。

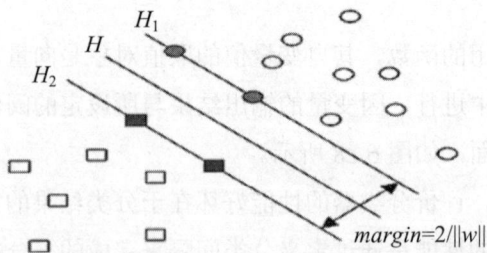

图 6.29 分类面优化结果

图 6.29 中，H_1 和 H_2 表示正负两类样本的分类面；H 表示正负两类样本之间

的分类面。三个分类面之间是平行的关系，H_1 和 H_2 之间的长度就是式（6.43）中所定义的几何间隔。

所有样本在参与分类的过程中，不能保证每次的分类都是正确的，不可避免地存在错误分类的情况，在发生错误分类时，错误分类的次数与几何间隔之间的关系表达式为：

$$T \leqslant \left(\frac{2R}{\delta}\right)^2 \tag{6.44}$$

式中：$R = \max \|x_i\|$，$i = 1, 2, \ldots, n$；x_i 表示第 i 个样本的特征向量。显然 R 的值为 $\|x_i\|$ 的所有取值中的最大值，即特征向量长度的最值。观察式（6.44）发现，误分次数与几何间隔之间呈现反比关系，几何间隔越大，分类面的可推广性越强，误分率越低。所以，分类器性能与几何间隔息息相关。在使用分类器的过程中，当然希望误分率越小越好，而较少的误分次数就要求有较大的几何间隔，故将任务调整为：

$$\min \frac{1}{2} \| w \|^2 \tag{6.45}$$

目前，原来的单纯优化问题就变成了有约束条件的优化问题。此类问题的求解目的在于得到全局最优解，而不考虑局部最优解。具体通过拉格朗日方法解决，对应的函数表示为：

$$L(w, b, a) = \frac{1}{2} \| w \| 2 - \sum_{i=1}^{n} a_i [y_i(w^{\mathrm{T}} x_i + b) - 1] \tag{6.46}$$

式中：a_i 表示的是拉格朗日因子，接下来，分别对 w 和 b 求解偏导数：

$$\frac{\partial L}{\partial w} = 0 \Rightarrow w = \sum_{i=1}^{n} a_i y_i x_i$$
$$\frac{\partial L}{\partial b} = 0 \Rightarrow \sum_{i=1}^{n} a_i y_i = 0 \tag{6.47}$$

将式（6.47）的结果代回式（6.46），可得：

$$L(w, b, a) = \frac{1}{2} \sum_{i=1}^{n} a_i - \frac{1}{2} \sum_{i,j=1}^{n} a_i a_j y_i y_j x_i^{\mathrm{T}} x_j \tag{6.48}$$

对式（6.48）进行最值求解，结果就是所需要的目标函数。

本书通过 SVM 对车型样本集合的训练，对于车型判别训练的样本集而言，不希望其数据量太大，过大的数据量会增加训练过程所需要的时间，使得收敛速度变慢。所以，在训练开始之前，对得到的样本集合进行处理，使其既保证收敛速度，又不丢失负样本。一般采用的方法是增设缓冲区，缓冲区中每次都存放样本集合部分样本所构成的一个子集。训练算法开始时，每次参与训练的都是缓冲区内容，然后不断调整缓冲区中的内容，对于能够确定的分类属性就离开缓冲区，不能确定的继续训练学习。样本集合中的所有样本都经历了训练后，整个算法结束。训练过程中涉及的相关参数信息包括样本数量 num、样本类别 type、样本遍历指针 *X。

6.2.4　实验结果及分析

1. Windows 系统下的实验结果及分析

同类别车辆从外观看虽然会有一定差别，但通常差别不会太大，想在众多车辆中直接确定车型还是存在一定困难的。所以，在识别过程中分为厂家识别和具体车型识别两个阶段，对应两个阶段分别进行车标识别和车型识别。

在对福特汽车进行识别的时候，选取了五种福特汽车的常见车型：福特福克斯、福特锐界、福特探险者、福特嘉年华、福特野马。

实验的识别正确率如图 6.30 所示。

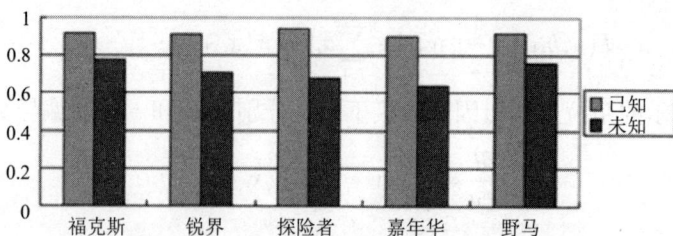

图 6.30　厂商已知与未知的福特车型识别结果

从实验结果可以看出，在对福特车型的识别过程中，如果已知该车辆属于福特厂商，在判断车型的时候就可以获得较高的识别效率，基本能达到90%；而在未判断出车辆的厂商时，车辆的识别效率会下降很多，基本在60%。产生这种结果的原因是福特的这几款车型差别较大，如果确定了厂商就能很容易判断出该车的车型。而不同的车型在其他厂商的汽车里也会出现，因此影响了识别效率。

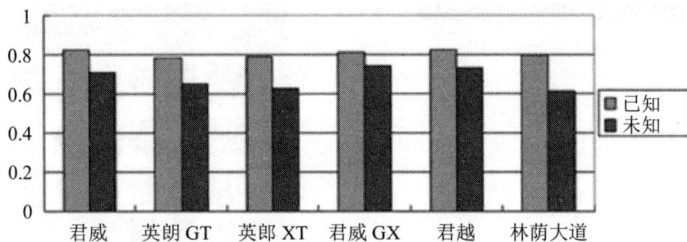

图 6.31　厂商已知与未知的别克车型识别结果

从识别效率看（如图 6.31 所示），别克车型的识别效率要劣于福特车型，这与别克车型的外观设计相对大众化存在一定的关系，但在识别过程中是分阶段进行的，所以总体识别效果比较好。

2. Android 系统下的实验结果及分析

该实验首先要搭建 Android 系统，然后将 Android 系统与后端服务器连接，再进行识别算法移植，最后进行实验检测。

图 6.32 是 Android 系统下的主界面。图（a）是系统启动的起始画面，图（b）是识别系统的运行画面。

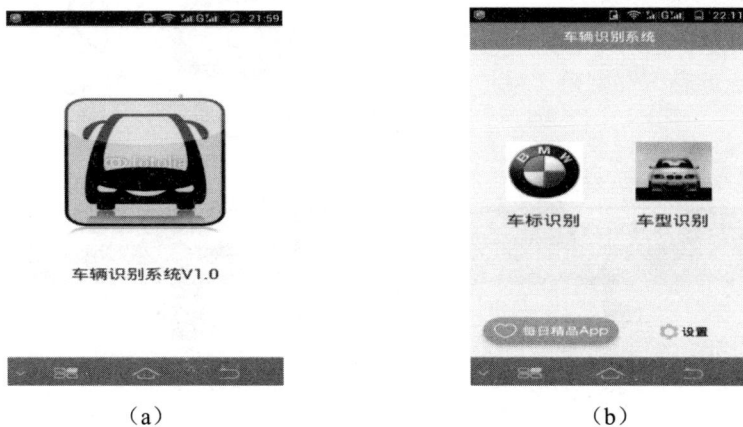

（a）　　　　　　　　　　　　（b）

图 6.32　Android 系统下的主界面

对车辆进行识别时，所需要的输入图像既可以通过移动终端现场摄取，也可以将移动终端图库内已存在的图像直接输入，两种图像输入方式的识别结果如图 6.33 所示。

（a）

（b）

（c）

（d）

图 6.33 不同图像获取方式的识别

图 6.33 中图（a）是移动终端现场摄取图像的输入方式显示界面；图（b）是从移动终端内图库直接提取图像输入方式的显示界面；图（c）是现场摄取图像输入后识别失败的显示界面；图（d）是从移动终端内图库直接提取图像输入后识别成功的显示界面。

6.3 本章小结

本章从车标识别和车型识别两个方面进行车辆识别，为智能交通管理提供了有实际意义的识别方法。

对于相同品牌的汽车在外形上相似、识别难度较大的问题，为了减少对所拍摄车辆图像的识别难度、提高识别效率，首先利用车牌和车标的相对位置有关联关系，对车标位置进行定位 / 车标识别中，对车标识别技术进行研究，选择构造车标特征描述子，对 SIFT 算法进行改进并应用到车标特征提取，提出了基于改进 SIFT 算法与 BP 神经网络相融合的车标识别算法，有效地实现了车标识别。车型识别中，根据车型所关联的外部轮廓特征，对 HOG 特征算法进行改进并实现特征提取，最后结合支持向量机进行分类识别。仿真实验测试的结果表明，本书所提出的基于 BP 神经网络和支持向量机的车辆识别系统无论是在 Windows 系统下还是在 Android 系统下，都具有较高识别率，并且对光线、部分遮挡、噪声有较强的抗干扰性。从需求使用上来看，是现实可用、低投入高效率的应用方法；从技术使用上来看，是传统与现代的结合、是有意义的尝试。

第 7 章　总结与展望

　　智能交通系统中的图像识别技术主要应用于基于图像识别的智能汽车电子信息系统、基于图像识别的交通监控和基于图像识别的交通管理三个领域。基于图像识别的智能汽车电子信息系统主要实现车辆外部环境和内部信息交互的功能，包括车辆自适应导航、障碍物检测、道路识别及故障分析等。基于图像识别的交通监控主要是利用计算机智能化技术，通过摄像机或电子眼对违章车辆的牌照进行智能识别，由交通监管部门对道路上行驶车辆进行信息的采集分析检测、跟踪以及交通流量参数检测等。基于图像识别的交通管理主要实现智能收费功能，包括汽车牌照识别和汽车外型识别等。本书就以图像识别技术在这些领域的应用为前提展开研究。

7.1　本书的基础性工作

　　从客观、全面的角度出发，本书对智能交通系统及图像识别技术的相关原理、技术等进行了深入细致的研究，并在此基础上作了全面总结。

　　本书全面总结了图像识别技术在智能交通系统中的相关应用以及智能交通系统在国内外的研究现状。分析了图像识别的定义，对图像识别过程作了基本分析，具体分析了图像预处理的各个阶段所完成的操作及方法，分别对形状、纹理、颜色等底层图像特征及其提取进行了探讨，并对视觉层次表示、计算机视觉系统结构及计算机视觉理论框架作了分解。对摄像机标定原理进行了较为全面的剖析，给出世界坐标系、摄像机坐标系和图像坐标系三种坐标系之间的坐标转换。结合本书的图像预处理要求，全面分析了图像预处理的每个操作过程。对分形维数的定义、盒子维方法及维数确定给出具体操作过程。详细说明了隐马尔科夫特征及其特征提取。分析了 SIFT 描述子的构造、BP 神经元网络在模式识别中的应用、HOG 特征提取及 SVM 在分类中的使用。

7.2 本书的创新性工作

（1）提出了基于摄像机标定模型的智能泊车系统算法。本书将摄像机标定技术与泊车运动学模型相结合，建立了智能泊车系统。从精准确定泊车轨迹的角度，提出了多阶段弧线进退泊车轨迹算法；从提高标定精度的角度，改进了张正友摄像机标定模型，提出了基于改进畸变模型及初值化的摄像机标定算法。在此基础之上，将小孔成像原理与计算机视觉理论中的摄像机标定技术进一步融合，提出了基于改进的摄像机标定模型的智能泊车系统算法。

（2）对车牌图像预处理过程中的相关算法进行改进。通过加权平均值法和直方图法将彩色图像灰度化并进行亮度增强；利用改进的自适应多级中值滤波器算法对图像进行去噪处理；通过改进的差分盒子分形维数算法对车牌灰度图像进行二值化。

（3）提出了基于改进的隐马尔科夫特征的车牌识别系统。在车牌定位过程中，提出了基于改进的 Sobel 算子的车牌精确定位算法；在车牌字符处理过程中，提出了基于 Radon 字符校正改进算法、基于垂直投影法的车牌单字符分割改进算法、基于车牌字符边框归一化改进算法；在车牌字符识别过程中，提出了基于改进的隐马尔科夫模型的车牌字符识别算法。

（4）提出了基于改进的 SIFT 算子与 BP 算法相融合的车标识别方法。在对 SIFT 特征描述子提取过程中，本书提出采用非固定环数 h 及增加权重系数 w 的方法，解决传统 SIFT 特征描述子因维数过高而产生的计算量及时间复杂度过大问题，并融合 BP 神经网络算法对提取车标 SIFT 特征描述子进行识别。

（5）提出了基于改进 HOG 特征与 SVM 分类器相结合的车型识别算法。由于车型的确定与其车辆轮廓特征相关，本书通过改进 HOG 特征提取算法，并融合 SVM 分类器进行训练，高效地实现了车型识别。

7.3 进一步的研究工作

（1）基于摄像机标定的智能泊车系统中，理论上认为车辆在泊车过程中不会产生侧滑，但实际测试过程中，选取的测试车辆会发生轻微侧滑，这也使得系统不可避免地产生了误差，后续研究中需要考虑侧滑因素并进行调整。

（2）基于支持向量机的车型识别系统中，获取的车辆外形数据不够全面，使得特征向量进行类别区分时影响了区分效果。另外，模板库中的图像信息不够丰富，为达到更好的识别率，后续研究中需要进一步完善模板图像库、更多地捕捉待检测车辆的自身信息并将其融入到识别算法中。

（3）车辆识别系统原是在 Windows 操作系统下完成的，本书进行了系统移植，将其置于 Android 系统中，可以方便地利用智能终端完成车辆识别。但本书仅完成了 Android 系统的移植，使得 iOS 系统用户无法使用，后续研究中，希望能继续完成到 iOS 系统的移植。

（4）将本书研究的几种算法融合成为智能交通系统平台，利用智能泊车技术为驾驶员在安全驾驶方面提出适当建议。利用车牌识别和车辆识别技术实现车辆检测、车辆跟踪、交通流参数检测、事故检测等交通大数据信息获取，为交通监控和交通管理领域提供数据支撑，对提高道路通行能力、减少交通事故、合理调节路网的交通流分配具有重要意义。

参考文献

[1]   Gupta P, Purohit G N, Dadhich A. Approaches for intelligent traffic system: a survey[J]. International Journal on Computer Science and Engineering, 2012, 4(9): 1570.

[2]   岳建明. 我国智能交通产业的发展及技术创新模式探讨[J]. 中国软科学，2012（9）：188-192.

[3]   Bubenikova E, Franekova M, Holecko P. Security increasing trends in intelligent transportation systems utilising modern image processing methods[M]. Berlin: Activities of Transport Telematics. Springer Berlin Heidelberg, 2013: 353-360.

[4]   Yan X, Zhang H, Wu C. Research and development of intelligent transportation systems[C].Guilin, China:Distributed Computing and Applications to Business, Engineering & Science (DCABES), 2012 11th International Symposium on. IEEE, 2012: 321-327.

[5]   An S, Lee B H, Shin D R. A survey of intelligent transportation systems[C]. Bali, Indonesia:Computational Intelligence, Communication Systems and Networks (CICSyN), 2011 Third International Conference on. IEEE, 2011: 332-337.

[6]   Ran B, Boyce D. Dynamic urban transportation network models: theory and implications for intelligent vehicle-highway systems[M]. Berlin :Springer Science & Business Media, 2012.

[7]   Bailey K, Blandford B, Grossardt T, et al. Planning, technology, and legitimacy: structured public involvement in integrated transportation and land-use planning in the United States[J]. Environment and Planning B: Planning and Design, 2011, 38(3): 447-467.

[8]   Cawley K P. Status of the highway trust fund[J]. Congressional Budget Office, 2013.

[9]   Majumdar S R, Sen L, Park S. The feasibility of mobility management in the

United States[J]. Public Works Management & Policy, 2013: 1087724X12469795.

[10] Picone M, Busanelli S, Amoretti M, et al. Advanced Technologies for Intelligent Transportation Systems[J]. International Journal of Radiation Oncology Biology Physics, 2015, 66(4):1143-51.

[11] McRuer D T, Graham D, Ashkenas I. Aircraft dynamics and automatic control[M]. Princeton , NJ:Princeton University Press, 2014.

[12] Nowacki G. Development and Standardization of Intelligent Transport Systems[J]. 2012.

[13] Akamatsu M, Green P, Bengler K. Automotive technology and human factors research: Past, present, and future[J]. International journal of vehicular technology, 2013, 2013.

[14] Buck M, Haulick T, Schmidt G U, et al. Vehicle communication system: U.S. Patent 8,483,775[P]. 2013-7-9.

[15] Milanes V, Villagra J, Godoy J, et al. An intelligent V2I-based traffic management system[J]. Intelligent Transportation Systems, IEEE Transactions on, 2012, 13(1): 49-58.

[16] 向师仲，李建海，李敏，等. 云计算在智能交通中的应用[J]. 交通运输工程与信息学报，2015，13（2）：45-49.

[17] Policy-making in the European Union[M]. New York: Oxford University Press, USA, 2015.

[18] 王东柱，杨琪. 欧洲合作智能交通系统发展现状及相关标准分析[J]. 公路交通科技，2013，30（9）：128-133.

[19] 王俊. 面向智能交通的路径规划相关技术研究[D]. 南京：南京大学，2013.

[20] Lin H Y, Wang Y J, Cai J C. Image Recognition Technology Based on Artificial Intelligence[J]. Applied Mechanics & Materials, 2013, 347-350(347-350): 3537-3540.

[21] Altun M. Road Scene Content Analysis for Driver Assistance and Autonomous Driving[D]. Athens, Ohio : Ohio University, 2015.

[22] Jung H G, Kim D S, Yoon P J, et al. 3D VISION SYSTEM FOR THE

RECOGNITION OF FREE PARKING SITE LOCATION[J]. International Journal of Automotive Technology, 2006, 7(3):351-357.

[23] Kaempchen N, Franke U, Ott R. Stereo vision based pose estimation of parking lots using 3D vehicle models[C].Versailles-France:Intelligent Vehicle Symposium. 2002:459-464.

[24] Corral P, Perez J A, De C L A C, et al. Parking spaces detection in indoor environments based on Zigbee[J]. IEEE Latin America Transactions, 2012, 10(1):1162-1167.

[25] Xu J, Chen G, Xie M. Vision-guided automatic parking for smart car[C]// Intelligent Vehicles Symposium, 2000. IV 2000. Proceedings of the IEEE. 2000:725-730.

[26] Jung H G, Dong S K, Yoon P J, et al. Parking Slot Markings Recognition for Automatic Parking Assist System[C]. Intelligent Vehicles Symposium, Volume, Issue, 13-15, pp: 962. 2006:106 - 113.

[27] Degerman P, Pohl J, Sethson M. Hough Transform for Parking Space Estimation Using Long Range Ultrasonic Sensors[C].SAE 2006 World Congress & Exhibition. 2006.

[28] Mcgee T G, Hedrick J K. Optimal Path Planning with a Kinematic Airplane Model[J]. Journal of Guidance Control & Dynamics, 2015, 30(2):629-633.

[29] Sungon Lee, Minchuul Kim, Youngil Youm, Wankyun Chung. Control of a Car-Like Robot for Parking Problem[C].Proceedings of the IEEE Roboticsand Automation, 1999, 1-6.

[30] Jin Xu, G.Chen, Ming Xie. Vision-guided automatic parking for smat car[C].Proceedings of the IEEE Interlligent Vehicles Symosium, Dearbon, MI, 2000, 700-725.

[31] Jean Paul Laumond, Paul E.Jacobs, Michel Taix, Richard M.Murray. A Motion Planner for Non-holonomic Mobile Robots[J]. IEEE Trans. On Robotics and automation, 1994, 10(5): 577-593.

[32] Jean Paul Laumond, Paul E.Jacobs Michel Taix. Efficient Motion Planners for

Non-holonomic Mobile Robots[C]. Intelligent Robots and Systems, 1991: 1229-1235.

[33] Murray R M, Sastry S S. Nonholonomic motion planning: Steering using sinusoids[J]. IEEE Transactions on Automatic Control, 1993, 38(5): 700-716.

[34] Paromtchik I E,Laugier C. Autonomous Parallel Parking of Non-holonomomic Vehicle[C]. Intelligent Vehicle Symposium, 1996:3117-3122.

[35] Paromtchik I E, Laugier C. Automatic Parallel Parking and Returning to Traffic Manoeuvres[C]. Intelligent Robots and Systems, 1997, 3(3):21-23.

[36] Minowa T, Ochi T, Kuroiwa H, et al. Smooth gear shift control technology for clutch-to-clutch shifting[R]. SAE Technical Paper, 1999.

[37] Ge Y, Chen Y, Dai G. A motion planning algorithm for automatic parallel parking from arbitrary initial posture[C].Intelligent Control and Automation (WCICA), 2011 9th World Congress on. IEEE, 2011: 769-774.

[38] Kanayama Y, Kimura Y, Miyazaki F, et al. A stable tracking control method for an autonomous mobile robot[C].Robotics and Automation, 1990. Proceedings., 1990 IEEE International Conference on. IEEE, 1990: 384-389.

[39] Kanayama Y, Hartman B I. Smooth local path planning for autonomous vehicles[M].Autonomous robot vehicles. Springer New York, 1990: 62-67.

[40] Jacobs P, Canny J. Planning smooth paths for mobile robots[M].Nonholonomic Motion Planning. Springer US, 1993: 271-342.

[41] Reeds J, Shepp L. Optimal paths for a car that goes both forwards and backwards[J]. Pacific journal of mathematics, 1990, 145(2): 367-393.

[42] Sussmann H J, Tang G. Shortest paths for the Reeds-Shepp car: a worked out example of the use of geometric techniques in nonlinear optimal control[J]. Rutgers Center for Systems and Control Technical Report, 1991, 10: 1-71.

[43] Fraichard T. Smooth trajectory planning for a car in a structured world[C]. Robotics and Automation, 1991. Proceedings., 1991 IEEE International Conference on. IEEE, 1991: 318-323.

[44] Bicchi A, Casalino G, Santilli C. Planning shortest bounded-curvature paths for a

class of nonholonomic vehicles among obstacles[J]. Journal of Intelligent and Robotic Systems, 1996, 16(4): 387-405.

[45] Sim eon T, Leroy S, Laumond J P. Computing good holonomic collision-free paths to steer nonholonomic mobile robots[C].Intelligent Robots and Systems, 1997. IROS'97., Proceedings of the 1997 IEEE/RSJ International Conference on. IEEE, 1997, 2: 1004-1010.

[46] Yang G, Kapila V. Optimal path planning for unmanned air vehicles with kinematic and tactical constraints[C].Decision and Control, 2002, Proceedings of the 41st IEEE Conference on. IEEE, 2002, 2: 1301-1306.

[47] Esquivel W D, Chiang L E. Nonholonomic path planning among obstacles subject to curvature restrictions[J]. Robotica, 2002, 20(01): 49-58.

[48] Wilde D K. Computing clothoid segments for trajectory generation[C].2009 IEEE/RSJ International Conference on Intelligent Robots and Systems. IEEE, 2009: 2440-2445.

[49] Scheuer A, Fraichard T. Continuous-curvature path planning for car-like vehicles[C].Intelligent Robots and Systems, 1997. IROS'97., Proceedings of the 1997 IEEE/RSJ International Conference on. IEEE, 1997, 2: 997-1003.

[50] Scheuer A, Fraichard T. Planning continuous-curvature paths for car-like robots[C].Intelligent Robots and Systems' 96, IROS 96, Proceedings of the 1996 IEEE/RSJ International Conference on. IEEE, 1996, 3: 1304-1311.

[51] Scheuer A, Fraichard T. Collision-free and continuous-curvature path planning for car-like robots[C].Robotics and Automation, 1997. Proceedings., 1997 IEEE International Conference on. IEEE, 1997, 1: 867-873.

[52] Scheuer A, Laugier C. Planning sub-optimal and continuous-curvature paths for car-like robots[C].Intelligent Robots and Systems, 1998. Proceedings., 1998 IEEE/RSJ International Conference on. IEEE, 1998, 1: 25-31.

[53] Scheuer A, Xie M. Continuous-curvature trajectory planning for manoeuvrable non-holonomic robots[C].Intelligent Robots and Systems, 1999. IROS'99. Proceedings. 1999 IEEE/RSJ International Conference on. IEEE, 1999, 3:

1675-1680.

[54] Fraichard T, Ahuactzin J M. Smooth path planning for cars[C].Seoul, Korea: ICRA. 2001: 3722-3727.

[55] Fraichard T, Scheuer A. From Reeds and Shepp's to continuous-curvature paths[J]. IEEE Transactions on Robotics, 2004, 20(6): 1025-1035.

[56] Kito T, Ota J, Katsuki R, et al. Smooth path planning by using visibility graph-like method[C].Robotics and Automation, 2003. Proceedings. ICRA'03. IEEE International Conference on. IEEE, 2003, 3: 3770-3775.

[57] Walton D J, Meek D S. A controlled clothoid spline[J]. Computers & Graphics, 2005, 29(3): 353-363.

[58] Labakhua L, Nunes U, Rodrigues R, et al. Smooth trajectory planning for fully automated passengers vehicles: Spline and clothoid based methods and its simulation[M].Informatics in Control Automation and Robotics. Springer Berlin Heidelberg, 2008: 169-182.

[59] Shanmugavel M, Tsourdos A, White B, et al. Co-operative path planning of multiple UAVs using Dubins paths with clothoid arcs[J]. Control Engineering Practice, 2010, 18(9): 1084-1092.

[60] Nguyen D H, Widrow B. Neural networks for self-learning control systems[J]. IEEE Control systems magazine, 1990, 10(3): 18-23.

[61] Daxwanger W A, Schmidt G K. Skill-based visual parking control using neural and fuzzy networks[C].Systems, Man and Cybernetics, 1995. Intelligent Systems for the 21st Century., IEEE International Conference on. IEEE, 1995, 2: 1659-1664.

[62] Bianco C G L, Piazzi A, Romano M. Smooth motion generation for unicycle mobile robots via dynamic path inversion[J]. IEEE Transactions on Robotics, 2004, 20(5): 884-891.

[63] Bianco C G L, Gerelli O. Generation of paths with minimum curvature derivative with $\eta 3$-splines[J]. IEEE Transactions on Automation Science and Engineering, 2010, 7(2): 249-256.

[64] Papadopoulos E, Poulakakis I. Planning and obstacle avoidance for mobile robots[C].Robotics and Automation, 2001. Proceedings 2001 ICRA. IEEE International Conference on. IEEE, 2001, 4: 3967-3972.

[65] Thompson S, Kagami S. Continuous curvature trajectory generation with obstacle avoidance for car-like robots[C]Sydney, Australia:International Conference on Computational Intelligence for Modelling, Control and Automation and International Conference on Intelligent Agents, Web Technologies and Internet Commerce (CIMCA-IAWTIC'06). IEEE, 2005, 1: 863-870.

[66] Chang H C. High-quality path planning for autonomous mobile robots with β-splines and parallel genetic algorithms[C].Robotics and Biomimetics, 2008. ROBIO 2008. IEEE International Conference on. IEEE, 2009: 1671-1677.

[67] 孟繁微. 车辆垂直泊车转向控制算法研究[D]. 长春：吉林大学，2011.

[68] Wu X, Guo B, WANG J. Mobile robot path planning algorithm based on particle swarm optimization of cubic splines[J]. Robot, 2009, 31(6): 556-560.

[69] Saska M, Macas M, Preucil L, et al. Robot path planning using particle swarm optimization of Ferguson splines[C].2006 IEEE Conference on Emerging Technologies and Factory Automation. IEEE, 2006: 833-839.

[70] Ryu Y W, Oh S Y, Kim S Y. Robust automatic parking without odometry using enhanced fuzzy logic controller[C].2006 IEEE International Conference on Fuzzy Systems. IEEE, 2006: 521-527.

[71] Gómez-Bravo F, Cuesta F, Ollero A, et al. Continuous curvature path generation based on β-spline curves for parking manoeuvres[J]. Robotics and autonomous systems, 2008, 56(4): 360-372.

[72] Gómcz-Bravo F, Cuesta F, Ollero A. Parallel and diagonal parking in nonholonomic autonomous vehicles[J]. Engineering applications of artificial intelligence, 2001, 14(4): 419-434.

[73] 宋金泽. 自主泊车系统关键技术研究[D]. 长沙：国防科技大学，2009.

[74] Bruyninckx H, Reynaerts D. Path planning for mobile and hyper-redundant

robots using Pythagorean hodograph curves[C].Advanced Robotics, 1997. ICAR'97. Proceedings., 8th International Conference on. IEEE, 1997: 595-600.

[75] Van Den Berg J, Abbeel P, Goldberg K. LQG-MP: Optimized path planning for robots with motion uncertainty and imperfect state information[J]. The International Journal of Robotics Research, 2011, 30(7): 895-913.

[76] Zhang B T, Kim S H. An evolutionary method for active learning of mobile robot path planning[C].Computational Intelligence in Robotics and Automation, 1997. CIRA'97., Proceedings., 1997 IEEE International Symposium on. IEEE, 1997: 312-317.

[77] Wang C, Soh Y C, Wang H, et al. A hierarchical genetic algorithm for path planning in a static environment with obstacles[C].Electrical and Computer Engineering, 2002. IEEE CCECE 2002. Canadian Conference on. IEEE, 2002, 3: 1652-1657.

[78] Bhaduri A. A mobile robot path planning using genetic artificial immune network algorithm[C].Nature & Biologically Inspired Computing, 2009. NaBIC 2009. World Congress on. IEEE, 2009: 1536-1539.

[79] Bhattacharjee P, Rakshit P, Goswami I, et al. Multi-robot path-planning using artificial bee colony optimization algorithm[C].Nature and Biologically Inspired Computing (NaBIC), 2011 Third World Congress on. IEEE, 2011: 219-224.

[80] Kala R. Multi-robot path planning using co-evolutionary genetic programming[J]. Expert Systems with Applications, 2012, 39(3): 3817-3831.

[81] Araújo R, de Almeida A T. Learning sensor-based navigation of a real mobile robot in unknown worlds[J]. IEEE Transactions on Systems, Man, and Cybernetics, Part B (Cybernetics), 1999, 29(2): 164-178.

[82] Qu H, Yang S X, Willms A R, et al. Real-time robot path planning based on a modified pulse-coupled neural network model[J]. IEEE Transactions on Neural Networks, 2009, 20(11): 1724-1739.

[83] Sanchez C M, Penas M S, Salvador L G. A Fuzzy Decision System for an Autonomous Car Parking[M].Handbook on Decision Making. Springer Berlin

Heidelberg, 2012: 237-258.

[84] 王芳成. 自动平行泊车系统的研究[D]. 合肥：中国科技大学，2010.

[85] Jiang H, Guo K H, Zhang J W. Design of automatic parallel parking steering controller based on path-planning[J]. Journal of Jilin University(Engineering and Technology Edition), 2011, 41(2): 293-297.

[86] Maekawa T, Noda T, Tamura S, et al. Curvature continuous path generation for autonomous vehicle using B-spline curves[J]. Computer-Aided Design, 2010, 42(4): 350-359.

[87] Zhang S, Simkani M, Zadeh M H. Automatic Vehicle Parallel Parking Design Using Fifth Degree Polynomial Path Planning[C].Vehicular Technology Conference (VTC Fall), 2011 IEEE. IEEE, 2011: 1-4.

[88] Liang Z, Zheng G, Li J. Automatic parking path optimization based on bezier curve fitting[C].2012 IEEE International Conference on Automation and Logistics. IEEE, 2012: 583-587.

[89] 周培义，黄迅. 自动泊车系统的控制算法研究[J]. 汽车工程学报，2014，4（3）：172-179.

[90] BASU S. Tabu search implementation on traveling sales-man problem and its variations:a literature survey[J].American Journal of Operations Research, 2012, 2(2):163-173.

[91] Wand Yong,Tian De,Li Yu-hua. An improved simulated annealing algorithm for travelling salesman problcm[J].International Journal of Online Engineering, 2013,9(4):28-32.

[92] Fan Ming,Guo Yi,Yun Chao, et al. Adaptive hybrid algorithm for dynamic path planning problem of intelligent access system[J].Journal of System Simulation 2013,25(7):1543-1548.

[93] IMEN C,ANIS K,SAHAR T,et al. Smartpath: an efficient hybrid ACO-GA algorithm for solving the global path plan-ning problem of mobile robots[J].International Journal of Advanced Robotic Systems, 2014,11(1):1-15.

[94] Wang Bo,Ghanu Xiao-lei.Task scheduling algorithm based on particle swarm

optimization genetic algorithms in cloud computing environment[J].Computer Enginecr-ing and Applications,2015,51(6):84-88.

[95] Huang Y P, Lai S Y, Chuang W P. A template-based model for license plate recognition[C]. IEEE International Conference on Networking, Sensing & Control. IEEE, 2004:737-742 Vol.2.

[96] Du S, Ibrahim M, Shehata M, et al. Automatic license plate recognition (ALPR): A state-of-the-art review[J]. IEEE Transactions on circuits and systems for video technology, 2013, 23(2): 311-325.

[97] 张光华. 车牌定位方法研究[D]. 南京：东南大学，2005.

[98] 王慧敏. 基于高清图像的多车牌识别系统的研究[D]. 青岛：青岛科技大学，2011.

[99] Zhai X, Bensaali F. Standard definition ANPR system on FPGA and an approach to extend it to HD[C]. Gcc Conference and Exhibition. IEEE, 2013:214-219.

[100] Kocer H E, Cevik K K. Artificial neural networks based vehicle license plate recognition[J]. Procedia Computer Science, 2011, 3:1033-1037.

[101] Roy A, Ghoshal D P. Number Plate Recognition for use in different countries using an improved segmentation[C]. Emerging Trends and Applications in Computer Science. 2011:1-5.

[102] Ozturk F, Ozen F. A New License Plate Recognition System Based on Probabilistic Neural Networks[J]. Procedia Technology, 2012, 1:124-128.

[103] Wang W. Reach on Sobel Operator for Vehicle Recognition[C]. International Joint Conference on Artificial Intelligence. IEEE, 2009:448-451.

[104] Zhai X, Bensaali F, Sotudeh R. OCR-based neural network for ANPR[C]. Imaging Systems and Techniques (IST), 2012 IEEE International Conference on. IEEE, 2012:393-397.

[105] Amit Y, Geman D, Fan X. A Coarse-to-Fine Strategy for Multiclass Shape Detection[J]. IEEE Transactions on Pattern Analysis & Machine Intelligence, 2004, 26(12):1606-21.

[106] Oz C, Ercal F. A Practical License Plate Recognition System for Real-Time

Environments[C]. International Conference on Artificial Neural Networks: Computational Intelligence and Bioinspired Systems. Springer-Verlag, 2005: 881-888.

[107] Chang S L, Chen L S, Chung Y C, et al. Automatic license plate recognition[C]. International Conference on Trendz in Information Sciences and Computing. 2011:42-53.

[108] Pan X, Ye X, Zhang S. A hybrid method for robust car plate character recognition[J]. Engineering Applications of Artificial Intelligence, 2004, 5(8): 963-972.

[109] 罗彬, 游志胜, 曹刚. 基于边缘直方图的快速汽车标志识别方法[J]. 计算机应用研究, 2004, 21 (06): 150-151.

[110] Mullot R, Olivier C, Bourdon J L, et al. Automatic extraction methods of container identity number and registration plates of cars[C]. International Conference on Industrial Electronics, Control and Instrumentation, 1991. Proceedings. IECON. IEEE, 1991:1739 - 1744.

[111] Cui Y, Huang Q. Automatic license extraction from moving vehicles[C]. International Conference on Image Processing, 1997. Proceedings. 1997:126-129 vol.3.

[112] Lee E R, Kim P K, Hang J K. Automatic recognition of a car license plate using color image processing[C]. Image Processing, 1994. Proceedings. ICIP-94. IEEE International Conference. IEEE, 1994:301-305 vol.2.

[113] Anagnostopoulos C N E, Anagnostopoulos I E, Loumos V, et al. A License Plate-Recognition Algorithm for Intelligent Transportation System Applications[J]. IEEE Transactions on Intelligent Transportation Systems, 2006, 7(3):377-392.

[114] Gou C, Wang K, Yao Y, et al. Vehicle License Plate Recognition Based on Extremal Regions and Restricted Boltzmann Machines[J]. IEEE Transactions on Intelligent Transportation Systems, 2015, 17(4):1-12.

[115] Yao Z, Yi W. License plate detection based on multistage information fusion[J]. Information Fusion, 2014, 18(18):78-85.

[116] Wang R, Sang N, Huang R, et al. License plate detection using gradient information and cascade detectors[J]. Optik - International Journal for Light and Electron Optics, 2014, 125(1):186-190.

[117] Menotti D, Chiachia G, Falcao A X, et al. Vehicle License Plate Recognition With Random Convolutional Networks[C]. Graphics, Patterns and Images. IEEE, 2014:298-303.

[118] Hossen M K, Deb K. Vehicle License Plate Detection and Tilt Correction Based on HSI Color Model and SUSAN Corner Detector[J]. Smart Computing Review 제 4 권제 5 호, 2014, 4(5):371-388.

[119] Sharma V, Mathpal P C, Kaushik A. Automatic license plate recognition using optical character recognition and template matching on yellow color license plate[J]. 2014, 3(5):12984-12990.

[120] Gao J, Blasch E, Pham K, et al. Automatic vehicle license plate recognition with color component texture detection and template matching[C]. SPIE Defense, Security, and Sensing. 2013:511-521.

[121] Dastjerdi H V, Rostami V, Kheiri F. Automatic license plate detection system based on the point weighting and template matching[C]. Information and Knowledge Technology. IEEE, 2015.

[122] Yazdian N, Yun T, Venetsanopoulos A, et al. Automatic Ontario license plate recognition using local normalization and intelligent character classification[C]. 2014:1-6.

[123] Paul P, Burry A M, Hannaway W J, et al. Method for automatic license plate recognition using adaptive feature set: US, US 8447112 B2[P]. 2013.

[124] Burry A M, Paul P. AUTOMATED LICENSE PLATE RECOGNITION SYSTEM AND METHOD USING HUMAN-IN-THE-LOOP BASED ADAPTIVE LEARNING: US, US20120148105[P]. 2012.

[125] Azad R, Azad B, Shayegh H R. Real-Time and Efficient Method for Accuracy Enhancement of Edge Based License Plate Recognition System[J]. Computer Science, 2014.

[126] Zheng L, He X, Samali B, et al. An algorithm for accuracy enhancement of license plate recognition[J]. Journal of Computer & System Sciences, 2013, 79(2):245-255.

[127] Zheng L, He X, Samali B, et al. Accuracy Enhancement for License Plate Recognition[C]. IEEE, International Conference on Computer and Information Technology. 2010:511-516.

[128] Zang D, Chai Z, Zhang J, et al. Vehicle license plate recognition using visual attention model and deep learning[J]. Journal of Electronic Imaging, 2015, 24(3).

[129] Tadic V, Popovic M, Odry P. Fuzzified Gabor filter for license plate detection[J]. Engineering Applications of Artificial Intelligence, 2016, 48:40-58.

[130] Tadic V, Trpovski Z, Odry P. License Plate Detection using Gabor filter banks and texture analysis[C]. Intelligent Systems and Informatics (SISY), 2011 IEEE 9th International Symposium on. IEEE, 2011:381-386.

[131] Samma H, Lim C P, Saleh J M, et al. A memetic-based fuzzy support vector machine model and its application to license plate recognition[J]. Memetic Computing, 2016:1-17.

[132] Asif M R, Qi C, Hussain S, et al. Multiple License Plate Detection for Chinese Vehicles in Dense Traffic Scenarios[J]. Iet Intelligent Transport Systems, 2016.

[133] Chen Y N, Han C C, Ho G F, et al. License Plate Detection Using a Two-level Cascade Classifier and a Single Convolutional Feature Map[J]. International Journal of Advanced Robotic Systems, 2015, 12.

[134] Catak M. Car license plate recognition based on EKE-poisson transform[J]. Journal of Intelligent & Fuzzy Systems, 2014, 27(4):2023-2028.

[135] Cheng R, Bai Y, Hu H, et al. Radial Wavelet Neural Network with a Novel Self-Creating Disk-Cell-Splitting Algorithm for License Plate Character Recognition[J]. Entropy, 2015, 17(6):3857-3876.

[136] Wang G, Tian J. License plate localization in complex scenes based on oriented FAST and rotated BRIEF feature[J]. Journal of Electronic Imaging, 2015, 24(5).

[137] Yu S, Li B, Zhang Q, et al. A novel license plate location method based on

wavelet transform and EMD analysis[J]. Pattern Recognition, 2015, 48(1): 114-125.

[138] Abo Samra G, Khalefah F. Localization of License Plate Number Using Dynamic Image Processing Techniques and Genetic Algorithms[J]. IEEE Transactions on Evolutionary Computation, 2014, 18(2):244-257.

[139] Gu Q, Yang J, Kong L, et al. Multi-scaled license plate detection based on the label-moveable maximal MSER clique[J]. Optical Review, 2015, 22(4):669-678.

[140] Soora N R, Deshpande P S. Robust Feature Extraction Technique for License Plate Characters Recognition[J]. Iete Journal of Research, 2014, 61(1):72-79.

[141] Wafy M, Madbouly A M M. Efficient method for vehicle license plate identification based on learning a morphological feature[J]. Iet Intelligent Transport Systems, 2016, 10(6):389-395.

[142] Liu Y P, Jin L I, Pan W, et al. A OpenCV-based effective plate recognition system implementation[J]. Electronics World, 2014.

[143] Dun J, Zhang S, Ye X, et al. Chinese License Plate Localization in Multi-Lane with Complex Background Based on Concomitant Colors[J]. IEEE Intelligent Transportation Systems Magazine, 2015, 7(3):51-61.

[144] Rajput H, Som T, Kar S. Using Radon Transform to Recognize Skewed Images of Vehicular License Plates[J]. Computer, 2016, 49(1):59-65.

[145] Psyllos A P, Anagnostopoulos C N E, Kayafas E. Vehicle Logo Recognition Using a SIFT-Based Enhanced Matching Scheme[J]. IEEE Transactions on Intelligent Transportation Systems, 2010, 11(2):322-328.

[146] 李文举，孙娟红，韦丽华，等. 基于 2DPCA-ICA 和 SVM 的车标识别新方法[J]. 辽宁师范大学学报（自然科学版），2011，34（02）：166-169.

[147] Yang J, Zhang D, Frangi A F, et al. Two-dimensional PCA: a new approach to appearance-based face representation and recognition.[J]. IEEE Transactions on Pattern Analysis & Machine Intelligence, 2004, 26(1):131-7.

[148] A. Hyvarinen, E. Oja. Independent component analysis: algorithms and applications[J]. Neural Networks, 2000, 13(4-5):411-30.

[149] 王枚，王国宏，高学强，等. 基于小波变换和不变矩的车标识别方法[J]. 海军航空工程学院学报，2007，22（06）：655-658.

[150] 王枚，王国宏，房培玉，等. 基于 PCA 与不变矩的车标定位与识别[J]. 武汉大学学报（信息科学版），2008，3301）：36-40.

[151] 高倩. 车标识别方法研究[D]. 大连：大连海事大学，2008.

[152] Psyllos A P, Anagnostopoulos C N E, Kayafas E. Vehicle Logo Recognition Using a SIFT-Based Enhanced Matching Scheme[J]. IEEE Transactions on Intelligent Transportation Systems, 2010, 11(2):322-328.

[153] 李贵俊. 运动车辆类型精确识别技术研究[D]. 成都：四川大学，2005.

[154] Psyllos A P, Kayafas E. Vehicle logo recognition using a SIFT-based enhanced matching scheme[J]. IEEE Transactions on Intelligent Transportation Systems, 2010, 11(2):322-328.

[155] Bogusław Cyganek, Michał Wozniak. An Improved Vehicle Logo Recognition Using a Classifier Ensemble Based on Pattern Tensor Representation and Decomposition[J]. New Generation Computing, 2015, 33(4):389-408.

[156] Xiao J, Xiang W, Liu Y. Vehicle logo recognition by weighted multi-class support vector machine ensembles based on sharpness histogram features[J]. Iet Image Processing, 2015, 9(7):527-534.

[157] Huang Y, Wu R, Sun Y, et al. Vehicle Logo Recognition System Based on Convolutional Neural Networks With a Pretraining Strategy[J]. IEEE Transactions on Intelligent Transportation Systems, 2015, 16(4):1-10.

[158] Peng H, Wang X, Wang H, et al. Recognition of Low-Resolution Logos in Vehicle Images Based on Statistical Random Sparse Distribution[J]. IEEE Transactions on Intelligent Transportation Systems, 2015, 16(2):681-691.

[159] 刘海明，黄樟灿，Ahmed，等. Patch-based vehicle logo detection with patch intensity and weight matrix[J]. Journal of Central South University, 2015, 22(12):4679-4686.

[160] Sulehria H K, Zhang Y. Vehicle Logo Recognition Using Mathematical Morphology[C]. Proceedings of the 6th WSEAS Int. Conference on

Telecommunications and Informatics. World Scientific and Engineering Academy and Society (WSEAS), 2007.

[161] Liu W, Wen Y, Pan K, et al. A Kernel-based l 2 Norm Regularized Least Square Algorithm for Vehicle Logo Recognition[C]. The, International Conference on Digital Signal Processing. 2014:631 - 635.

[162] Sun Q, Lu X, Chen L, et al. An Improved Vehicle Logo Recognition Method for Road Surveillance Images[C]. Seventh International Symposium on Computational Intelligence and Design. IEEE, 2014.

[163] Ou Y, Zheng H, Chen S, et al. Vehicle logo recognition based on a weighted spatial pyramid framework[C]. IEEE, International Conference on Intelligent Transportation Systems. 2014:1238-1244.

[164] Chen R, Hawes M, Mihaylova L, et al. Vehicle Logo Recognition by Spatial-SIFT Combined with Logistic Regression[C]. Fusion. 2016.

[165] Llorca D F, Arroyo R, Sotelo M A. Vehicle logo recognition in traffic images using HOG features and SVM[C]. IEEE Intelligent Transportation Systems Conference. 2013:2229-2234.

[166] Psyllos A, Anagnostopoulos C N, Kayafas E. Vehicle model recognition from frontal view image measurements[J]. Computer Standards & Interfaces, 2011, 33(2):142-151.

[167] Wang Y, Li H, Kirui C K, et al. Vehicle Discrimination Using a Combined Multiple Features Based on Vehicle Face[J]. Lecture Notes in Electrical Engineering, 2013, 256:503-511.

[168] Munroe D T, Madden M G. Multi-class and single-class classification approaches to vehicle model recognition from images[J]. 2005.

[169] Llorca D F, ColáS D, Daza I G, et al. Vehicle model recognition using geometry and appearance of car emblems from rear view images[C]. IEEE, International Conference on Intelligent Transportation Systems. IEEE, 2014:3094-3099.

[170] HuihuaYang, Zhai L, Li L, et al. An Efficient Vehicle Model Recognition Method[J]. Journal of Software, 2013, 8(8).

[171] Psyllos A, Anagnostopoulos C N, Kayafas E. Sift-based measurements for vehicle model recognition[J]. 2009.

[172] Abadi E A J, Amiri S A, Goharimanesh M, et al. Vehicle model recognition based on using image processing and wavelet analysis[J]. International Journal on Smart Sensing & Intelligent Systems, 2015.

[173] Song M. Vehicle Model Recognition Based on SURF[J]. Journal of Information & Computational Science, 2015, 12(17):6249-6256.

[174] Zhang X D, Qian W, Gao J, et al. Vehicle Model Recognition System Based on Sparse Bayesian Classification[J]. Mini-micro Systems, 2005.

[175] Zhang Y, Shi L A. Vehicle Model Recognition Based on Wavelet Transform[J]. Automotive Engineering, 2004.

[176] Wang Y Q, Huang R J, Xu T Y, et al. Vehicle Model Recognition Based on Fuzzy Pattern Recognition Method[J]. Advanced Materials Research, 2012, 383-390: 4799-4802.

[177] Zhang Z, Tan T, Huang K, et al. Three-dimensional deformable-model-based localization and recognition of road vehicles.[J]. Image Processing IEEE Transactions on, 2012, 21(1):1-13.

[178] Hsieh J W, Chen L C, Chen D Y. Symmetrical SURF and Its Applications to Vehicle Detection and Vehicle Make and Model Recognition[J]. IEEE Transactions on Intelligent Transportation Systems, 2014, 15(1):6-20.

[179] Leotta M J, Mundy J L. Vehicle Surveillance with a Generic, Adaptive, 3D Vehicle Model[J]. IEEE Transactions on Pattern Analysis & Machine Intelligence, 2011, 33(7):1457-1469.

[180] Leotta, M.J, Mundy, J.L. Predicting high resolution image edges with a generic, adaptive, 3-D vehicle model[J]. 2009:1311-1318.

[181] Prokaj J, Medioni G. 3-D Model Based Vehicle Recognition[J]. Applications of Computer Vision Workshop on, 2010:1-7.

[182] Zheng M, Gotoh T, Shiohara M. A Hierarchical Algorithm for Vehicle Model Type Recognition on Time-Sequence Road Images[C]. Intelligent Transportation

Systems Conference, 2006. ITSC '06. IEEE. 2006:1693-1694.

[183] Tang J H. Research of Vehicle Video Image Recognition Technology Based on Naive Bayesian Classification Model[C]. Information and Computing (ICIC), 2010 Third International Conference on. IEEE, 2010:17-20.

[184] Mazarakis G, Monitoring A B. Vehicle Type Recognition in Sensor Networks Using Improved Time Encoded Signal Processing Algorithm[J]. Mathematical Problems in Engineering, 2014, 2014(2):1-8.

[185] Dong Z, Pei M, He Y, et al. Vehicle Type Classification Using Unsupervised Convolutional Neural Network[J]. IEEE Transactions on Intelligent Transportation Systems, 2014, 16(4):1-10.

[186] Chen Z, Pears N, Freeman M, et al. A Gaussian mixturemodel and support vector machine approach to vehicle type and colour classification[J]. Iet Intelligent Transport Systems, 2014, 8(2):135-144.

[187] Zheng N, Loizou G, Jiang X, et al. Computer vision and pattern recognition[J]. International Journal of Computer Mathematics, 2007, 84(9):1265-1266.

[188] 冯伟兴，唐墨，贺波，等. Visual C++ 数字图像模式识别技术详解[M]. 北京：机械工业出版社，2013.

[189] De Sa J P M. Pattern recognition: concepts, methods and applications[M]. Springer Science & Business Media, 2012.

[190] Bezdek J C. Pattern recognition with fuzzy objective function algorithms[M]. Springer Science & Business Media, 2013.

[191] Pattern recognition theory and applications[M]. Springer Science & Business Media, 2012.

[192] Sonka M, Hlavac V, Boyle R. Image processing, analysis, and machine vision[M]. Cengage Learning, 2014.

[193] Russ J C. The image processing handbook[M]. CRC press, 2015.

[194] Ekstrom M P. Digital image processing techniques[M]. Academic Press, 2012.

[195] 孙亮. 计算机智能化图像识别技术的理论性突破[J]. 数字技术与应用，2013（6）：106-107.

[196] Li J, Liu X, Hui D U. Research of Image Recognition based on Rough Set[J]. International Journal of Digital Content Technology & its Applications, 2012, 6(9).

[197] Singh R, Randhawa N. Automobile Number Plate Recognition And Extraction Using Optical Character Recognition[J]. International Journal of Scientific & Technology Research, 2014, 3(10).

[198] Lu D. Image recognition system and method: U.S. Patent 5,031,228[P]. 1991-7-9.

[199] Hu Z, Jiang H, Zhang T. Research on MATLAB-based Image Preprocessing[J]. 2015.

[200] Free R M. Image Preprocessing: U.S. Patent 8,660,323[P]. 2014-2-25.

[201] Quan C, Xu X, Ren F. Expression image preprocessing based on wavelet transform[C]//Robotics and Biomimetics (ROBIO), 2014 IEEE International Conference on. IEEE, 2014: 2374-2377.

[202] Sonka M, Hlavac V, Boyle R. Image processing, analysis, and machine vision[M]. Cengage Learning, 2014.

[203] Yaroslavsky L. Digital holography and digital image processing: principles, methods, algorithms[M]. Berlin:Springer Science & Business Media, 2013.

[204] Pavlidis T. Algorithms for graphics and image processing[M]. Berlin:Springer Science & Business Media, 2012.

[205] Braunl T, Feyrer S, Rapf W, et al. Parallel image processing[M]. Berlin:Springer Science & Business Media, 2013.

[206] Plataniotis K, Venetsanopoulos A N. Color image processing and applications[M]. Springer Science & Business Media, 2013.

[207] Wu X, Lu X, Han X, et al. A wavelet-based denoising method for color image of mobile phone[C]. Natural Computation (ICNC), 2015 11th International Conference on. IEEE, 2015: 639-644.

[208] Shaikh S H, Maiti A K, Chaki N. A new image binarization method using iterative partitioning[J]. Machine vision and applications, 2013, 24(2): 337-350.

[209] Saha S, Basu S, Nasipuri M, et al. Image binarization based on grey membership

parameter of pixels: U.S. Patent 8,744,208[P]. 2014-6-3.

[210] Li D, Elton J, Steger S. Methods and apparatus for auto image binarization: U.S. Patent 8,351,699[P]. 2013-1-8.

[211] Nandy M, Saha S. An Analytical Study of different Document Image Binarization Methods[J]. arXiv preprint arXiv:1501.07862, 2015.

[212] Altarawneh N M, Luo S, Regan B, et al. Global threshold and region-based active contour model for accurate image segmentation[J]. Signal & Image Processing, 2014, 5(3): 1.

[213] Singh T R, Roy S, Singh O I, et al. A new local adaptive thresholding technique in binarization[J]. arXiv preprint arXiv:1201.5227, 2012.

[214] Vala H J, Baxi A. A review on Otsu image segmentation algorithm[J]. International Journal of Advanced Research in Computer Engineering & Technology (IJARCET), 2013, 2(2): pp: 387-389.

[215] Sovani M, Vo D, Challa S, et al. A Feedback based method for License plate image binarization[C]. Signal Processing and Communication Systems (ICSPCS), 2015 9th International Conference on. IEEE, 2015: 1-5.

[216] Shah G A, Khan A, Shah A A, et al. A Review on Image Contrast Enhancement Techniques Using Histogram Equalization [J]. Science International, 2015, 27(2).

[217] Fuzzy techniques in image processing[M]. Physica, 2013.

[218] Kaur E M, Jain E K, Lather E V. Study of Image Enhancement Techniques: A Review[J]. International journal of advanced research in computer science and software engineering, 2013, 3(4).

[219] Lim S H, Isa N A M, Ooi C H, et al. A new histogram equalization method for digital image enhancement and brightness preservation[J]. Signal, Image and Video Processing, 2015, 9(3): 675-689.

[220] Papamarkou I, Papamarkos N, Theochari S. A novel image sharpening technique based on 2D-DWT and image fusion[C]. Information Fusion (FUSION), 2014 17th International Conference on. IEEE, 2014: 1-8.

[221] Zheng Y, He Y, Sun J. Method and apparatus for smoothing image: U.S. Patent

Application 14/598,606[P]. 2015-1-16.

[222] Goyal A, Bijalwan A, Chowdhury M K. A comprehensive review of image smoothing techniques[J]. International Journal of Advanced Research in Computer Engineering & Technology, 2012, 1(4).

[223] Jiang X, Haneda E. Automatic adaptive image sharpening: U.S. Patent 8,730,329[P]. 2014-5-20.

[224] Negi S S, Bhandari Y S. A hybrid approach to Image Enhancement using Contrast Stretching on Image Sharpening and the analysis of various cases arising using histogram[C]. Recent Advances and Innovations in Engineering (ICRAIE), 2014. IEEE, 2014: 1-6.

[225] Yin Z G, Hong G, Xuan L C, et al. Study on Image Sharpening Technology in Image Recognition[J]. Advances in Information Sciences & Service Sciences, 2012, 4(10).

[226] Andrews H C, Billingsley F C, Fiasconaro J G, et al. Picture processing and digital filtering[M]. Springer Science & Business Media, 2013.

[227] He K, Sun J, Tang X. Guided image filtering[J]. Pattern Analysis and Machine Intelligence, IEEE Transactions on, 2013, 35(6): 1397-1409.

[228] Soft computing for image processing[M]. Physica, 2013.

[229] Freeman K, Reicher M, Freeman K, et al. A Novel Approach for Image Denoising Using Digital Filters[J]. International Global Journal for Engineering Research (IGJER), 2015: 21-24.

[230] Seelamantula C S, Blu T. Image denoising in multiplicative noise[C]. Image Processing (ICIP), 2015 IEEE International Conference on. IEEE, 2015: 1528-1532.

[231] Talebi H, Milanfar P. Global image denoising[J]. Image Processing, IEEE Transactions on, 2014, 23(2): 755-768.

[232] Zuo W, Zhang L, Song C, et al. Gradient histogram estimation and preservation for texture enhanced image denoising[J]. Image Processing, IEEE Transactions on, 2014, 23(6): 2459-2472.

[233] Knaus C, Zwicker M. Progressive image denoising[J]. Image Processing, IEEE Transactions on, 2014, 23(7): 3114-3125.

[234] Huang D A, Kang L W, Wang Y C F, et al. Self-learning based image decomposition with applications to single image denoising[J]. Multimedia, IEEE Transactions on, 2014, 16(1): 83-93.

[235] Kou F, Chen W, Wen C, et al. Gradient Domain Guided Image Filtering[J]. Image Processing, IEEE Transactions on, 2015, 24(11): 4528-4539.

[236] Ham B, Cho M, Ponce J. Robust image filtering using joint static and dynamic guidance[C]. Computer Vision and Pattern Recognition (CVPR), 2015 IEEE Conference on. IEEE, 2015: 4823-4831.

[237] Singh P, Arora A, Sharma R. Improved Image Filtering Using Integrated Hybrid Median Filter & Alpha Trimmed Mean Filter[J]. Image, 2014 (10).

[238] Kang X, Stamm M C, Peng A, et al. Robust median filtering forensics using an autoregressive model[J]. Information Forensics and Security, IEEE Transactions on, 2013, 8(9): 1456-1468.

[239] Litvinov A, Lavi Y, Kinrot U. Image restoration with enhanced filtering: U.S. Patent 8,537,234[P]. 2013-9-17.

[240] Pham C C, Jeon J W. Efficient image sharpening and denoising using adaptive guided image filtering[J]. Image Processing, IET, 2015, 9(1): 71-79.

[241] Georgiev T G, Intwala C, Babacan S D. Radiance processing by demultiplexing in the frequency domain: U.S. Patent 8,559,756[P]. 2013-10-15.

[242] Segmentation F G I. An Approach Towards Fast Gradient-based Image Segmentation[J].IEEE TRANSACTIONS ON IMAGE PROCESSING,2015

[243] Hong Z Q. Algebraic feature extraction of image for recognition[J]. Pattern recognition, 1991, 24(3): 211-219.

[244] Chary R, Lakshmi D R, Sunitha K V N. Feature extraction methods for color image similarity[J]. arXiv preprint arXiv:1204.2336, 2012.

[245] 王涛，刘文印，孙家广，等. 傅立叶描述子识别物体的形状[J]. 计算机研究与发展，2002，39（12）：1714-1719.

[246] Nixon M. Feature extraction & image processing[M]. Academic Press, 2008.

[247] Dong W, Shisheng Z. Color image recognition method based on the prewitt operator[C]. Computer Science and Software Engineering, 2008 International Conference on. IEEE, 2008, 6: 170-173.

[248] Mohanaiah P, Sathyanarayana P, GuruKumar L. Image texture feature extraction using GLCM approach[J]. International Journal of Scientific and Research Publications, 2013, 3(5): 1.

[249] 刘丽，匡纲要. 图像纹理特征提取方法综述[J]. 中国图象图形学报，2009，14（4）：622-635.

[250] Kamiya K. Video signal processing apparatus and video signal processing method: US, US 7656431 B2[P]. 2010.

[251] 邱兆文，张田文. 一种新的图像颜色特征提取方法[J]. 哈尔滨工业大学学报，2004，36（12）：1699-1701.

[252] Chan T H, Jia K, Gao S, et al. PCANet: A simple deep learning baseline for image classification[J]. arXiv preprint arXiv:1404.3606, 2014.

[253] Javidi B. Image recognition and classification: algorithms, systems, and applications[M]. CRC Press, 2002.

[254] Rosenfeld A, Pfaltz J L. Distance functions on digital pictures[J]. Pattern recognition, 1968, 1(1): 33-61.

[255] 茆诗松. 高等数理统计[M]. 北京：高等教育出版社，1998.

[256] Schlesinger M I, Hlaváč V. Linear discriminant function[M]. Ten Lectures on Statistical and Structural Pattern Recognition. Springer Netherlands, 2002: 137-214.

[257] Classification and Clustering: Proceedings of an Advanced Seminar Conducted by the Mathematics Research Center, the University of Wisconsin at Madison, May 3–5, 1976[M]. Elsevier, 2014.

[258] Li S Z. Markov random field modeling in computer vision[M]. Springer Science & Business Media, 2012.

[259] Readings in Computer Vision: Issues, Problem, Principles, and Paradigms[M].

Morgan Kaufmann, 2014.

[260] Shirai Y. Three-dimensional computer vision[M]. Springer Science & Business Media, 2012.

[261] Active perception[M]. Psychology Press, 2013.

[262] 邱茂林，马颂德，李毅. 计算机视觉中摄像机定标综述[J]. 自动化学报，2000，26（1）：43-55.

[263] Etschberger K. Controller area network: basics, protocols, chips and applications[J]. 2001.

[264] Jeddeloh J M. System and method for on-board diagnostics of memory modules: U.S. Patent 7,210,059[P]. 2007-4-24.

[265] 黄安华，董凤冰. 解读现代汽车 OBD 车载自动诊断系统[J]. 汽车运用，2009（11）：35-36.

[266] Kim K H, Jeon E Y, Park B W, et al. Pixel electrode structure for high transmittance in a multi-domain vertical alignment liquid crystal display device[J]. Journal of Physics D: Applied Physics, 2012, 45(6): 065103.

[267] Choi M W, Park J S, Lee B S, et al. The performance of independent wheels steering vehicle (4WS) applied Ackerman geometry[C]. Control, Automation and Systems, 2008. ICCAS 2008. International Conference on. IEEE, 2008: 197-202.

[268] 耿庆田，赵宏伟，樊雪，等. 基于摄像机标定的实时倒车轨迹算法[J]. 吉林大学学报：理学版，2013，51（4）：640-646.

[269] Zhang Z. Camera calibration[M]. Springer US, 2014.

[270] 胡占义，吴福朝. 基于主动视觉摄像机标定方法[J]. 计算机学报，2002，25（11）：1149-1156.

[271] 禹旺勋，王爱菊，刘云涛. 基于主动视觉的摄像机线性自标定方法[J]. 价值工程，2013（22）：27-30.

[272] 康文炜. 基于图像确定空间坐标方法的研究[D]. 长春：吉林大学，2004.

[273] Sturm P. Pinhole camera model[M]. Computer Vision. Springer US, 2014: 610-613.

[274] Saiz-Rubio V, Rovira-Mas F, Chatterjee I, et al. Robust estimation of Ackerman

angles for front-axle steered vehicles[J]. Artificial Intelligence Research, 2013, 2(2): p18.

[275] Pitas I. Digital image processing algorithms and applications[M]. John Wiley & Sons, 2000.

[276] 孙博玲. 分形维数（Fractal dimension）及其测量方法[J]. 东北林业大学学报，2004，32（3）：116-119.

[277] Zhang Y, Zhang C. A new algorithm for character segmentation of license plate[C]. Intelligent Vehicles Symposium, 2003. Proceedings. IEEE. IEEE, 2003: 106-109.

[278] Blunsom P. Hidden markov models[J]. Lecture notes, August, 2004, 15: 18-19.

[279] 耿庆田，赵宏伟. 基于分形维数和隐马尔科夫特征的车牌识别[J]. 光学精密工程，2013，21（12）：3198-3204.

[280] Weston J. Support Vector Machine[J]. Tutorial, http://www. cs. columbia. edu/~kathy/cs4701/documents/jason_svm_tutorial. pdf, accessed,2014, 10.

[281] Wright D B. Receiver operating characteristics curves[J]. Encyclopedia of statistics in behavioral science, 2005.

[282] Kasprzyk Z. Delivering payment services through manual toll collection system[M]. Telematics in the transport environment. Springer Berlin Heidelberg, 2012: 60-68.

[283] 田娟，郑郁正. 模板匹配技术在图像识别中的应用[J]. 传感器与微系统，2008，27（1）：112-114.

[284] Lindeberg T. Scale invariant feature transform[J]. Scholarpedia, 2012, 7(5): 10491.

[285] Li J, Cheng J, Shi J, et al. Brief introduction of back propagation (BP) neural network algorithm and its improvement[M]. Advances in Computer Science and Information Engineering. Springer Berlin Heidelberg,2012: 553-558.

[286] 王宇婷. BP 神经网络与 HOG 特征提取相结合的车辆识别技术在无线设备下的应用[D]. 长春：吉林大学，2014.

[287] Chapelle O, Vapnik V, Bousquet O, et al. Choosing Multiple Parameters for Support Vector Machines[J]. Machine Learning, 2002, 46(1-3):131-159.

作者简介及在学期间所取得的科研成果

作者简介

耿庆田，男，1972 年 12 月 13 日出生，汉族，江苏邳州人，博士，副教授。主要研究方向为图像处理与智能信息系统，发表学术论文 10 余篇，主持或作为核心参与省部级科研项目 7 项。

发表的学术论文及取得的研究成果

[1] 基于改进 SIFT 特征提取与 BP 神经网络分类相结合的车标识别算法研究[J]. 吉林大学学报：工学版，2016（6）.

[2] 基于颜色特征的火焰检测新算法[J]. 吉林大学学报：工学版，2014（6）（EI：20144900286038）.

[3] 基于分形维数和隐马尔科夫特征的车牌识别[J]. 光学精密工程，2013，21（12）（EI：20140317208816）.

[4] The U-boot transplantation based on S3C2440[C]// Mechatronic Science，Electric Engineering and Computer (MEC), 2011 International Conference on. IEEE, 2011(EI:20114114423038).

[5] Research of the Timer Granularity Based on Linux[M]// Computer, Informatics, Cybernetics and Applications. Springer Netherlands, 2012(EI:20120214667220).

[6] 耿庆田，赵宏伟，樊雪，赵德芳，赵扬. 基于摄像机标定的实时倒车轨迹算法[J]. 吉林大学学报：理学版，2013，51（4）.

[7] 耿庆田，狄婧，常亮，赵宏伟. 基于 B+树的数据索引存储[J]. 吉林大学学报：理学版，2013，51（6）.

[8]　耿庆田，赵宏伟，常亮. 基于嵌入式的文件系统研究[J]. 吉林大学学报：信息科学版，2013，31（6）.

[9]　赵宏伟，陈霄，刘萍萍，耿庆田. 视觉显著目标的自适应分割[J]. 光学精密工程，2013（2）（EI：20131216135750）.

[10]　刘萍萍，赵宏伟，耿庆田，戴金波. 基于局部特征和视皮层识别机制的图像分类[J]. 吉林大学学报：工学版，2011，41（5）（EI：20113814344000）.

[11]　刘萍萍，赵宏伟，耿庆田，刘志勇. 仿射不变的快速局部特征描述子算法[J]. 吉林大学学报：工学版，2010，40(4)（EI：20103013098790）.

参加的科研及项目工作

[1]　基于大数据的车载智能通信系统中人类行为动力学研究（2016C078），吉林省省级产业创新专项资金项目，项目负责人.

[2]　智能自主式车辆环境感知理解技术研究（2014269），吉林省教育厅"十二五"科学技术研究项目，项目负责人.

[3]　基于物联网的安防系统关键技术的开发与应用（2014817），吉林省产业技术研究与开发专项项目，主要参与人.

[4]　高速电力载波接入技术的研究（2014345），吉林省教育厅"十一五"科学技术研究项目，主要参与人.

[5]　智能小区大安防集成物联网系统平台（2012091），长春市科技计划项目，主要参与人.

[6]　表象的处理及计算机仿真（2010148），吉林省教育厅"十一五"科学技术研究项目，项目负责人.

[7]　基于场景感知的特征关联技术研究（20101504），吉林省自然科学基金项目，主要参与人.

软件著作权

[1]　无线移动视频监控系统 V1.0（登记号 2010SR042410），计算机软件著作权

登记证书，中华人民共和国国家版权局，2010.8.19.

[2] 磨矿过程智能控制系统 V1.0（登记号 2010SR022742），计算机软件著作权登记证书，中华人民共和国国家版权局，2010.5.17.

[3] Annotation 场景对象标记软件（简称 Annotation）V2.0（登记号 2012SR105935），计算机软件著作权登记证书，中华人民共和国国家版权局，2012.5.31.

[4] 机器人自主移动导航系统 V1.0（登记号 2013SR118583），计算机软件著作权登记证书，中华人民共和国国家版权局，2013.11.4.

[5] 模拟飞行器实时姿态显示系统（登记号 2013SR150706），计算机软件著作权登记证书，中华人民共和国国家版权局，2013.5.21.